基于新动能成长的西部地区绿色制造体系构建研究

揭筱纹　李小平　罗　莹等　著

科学出版社

北　京

内 容 简 介

构建西部地区绿色制造体系是实现我国制造体系高质量发展的题中之义。在我国新旧动能持续转换的关键时期,绿色制造体系的构建需要新动能异军突起和传统动能改造提升形成的"新引擎""新能量"。因此,本书通过分析制造体系与制造业产业范式变迁及绿色化发展趋势,科学阐释绿色制造体系的内涵与构成,解构促进绿色制造体系构建的新动能系统并剖析其作用机理,结合西部地区独特区情,对西部制造体系的构建模型进行设计,探索了西部制造体系构建路径,通过典型地区、行业及城镇的案例分析,细化路径构建过程,最后论证新动能系统能效释放水平与绿色制造体系发展水平的耦合关系,并对西部绿色制造体系构建进行路径优化。

本书可作为从事绿色发展和制造体系领域相关工作的科研工作者和从业人员的参考书籍。

图书在版编目(CIP)数据

基于新动能成长的西部地区绿色制造体系构建研究 /揭筱纹等著. — 北京:科学出版社, 2023.6

ISBN 978-7-03-071127-4

Ⅰ.①基… Ⅱ.①揭… Ⅲ.①制造工业-无污染技术-技术发展-研究-西北地区②制造工业-无污染技术-技术发展-研究-西南地区 Ⅳ.①F426.4

中国版本图书馆 CIP 数据核字 (2021) 第 268936 号

责任编辑:武雯雯 / 责任校对:彭 映
责任印制:罗 科 / 封面设计:墨创文化

斜 学 出 版 社 出版

北京东黄城根北街16号
邮政编码:100717
http://www.sciencep.com

成都锦瑞印刷有限责任公司印刷

科学出版社发行 各地新华书店经销

*

2023 年 6 月第 一 版 开本:787×1092 1/16
2023 年 6 月第一次印刷 印张:14
字数:329 000

定价:138.00 元
(如有印装质量问题,我社负责调换)

前　言

习近平总书记在中国共产党第十九次全国代表大会上的《决胜全面建成小康社会 夺取新时代中国特色社会主义伟大胜利》报告中指出：我国经济已由高速增长阶段转向高质量发展阶段，正处在转变发展方式、优化经济结构、转换增长动力的攻关期。必须坚持质量第一、效益优先，以供给侧结构性改革为主线，推动经济发展质量变革、效率变革、动力变革。

当前，全球正处于百年未有之大变局，叠加国际贸易争端频发、世贸组织面临自成立以来最大危机等多重不利因素，使得国际环境不确定性陡增，第三次全球化浪潮步入深度调整阶段。在国内经济高质量发展的总体要求下，我国未来的经济发展需要更强的内生动力，传统的要素成本优势已不可持续。同时，粗放型的经济发展方式已无法满足人民对物质、环境、健康、精神和文化等方面的进一步需求。因此，需要加快转变发展方式、优化经济结构、转换增长动力，并大力提升发展质量和效益，以更好地适应国内国际双循环的新发展格局，满足人民在经济、政治、文化、社会、生态等方面日益增长的需要。

制造业是国民经济的主体，其为实现我国经济高质量发展提供了坚实的产业基础。而我国经济、社会、文化、技术发展到新的历史阶段又对制造业提出了新的要求，并推动制造业在结构、产品、业态、模式等内涵特征上产生革命性变化。

我国制造业的可持续发展，无论是在国内大循环的背景下，还是在国内国际双循环的背景下，都需要争抢发展机遇，转换并增强发展动力，新技术、新产业、新业态、新商业模式日益成为产业增长的重要动力；同时，需要克服发展的脆弱性，目前生态环境问题仍然是制约我国制造业高质量发展的突出短板。党的十八大以来，党中央、国务院高度重视生态环境保护工作，习近平总书记多次强调"绿水青山就是金山银山"的理念。虽然我国的生态环境质量已经有所改善，但是经济社会发展不平衡、不协调、不可持续的问题仍然突出，多阶段、多领域、多类型生态环境问题交织，制造业亟须转型升级。

我国经过四十多年的快速发展，制造业规模已跃居世界第一位，但区域发展不均衡成为我国制造业发展的瓶颈，加重了自主创新能力不足、信息化与工业化融合不够、产业结构不合理、资源环境消耗大等问题。实现我国制造业的转型升级，必须弥补西部地区制造业的短板，实现东西部之间的协同发展。西部地区资源丰富、劳动力充裕、投资成本较低，有极大的发展潜力。但西部地区制造体系作为我国制造体系中的重要组成部分，多以资源型、粗加工为主，其技术创新能力薄弱、产业集中度较低、规模经济不足。因此，基于西部地区制造业独特的地域、资源、经济、文化等属性，构建具有西部地区特色的绿色制造体系既符合西部地区的现实背景与实际发展需要，又可进一步推动我国乃至全球制造体系的范式变迁。

的范式变迁。

西部地区制造业升级的基础薄弱，大多数制造行业还处于初级发展阶段，缺乏先进的绿色技术与创新能力。所以西部地区绿色制造体系的构建与发展需要新的动能系统。动能系统是一种全要素系统，能产生更大的效能。当前，我国处于新动能与传统动能持续转换的关键时期，绿色制造体系的构建需要新动能异军突起和传统动能改造提升形成的"新引擎""新能量"，而新动能成长也需要绿色制造体系的支撑。如何培育并发挥动能系统的能效，探索我国西部地区绿色制造体系的构建与实施路径，成为亟待解决的重大问题。本书的内容主要包括以下五个部分。

第一，系统评估西部地区制造业及制造体系的产业范式变迁。在阐述国内外制造业与制造体系发展现状的基础上，从西部地区制造业的发展沿革出发，梳理西部地区制造业的发展现状及存在的问题；明晰制造体系的内涵与特征，通过借鉴国外发达国家与发展中国家制造业的转型发展经验，明确我国制造业绿色化、智能化、服务化的产业范式变迁，科学论证西部地区制造业与制造体系的产业变革趋势。

第二，剖析绿色制造与绿色制造体系的内涵与构成，确立制造体系绿色化趋势。在明晰绿色制造体系化发展与制造体系绿色化发展的趋势下，明确绿色制造体系的内涵与特征。绿色制造体系是遵循可持续发展理念而设计的多个子系统的有机组合，通过子系统之间相互作用、相互影响、相互制约而形成资源低熵化的开放系统。

第三，解构动能系统并寻找新动能成长与绿色制造体系构建的有机契合。西部地区绿色制造体系的构建与发展离不开动能系统的推动。了解动能系统运行机制是绿色制造体系构建与发展的关键。随着我国人口红利降低、结构性产能过剩、资源环境承载压力不断增大，传统动能的动力明显减弱。同时，技术创新、"互联网+"、结构与制度改革等新动能释放的能效尚不稳定。在明晰动能系统的内涵及特征的基础上，剖析动能系统的现状及问题；再结合新动能成长规律，探索新动能的形成过程；最后寻求新动能成长与绿色制造体系构建的契合点，剖析其作用机理。

第四，探索符合西部地区区情的绿色制造体系的模型与路径。西部地区具有独特的地理位置、地理结构、资源特色，因此西部地区绿色制造体系的构建对我国制造体系绿色化发展具有重要的战略意义。传统动能与新动能组合而成的新动能系统是构建西部地区绿色制造体系的动力源，但新动能系统的能效释放不稳定，作用方向具有不确定性，不能直接对绿色制造体系的构建与发展产生推动力。根据西部地区绿色制造体系构建的理论基础，依托西部地区绿色制造体系的构建思路，分别以新动能系统各动能的单力与合力为原动力，对西部地区绿色制造体系模型进行设计，并以此为基础提出六条构建路径。

第五，西部地区绿色制造体系典型案例选取与路径优化。西部地区地域辽阔，产业类型齐全。不同地区的经济发展水平不一致，且具有不同的资源禀赋、环境承载能力，不同产业类型的制造业具有相应的产业特性。为了科学、全面、系统地探索西部绿色制造体系的构建，本书按投入生产要素的类型选取典型行业、按区域空间的分布选取典型城市群、按城镇化发展的区位优势选取典型城镇，分别研究和构建西部地区绿色制造体系的实施路径。再构建西部地区绿色制造体系发展水平评估体系及新动能能效释放强度评估体系，根据西部地区内部的绿色发展水平差异、新动能释放能效差异、绿色制造体系与新动能匹配程度的不同，对西部地区绿色制造体系构建路径进行优化，提出具有针对性、时效性、可操作性的对策建议。

本书是 2016 年国家社会科学基金重点项目的最终成果（批准号：16AGL003）。

本书课题组以科学严谨的研究态度，通过对新动能、国内外绿色发展、制造体系构建等相关理论和文献的梳理，以及大量的问卷调查、企业访谈和实地调研，对西部地区绿色制造体系的现状与问题进行了深入研究，以此为基础完成课题。之后对课题成果进行广泛的实践验证、补充调研与数据修正，得以成书。课题负责人为揭筱纹，课题组主要研究成员有李小平、罗莹、邱璐、谢涛、刘旭红、宁胜男、张馨、甄伟丽、周贵川、郑寒梅、黄蕴芝、王亚楠等，此外，汪贤裕、杨斌、尹奇凤、许文强、王涛、刘宁杰、陈艳、苏蓉佳等在课题研究的理论梳理、企业访谈和实地调研工作中作出了重要贡献。

感谢国家社会科学基金的资助。

感谢四川大学商学院、四川省社会科学规划办公室和四川大学社科处给予的大力支持和帮助。

感谢杜肯堂教授对本课题的关心与支持，感谢国家社会科学基金委成果评审专家提出的宝贵意见。

感谢参考文献中的所有作者，是他们的真知灼见给了我们极大的启示。书中引用的标注若有遗漏，谨此致歉。

感谢科学出版社对本书的出版给予的支持。

新动能成长与绿色制造体系构建的研究博大精深，本书所涉内容仅是冰山一角，在本书完成之际，正有大量的研究成果不断涌现。由于作者知识结构的局限，以及研究数据获取的时限，本书所构建的框架体系与分析等还存在不尽如人意之处，尚待进一步深入与完善。书中若有不当之处，敬请各位专家、学者和广大读者提出宝贵意见！

目　　录

第1章 制造业与制造体系：新形势下
产业范式的变迁

制造业是国民经济的主体，制造业的发展和进步承载了人类薪火相传的历史。正是在这一历史演进中，人们不断探索，重新认识制造业及其发展道路，推动制造业持续发展。"推进绿色发展、循环发展、低碳发展"和"建设美丽中国"是对当代中国制造业发展新形势的深刻把握和自觉认知。改革开放 40 余年，从产业转型的视角看，就是一个范式变迁的过程。站在新工业革命的时代起点上，实现现代化"两步走"战略目标，关键在于持续推进技术进步和模式创新驱动下的产业范式变迁。西部地区制造业升级的基础薄弱，大多数制造行业还处于初级发展阶段，缺乏先进的绿色技术与创新能力。明晰国内外制造业发展概况，了解西部地区制造业及制造体系的发展沿革，探析西部制造体系绿色化发展进程中存在的问题，探索西部地区制造体系绿色化趋势，是构建西部地区绿色制造体系的前提。

1.1　制　　造　　业

自 18 世纪 60 年代第一次工业革命开创了以机器代替手工劳动的时代以来，人类社会先后经历了电力技术革命、计算机及信息技术革命，至今正在经历着以生产高度数字化、网络化、智能化为标志的第四次工业革命。制造业是现代工业的基石，在信息技术、新能源和新材料等重要领域和前沿方向已产生革命性突破，全球范围内新一轮产业变革将蓬勃兴起。从英国、德国、法国到整个欧洲大陆，从美国到日本，大国的崛起总是伴随着其制造业的高速发展。制造业作为一个国家的经济基础，关系到国家安全和繁荣，提高制造业的国际竞争力是建设世界一流强国的必经之路。2008 年金融危机后，全球的制造业竞争格局进入新一轮的调整期，各国纷纷提出了新的战略以谋求在新一轮经济增长中获得优势。明晰制造强国的制造业现状与我国的制造业发展现状，有助于明确我国与制造强国之间的差距，并根据我国制造业现实背景及发展需要探索出具有中国特色的制造业与制造体系发展之路。

1.1.1　制造业的内涵与分类

为明晰制造业的概念，首先结合文献对制造的概念予以界定。迄今为止，学术界比较认可的定义为国际生产工程协会对制造的解释，即制造是人类根据所需目的，使用主观掌握的知识和技能，通过手工或可利用的客观物质工具，使用有效的方法将原材料转化为最终物质产品并将其投放市场。具体包括市场调研和预测、产品设计、选材和工艺设计、加工、销售及售后服务等产品生命周期内一系列相互关联的活动。

明晰了制造的概念后，还需对制造企业进行定义才能对制造业有准确的理解。学术界对制造企业的认识不断深化，随着制造模式的不断变化，制造企业的概念也在拓展。表 1-1 为制造企业概念的代表性观点。

表 1-1　制造企业概念的代表性观点

制造企业概念界定	来源
制造企业就是将可利用的资源、能源借助手工或者机械的制造过程，转化为人们使用和利用的工业品或者生活消费品的具备独立法人资格、自主经营、自负盈亏、独立核算的经济实体。从原料到最后的产品转化一般包括市场调研预测、产品设计、选择和工艺设计、生产制造、销售及产品回收利用等过程。制造企业所生产的产品来源于多个节点，如客户、供应商、研发中心、生产部门、营销部门等	周炤骏（2015）
制造企业是指对原材料（如采掘产品、农产品等）进行加工、再加工及装配零部件等环节的工业部门。在整个价值网络中，制造企业所占比例很大，它们将生产要素结合起来，通过一定的加工过程生产出一些新产品，从增值环节看，它们是价值增值的关键所在	李荣生（2011）
制造企业的概念可以从以下四个方面来理解：①制造企业通过生产和制造相关生产要素，将附加价值较低的材料转化为价值较高的消费品或工业产品；②制造企业涉及材料采购、产品设计、生产过程改进、销售渠道拓展，以及企业管理和创新等所有运营活动；③制造企业涉及与人员、资金、信息、系统、原材料和机械相关的所有管理活动；④制造企业具有专业生产、大规模生产和适应性生产的特点	袁小量（2012）

通过对文献的回顾，本书将制造企业定义为：通过生产与制造，对生产要素进行重新组合，将低附加值的物料转换为高附加值的消费品与工业产品，其生产运营过程是原材料与产品价值增值的关键。制造业是制造企业的集合，对该集合的解释也处于不断变化中，表 1-2 为制造业概念的代表性观点。

表 1-2　制造业概念的代表性观点

制造业概念界定	来源
制造业是指通过有机整合和利用原料、能源、设备、工具、资金、技术、信息和人力等要素，制造出符合市场需求的工业品与生活消费品的部门。制造业是现代经济增长中最令人瞩目的行业之一	张平（2013）
制造业是指根据市场需求，通过制造过程将制造资源转化为可使用的生产资料和生活物料的过程。制造资源不仅包括材料、能源、设备和工具，还包括资本、技术、信息和人力。通常制造业是指除采矿业和公用事业以外的 30 个行业，包括原材料采购、产品设计、产品制造、订单加工、仓储运输、批发经营零售等	马传永（2013）
制造业属于第二产业，指代加工或再加工原材料（采掘产品和农产品），以及装配零部件的工业部门，是技术的载体和转化的媒介。它包括产品制造、设计、原料采购、仓储运输、订单处理、批发经营、零售、循环再利用等环节	涂颖清（2010）
制造业是对原材料进行物理或化学加工，从而产生新产品的产业的统称。制造业属于产业分类中的工业一类，也就是对原材料进行加工，并涵盖对零部件进行装配的工业部门。国际上将制造业分为两大类，即消费品制造业和资本品制造业，我国制造业中的装备制造业就是资本品制造业，即制造生产技术装备，为国民经济和国防建设提供支持的行业	杜鹏（2012）
一般来说，制造业是指在生产过程中，按照市场规律，将要素或资源转化为可供人们使用或利用的工业产品和日常消费品的生产行业。国家统计局将制造业定义为经过物理或化学变化后的新产品，如动力机械制造、手工制造、批发、零售统一被定义为制造业，包括农副食品加工、食品制造、纺织、家具制造等30多个行业	庄志彬（2014）

续表

制造业概念界定	来源
制造业对自然材料及工业生产原料进行加工、再加工，生产产品支撑国民经济的其他部门运营，且为社会提供各类消费品。制造业的劳动对象是农业生产出的各种天然产品或原材料，其生产过程是加工制造，其产出是生产资料或生活消费品。	李金华（2010）
制造业是对采掘工业和农业所生产的原材料进行加工或再加工及对零部件进行装配的工业的总称，即以经过人类劳动生产的产品作为劳动对象的工业。也就是说，通过制造将可利用的资源和能源转化为可使用的工业产品或消费品的行业	张淑芳（2007）
根据国家统计局发布的《三次产业划分规定》，制造业是除采矿业，电力、热力、燃气生产和供应业，建筑业以外的所有第二产业。按照定义，制造业是指对农副产品和采掘产品进行加工和再加工的物质生产部门	简晓彬（2014）

基于不同学者对制造业的不同解释，本书结合当前经济技术发展状况，将制造业定义为对自然材料及工业生产原料进行加工、再加工的部门，生产产品支撑国民经济其他部门的运营，且为社会提供各类消费品，其劳动对象是农业生产出的各种天然产品或原材料，其生产过程是加工制造，而产出则是生产资料或消费品。

制造业的分类直接决定着研究对象，通过对文献和相关政策的归纳与研究，本书整理的制造业分类代表性观点见表 1-3。

表 1-3　制造业分类代表性观点

制造业分类	来源
根据研究和应用的需要，学术界对制造业进行了不同的分类。例如，按生产要素的强度将其分为劳动密集型、资本密集型、技术密集型和知识密集型；按提供消费品的供给和生产手段将其分为轻工业和重工业；按技术含量将其分为传统制造业和高科制造业等	简晓彬（2014）
制造业可分为加工制造业与装备制造业两类。加工制造业针对的劳动对象为采掘业的劳动产品与农产品等原材料，作用是提供社会生活必需品，满足大众的物质生活消费；装备制造业则是针对国民经济中的其他部门提供技术和设备，以支撑其简单的或扩大的再生产活动	李金华和李苍舒（2010）
现代制造业按产品用途可分为轻工业和重工业。轻工业是指以生产消费品和手工工具为主的工业；重工业是为国民经济各方面提供物质技术基础的主要生产手段的生产部门。现代制造业按照生产过程的特点可分为离散制造和流程制造。离散制造的产品往往是由多个零件通过一系列不连续的工艺加工和最终装配而成；流程制造则在生产过程中具有连续生产和工艺操作的特点，所用材料形状不规则	杜宏宇（2013）
制造业按性质分为直接对采掘工业的产品进行加工的原材料工业、加工工业；按要素密集度分为劳动密集型、资本密集型、技术密集型、知识密集型；按产品用途分为消费品制造和资本品制造业、民用制造业和军用制造业；按技术含量分为传统制造业、先进制造业	涂颖清（2010）
根据投入产出联系，在研究工业化国家制造业结构变动过程中将制造业分为消费品行业、重工业中间产品行业、轻工业中间产品行业、资本品行业	王霄琼（2014）
制造业类包括 13～43 大类，指经物理变化或化学变化后成为新的产品，不论是动力机械制造或手工制作，也不论产品是批发销售或零售，均视为制造	《国民经济行业分类》（GB/T 4754—2017）

我国经济增长所面临的资源、环境约束日趋强化，这也要求我国从依赖有形要素投入的粗放型经济增长方式，转变为依赖技术等知识投入的集约型增长方式。因此有必要从要素密集度角度出发考察制造业结构变动趋势，本书将我国制造业分为劳动密集型、资源密集型、资本技术密集型三类[①]（表 1-4）。

---

① 因 C41 其他制造业难以按照要素密度分类，因此未将其考虑在内。

表 1-4 制造业分类

资源密集型	劳动密集型	资本技术密集型
C15 酒、饮料和精制茶制造业 C16 烟草制品业 C20 木材加工和木、竹、藤、棕、草制品业 C22 造纸和纸制品业 C25 石油、煤炭及其他燃料加工业 C29 橡胶和塑料制品业 C30 非金属矿物制品业	C13 农副食品加工业 C14 食品制造业 C17 纺织业 C18 纺织服装、服饰业 C19 皮革、毛皮、羽毛及其制品和制鞋业 C21 家具制造业 C23 印刷和记录媒介复制业 C33 金属制品业 C43 金属制品、机械和设备修理业	C24 文教、工美、体育和娱乐用品制造业 C26 化学原料和化学制品制造业 C27 医药制造业 C28 化学纤维制造业 C31 黑色金属冶炼和压延加工业 C32 有色金属冶炼和压延加工业 C34 通用设备制造业 C35 专用设备制造业 C36 汽车制造业 C37 铁路、船舶、航空航天和其他运输设备制造业 C38 电气机械和器材制造业 C39 计算机、通信和其他电子设备制造业 C40 仪器仪表制造业 C42 废弃资源综合利用业

1.1.2 国外制造业发展现状

1. 德国

德国是老牌的装备制造强国，其在制造业方面的研究、开发与生产，以及对复杂工业过程的高效管理均处于全球领先地位。凭着强大的机械和设备制造业、在嵌入式系统和自动化领域的高技术水平以及世界显著的信息技术水平，德国长期以来一直是欧洲工业制造业的领导者，是全球制造业中具竞争力的国家之一。德国是个强大的工业国家，拥有完备的智能制造工业基地，其核心技术和组件基本可以独立开发和制造。现下，软件密集嵌入式系统是德国工业 4.0 的核心，而工业 4.0 已成为"智能制造"的全球代名词。德国政府于 2013 年推出了一项 100 亿欧元的高科技战略，以支持工业领域新一代革命性技术的研究、开发和创新，并将工业 4.0 作为国家计划，聚集了顶尖工业企业，以提高德国的工业竞争力，使其在新一轮工业革命中抢占先机。依托强大的产业基础和有效的政府组织，德国的众多项目中已显现工业 4.0 的雏形。目前，德国已经具备独立发展智能制造的完整生态系统。以德国西门子数字化工厂为例，该厂从 1989 年投产至 2014 年，在占地面积与员工数量基本保持不变的情况下，产能比 25 年前翻了 8 倍。西门子的这所"未来工厂"正是德国工业 4.0 的产物，该工厂通过高度的数字化和自动化提升生产效率，最快可以实现每秒生产一件产品，且一次通过率高达 99.9985%。

2. 美国

目前，制造业正处于可持续、智能、安全且迅速崛起的阶段，未来将突出先进技术发展与创新发展的特征，而美国或将继续成为这一阶段转型的引领者。为了在制造业领域继续保持优势，2012 年，美国国家科学技术委员会发布《先进制造业国家战略计划》，随后推出了国家制造业创新网络计划 (National Network for Manufacturing Innovation，NNMI)（即"制造业美国"，Manufacturing USA），该计划得到了美国商务部 (Department of Commerce，DOC)、国防部(Department of Defense，DOD)以及能源部(Department of Energy，DOE)的支持，为达成计划目标奠定了基础。美国以研究机构为基础，联合学术界、产业界、州政府和联邦政府，创建公私合作伙伴关系，召集了一批先进制造商来保持其制造业的活力与创新，其中包括波音公司、通用电气、强生公司等。美国科技处在较高的水平，正在开发的先进制造技术引入了智能互联的概念，建造智能互联的产品和工厂，并在预测分析与先进材料方面也处于世界领先水平，掌握了未来制造业的核心竞争力因素。美国致力于将公司与个人、技术、资本建立联系，且产生协同效应，取得了突出的成就，构造了一个各因素间紧密联系的创新生态系统，通过该系统进行研发投资，能够创造巨大的价值。中国与美国处在制造业大国的头两位，据工信部数据，2021 年中国制造业产值约 4.864 万亿美元，美国约 2.3 万亿美元，中国制造业增加值占全球的比重约为 30%。美国在知识密集型和创新密集型的高科技制造业领先，如计算机、电子、半导体、医疗器械、精密仪器、光电元件。中国有三种制造业领先，一是劳动力密集型，如纺织、服装、皮革、玩具、家具；二是资源密集型，如煤矿、造纸、炼铁；三是能源密集型，如焦化、钢铁、水泥、橡胶、塑料。

3. 日本

日本的制造业对其国民经济的发展起着至关重要的作用。第二次世界大战后，日本通过发展原料工业与重化工业，迅速实现了经济复苏和赶超。20 世纪 80 年代，日本进行产业结构调整，并发展技术密集型产业，在工业机器人、半导体与集成电路等高端制造业领域取得突破，实现了经济长期稳定增长。即使进入"衰退的十年"，日本制造业增加值占国内生产总值(gross domestic product，GDP)的比重也仍然保持在 19%以上，制造业持续支持着日本经济的恢复与发展，仍是当今日本经济复苏的根本动力。自 20 世纪 90 年代以来，由于新兴经济体的崛起和国内劳动力成本的上升，日本制造业空心化开始加剧。2008年国际金融危机爆发后，日本制造业也开始适应国内外环境的变化。一方面，日本传统制造业企业开始积极剥离辅助业务，部署智慧城市、新能源等高新技术产业，积极进行产业升级；另一方面，日本的关键设备和精密零部件技术水平仍处于世界领先地位，制造业向高端制造发展。长期以来，日本能够成为第三大经济体主要是由于其强大的制造业，但是近年来，随着日本经济疲乏、失业率居高不下、人口老龄化严重等社会问题日益严重，日本制造业正在进入一个严峻的时期。保证制造业的优势，是解决日本国内众多问题的重要举措。为了应对全球制造业升级，解决不同制造企业之间的"互联制造"问题，促进制造业的发展，2015 年日本提出"工业价值链"(Industrial Value Chain Initiative，IVI)。2016年日本智能制造参考框架(Industrial Value Chain Reference Architecture，IVRA)的正式发布，标志着日本智能制造拥有了一套适应本国国情的完整的骨架。日本制造从三个层次实施行动，以 IVI 计划推动日本制造的联体发展，以物联网(internet of things，IOT)推进实验室创新，在机器人制造方面以工业机械和中小企业为突破口，探索领域协调及企业的合作方式。由以上三大战略，共同促进新时期日本制造业的发展。

4. 英国

作为第一次工业革命的发生地，英国一直享有"现代工业革命的摇篮"和"世界工厂"的美誉。自20世纪80年代起，英国制造业发生了重大的变化，"去工业化"战略的提出，使得英国将汽车等许多传统产业转移到劳动力以及生产成本相对低廉的发展中国家。然而在这一时期，英国还是形成了一批具有高创新力和竞争力的企业，主要集中在航空航天以及制药等领域。直到2008年，受到金融危机的沉重打击，英国政府深刻意识到仅以金融为中心的服务业无法继续让其保持国际竞争力，必须重振制造业。在以上背景下，通过分析制造业面临的机遇与挑战，英国于2012年提出了工业2050战略，拉开了制造业升级转型的序幕。该战略旨在敏捷响应消费者需求、把握住机遇、保持可持续发展以及培养高素质人才四个方面。同时建立新能源、嵌入电子、智能系统、生物技术以及材料化学等领域的创新培育点。

2008年由美国次贷危机引发的金融危机最终导致世界经济危机，严重伤害了实体经济，至今尚在缓慢复苏。危机促使人们反思：怎样看待制造业？如何通过重振制造业，重建实体经济与虚拟经济之间的平衡？人们看到，新自由主义的放任自私、追求杠杆效益、倡行"去工业化"，导致制造业日趋"空心化"。而如今，制造业再次成为全球经济竞争的重点，为重新发展制造业，各国均制定了相应的再工业化战略。德国政府在《德国2020高技术战略》中提出工业4.0，美国提出先进制造业伙伴计划(Advanced Manufacturing Partnership，AMP)、国家制造业创新网络计划(National Network Manufacturing Innovation，NNMI)，日本在2014年版《制造业白皮书》中提到重点发展机器人产业，英国发布工业2050战略等。另外，越南、印度等一些东南亚国家依靠资源、劳动力等比较优势，以低成本的优势开始由劳动密集型制造业向中低端制造业转型。

1.1.3 国内制造业发展现状

中华人民共和国成立70余年来，我国制造业所获成就举世瞩目，已成为国民经济增长的支撑力量，并形成了一套独立且完整的产业体系。但我国在制造业发展的许多方面还存在不足，与发达国家相比，问题依旧突出，如何将中国制造转变为中国创造，提升中国制造业的全球竞争力，未来的任务依然艰巨而紧迫。

(1)我国制造业"大而不强"的问题依然突出。2020年，我国工业产值占国内生产总值的30.81%，我国的工业增加值达到31.31万亿元，对全球制造业的贡献率接近30%。2010年我国的制造业产值首超美国跃居全球第一；截至2022年6月，在500种主要工业产品中，我国有40%以上产品产量居世界第一。然而我国制造业存在人均规模较小的问题，约为德国的1/4，约为美国的1/3。我国在人均工业增加值方面与世界发达国家也存在较大的差距。

(2)自主创新能力薄弱，高端装备制造核心技术缺乏，企业自身创新能力不足。随着我国科技的不断发展，一些方面已取得成就，发明专利授权量和拥有量稳步提升，2020年我国共授权发明专利53万件。但数量的提升仍然无法改变关键核心技术受制于人的局面，目前我国仍有非常多的关键零件、软件以及高端装备高度依赖进口。制造业各企业缺乏技术创新动力，无法作为主体推动技术创新。而造成我国制造业缺乏重大创新这一现状的主要原因之一就是在基础研究方面的投入不足。据相关数据，长期以来我国的基础研究投入占比为 5%左右，而科研院所企业化改制后，原本投入基础研究的大量资金、人力资源以及管理技术转移到其他领域，导致产业共性技术及产业化主体弱化。同时，产学研目的分化，我国的科研成果转化率较低，与发达国家相比仍有较大差距，产学研合作机制还未能有效达成创新。由于缺乏创新能力，我国在国际分工中仍处于技术含量低且附加值低的"制造—加工—装配"环节。除自主创新能力较弱以外，我国企业对引进技术的消化吸收再创新能力也明显不足。实施创新驱动发展战略，最根本的是要增强自主创新能力，从"中国制造"到"中国创造"尚有很长的路要走。

(3)产品档次不高，缺乏世界知名品牌公司和跨国企业。随着国际地位的提高和综合国力的增强，我国在全球化进程中扮演着重要的角色，越来越多的企业需要走出国门，但是相当一部分出口产品会由于技术及标准等问题被挡"门"外。我国制造业竞争力不强，其中的短板除技术水平外，还在于我国制造业产品的质量档次、安全标准不高，缺乏世界知名品牌，领军企业发展不足。首先，我国产品质量和技术标准总体水平不高，据国家市场监管总局指出，2021 年产品抽查不合格率高达 12.2%。出口商品召回问题较多。制造业年均直接质量损失超过 2000 亿元，间接损失更是超过 10000 亿元。其次，我国企业品牌建设较为滞后，品牌设计、建设及形象维护方面达不到完备的水平。再次，标准体系整体水平不高，统计数据显示，由我国主导制定的国际标准低于 0.5%，同时标准更新速度较慢，与德国、美国、英国、日本等国家相比，"标龄"高出 1 倍以上。

(4)利用资源和能源效率低，环境污染问题突出。我国以重化工业为主导的产业结构导致了对资源与能源的强需求，环境污染因此较为严重。在发展过程中，少数地方和企业直接依靠大规模投入各类要素来换取经济增长率和经济效益，这使得资源利用率下降，环境污染严重。数据显示，我国单位 GDP 能耗约为世界平均水平的 1.5 倍，是美国的 2.4 倍，是日本的 3.65 倍，高于巴西和墨西哥等发展中国家。据国家统计局数据，我国 2020 年的能源消费总量 49.8 亿吨标准煤，比上年增长 2.2%。由于资源与环境成本低，其价值未得到反映，市场机制无法在资源和环境因素的合理配置中发挥重要作用，导致我国仍然属于世界能源消费增长较快的国家。违法成本低与环境监管力度不强也是环境问题屡屡得不到缓解的重要原因。《2020 中国生态环境状况公报》显示，我国 337 个地级及以上城市中，仍有 40.1%的城市空气环境质量不达标，累计发生严重污染 345 天。《2016 中国国土资源公报》显示，我国海洋生态环境状况基本稳定，但是近岸局部海域污染较严重。

(5)产业结构不合理，高端装备制造业和生产性服务业发展落后。一直以来，我国制造业发展主要依靠要素低成本优势，通过引进技术和管理，迅速形成生产力进而扩张规模，依靠外部投资拉动，传统产业产能过剩矛盾突出，产业整体发展缺乏协调性，且区域产业发展同质化问题严重。在产业结构方面，资源密集型产业占比远高于技术密集型产业。而我国的生产性服务业还处于萌芽阶段，还集中在批发零售、运输以及仓储等低端服务领域。一些传统企业集中度降低，无法实现产业集聚和集群发展。

(6)信息化水平不高，与工业化融合程度不高。信息化与工业化深度融合，是走新型工业化道路、转变发展方式的重要助推力。但是，我国的信息化水平有待提高，融合这一过程仍然有巨大的潜力。信息基础设施建设程度和应用水平远落后于发达国家。根据《2016年全球信息技术报告》，我国网络就绪指数(networked readiness index，NRI)位于世界第59名，远低于众多发达国家。企业不愿借助信息技术对传统生产方法和流程进行升级，大多数地区和行业的建设度和应用水平还在初级阶段。区域、行业、规模不同的企业间，信息化程度相差甚远。与国民经济和社会保障高度相关的高端核心工业软件主要依赖进口，信息化和信息安全领域人才储备不足。

在现有的制造业产业链结构中，美国等发达国家负责产业链上游关键零部件的研发设计和供应，并将一些制造加工活动外包到中国，中美两国分处产业链的不同环节，实现着产业链上的协同合作，各自占有相应的国际市场。随着第三次工业革命的到来，各国都在部署高科技产业。从中国的角度看，中国经济已进入中高速增长的新常态，传统上依赖劳动力和其他资源的粗放型增长模式已不可持续，制造业转型升级迫在眉睫；从美国的角度看，实施"再工业化"政策后，美国没有回归传统制造业，而主要集中在先进制造业，如可再生能源、智能电网、新材料、信息技术、工业机器人，这些领域与我国在 2010 年提出的战略性新兴产业几乎一致，这将不可避免地影响我国制造业向高端化的转型发展。

1.1.4 西部地区制造业发展现状

中华人民共和国成立以来，由于基础设施建设落后，社会经济基础较差，西部地区的制造业发展一直落后于东北地区。改革开放后，我国西部制造业稳步发展，在西部大开发战略实施后更是站到了新的历史起点上，西部地区开始承接产业转移后，综合实力与国内竞争力显著增强。本节从发展历史进程、发展现状及存在的问题三个方面阐述西部地区的制造业及制造体系。

1. 发展历史进程

计划经济时代，西部地区产业结构以制造业为主导，而重工业更是重中之重。改革开放初期，西部地区的工业结构虽然调整缓慢，但其轻工制造业在这段时间内得到恢复性增长，二者直接使得制造业所占比重稳居不降。改革开放以来，东西部布局开始转变，西部制造业受到东部冲击而开始转向采掘和初级加工产业。而后在西部大开发的大背景下，遵照产业结构改革的指导思想，西部资源型制造业开始了稳定的发展。

1) 发展起步阶段

20 世纪 50 年代初至 60 年代，我国基于全国各产业整体布局加之国防战备的考虑，予以西部地区在资金、技术、人力等多方面的大力支持。西部地区在我国总体经济发展中的重要地位凸显，制造业得到高速发展。在成都、西安及兰州等省会城市，各产业基地纷纷建立。其中一些重点项目获得大力支持，并取得了显著的成效，如西部地区建成的钢铁、有色金属和大型水电等基地。在这一发展阶段，西部各基地的发展得益于"一五"期间实施的"156 项重点工程"。此后西部地区逐渐建成了纺织、石油化工、机械制造、航空航天等一批对中国未来发展有重要影响的产业。

2）稳步前进阶段

改革开放后，东部沿海地区作为最先开放和优先发展的地区，顺利进入高速发展的阶段。与此同时，西部地区也进入了全新的发展期，致力于提高经济实力，促进西部地区经济发展，建成了有色金属、建材、机械、钢铁、航空航天、石油化工、轻纺、电子、电力等覆盖多个行业的工业体系。成都、西安、重庆、南宁、乌鲁木齐、兰州、昆明、银川等西部地区重要城市在这一阶段得到了大力建设，在经济实力增强的同时，其各自的特色产业也得以建立与发展。从总体数据看，1978 年，西南西北 9 个省份的生产总值为 558 亿元，1999 年，西部地区 10 个省份的生产总值总额达到 15354 亿元；从人均角度看，人均生产总值从 1978 年的 251 元跃升至 1999 年的 4171 元。在发展的同时，西部地区一些老工业基地受限于技术水平，经营管理水平也没能跟上时代进行转型而陷入困境，加之东南沿海一带借助各项优势高速发展，西部地区虽以稳定的速度在发展，但已落后东部地区不少。改革开放后，东南沿海地区充分利用其地理优势与改革开放的政策优势，通过对外开放和招商引资，将全国的要素汇聚于东部沿海的长三角、珠三角、环渤海等区域。与此同时，西南、西北、东北等地区的老旧工业基地却因体制转型、技术落后等众多症结而发展相对滞后甚至衰落。由此在多重制约下，西部制造业发展明显落后于东部。

3）高速发展阶段

2000 年，西部大开发战略开始实施。西部大开发战略旨在利用我国东部发达地区的闲置生产能力来促进西部地区经济和社会发展，平衡区域发展水平，缩小贫富差距，共同维护生态环境。这是西部地区包括制造业在内的各产业发展的新机遇。《西部大开发"十二五"规划》的实施，进一步刺激了西部各省份去抓住机会，加速发展。西部地区基于资源禀赋和劳动力优势，开始加快承接东部地区的产业转移，制造业企业数量出现了急剧增长。2011～2015 年，西部地区的年均工业增加值涨幅开始出现大于东部地区涨幅的态势，按照我国西部大开发总体规划，2001～2010 年为奠定基础时期，重点是调结构、强基础，促进西部地区经济良性可持续发展；2011～2015 年为加速发展时期，重点培育特色产业，实现经济产业化、市场化、生态化和专业区域布局的全面升级。经过十多年努力，西部大开发取得明显成效，但是与东部地区相比，西部发展仍然相对滞后。2017 年，《西部大开发"十三五"规划》结合"十三五"时期西部地区发展的阶段性特征和突出矛盾，进一步明确了西部地区发展的目标与指标。

2. 发展现状

我国西部地区的制造业经过中华人民共和国成立以来特别是改革开放以来的快速发展，已经成为支撑西部地区国民经济持续快速发展的重要力量，发展也取得了显著成就。

1）工业总量不断扩张，规模扩大

2017 年，我国实现工业增加值 283452.60 亿元，西部完成 50603.01 亿元，占全国总额的 17.85%（表 1-5）。与 2011 年相比，2017 年西部工业增加值增加了 2883.47 亿元，工业总量得到大幅提升，与东部地区相比仍有较大差距，因此西部地区更应注重工业发展。

表 1-5　我国四大地区工业增加值　　　　　　（单位：亿元）

地区	2011 年	2012 年	2013 年	2014 年	2015 年	2016 年	2017 年
东部	109493.05	115422.98	122344.86	130605.36	134989.81	141731.22	152895.68
中部	47719.54	51788.72	55059.73	58059.69	57705.77	60836.06	66190.16
西部	47719.54	39548.55	44975.25	47838.44	47426.30	46464.28	50603.01
东北	17696.93	19030.73	20220.54	20249.71	17955.42	13333.83	13763.75

资料来源：根据 2012～2018 年《中国统计年鉴》整理。

2）工业增速放缓

2013～2015 年总体上我国工业经济增速较快的地区仍然大部分分布于西部地区。西部地区增速得益于国际经济缓慢复苏，国内扩大基础设施建设、中小企业税负减免、定向降准等有针对性的"稳增长"政策效果显现，以及西部地区从东部承接部分产业转移发挥的效应。但从 2016 年开始，西部工业增加值下降，增速放缓。

3）西部地区承接产业转移步伐进一步加快

随着土地、劳动力等要素成本上升，东部沿海地区一些产业特别是劳动密集型产业的边际收益下降，产业升级、转型压力和产业转移要求日益增强；同时西部地区交通、能源、信息网络等基础设施建设的不断完善及一系列产业转移对接活动加快了纺织、机械、能源、化工、建材等传统产业向西部地区转移，西部地区的新能源、新材料、装备制造等战略性新兴产业也逐渐走上发展的"快车道"。主要表现为西部地区的投资增速明显超过经济发展水平较高的东部沿海地区。

西部地区受到制造业产能过剩、需求不足的影响，但随着中央西南"桥头堡"战略、"渝新欧"国际铁路联运大通道、"丝绸之路经济带"等的推动，西部地区承接产业转移的步伐将进一步加快。产业的加快转移也保障了西部地区工业的快速发展，促进西部地区提高产业水平、更新产业结构，更好地发挥资源与劳动力优势，加快经济发展（表 1-6）。

表 1-6　四大地区固定资产投资额　　　　　　（单位：亿元）

地区	2011 年	2012 年	2013 年	2014 年	2015 年	2016 年	2017 年
东部	46480.25	51377.20	62914.70	73910.63	82757.73	252922.80	268910.80
中部	27649.41	34765.16	42524.00	49674.40	55298.31	159705.70	166139.40
西部	17388.19	22127.48	25705.50	29586.46	29922.90	157195.40	169715.20
东北	11195.43	14671.41	16560.70	16582.81	15207.51	31263.70	31252.60

资料来源：根据国家统计局官网相关数据整理。

4）产业集群发展水平明显提升

西部地区通过大力发展产业集群，鼓励和引导中小企业与龙头骨干企业开展多种形式的经济技术合作，建立稳定的供应、生产、销售等协作、配套关系，提高专业化协作水平，完善产业链，打造创新链，提升价值链，培育和发展了一批成长性好的产业集群，逐步聚焦集群战略导向，形成兼具规模经济优势和主导产业特色的专业化产业集群。

3. 存在的问题

西部大开发以来，西部地区快速发展，特别是近年来经济增速明显高于东部地区。消费、投资、出口是维持西部地区经济高增长的主要动力。西部大开发第一阶段所取得的成果显示，区域产业转移为西部地区城市重组、产业集成、资源合理配置及组织管理能力提升提供了有效支撑。但随着经济发展进入新常态，资源环境约束越来越强，劳动力成本优势逐渐减弱，部分传统产业产能过剩问题凸显。人口、资金、自然资源传统动能的增速减弱，同时技术创新、"互联网+"、制度与结构改革等新动能释放的能效尚不稳定，新产业的增速还未提上来，导致西部地区制造业与制造体系的可持续发展出现动能"青黄不接"的结构性问题。

1）制造业企业运行困难变大

西部地区制造业企业在生产经营过程中面临着多重险阻，人力成本和资源要素成本不断攀升，原有的借助低成本衍生出的高资本回报率优势丧失。由于城市化和工业化的加速以及土地政策的收紧，土地资源日益紧张。生产要素供给的持续收紧也加速了劳动力和土地等生产要素成本的增加。同时企业需要在转型过程中加大对环保和技术改造的投资，企业经营成本也随之增加。除了成本增加带来的困境，很多企业还面临资金方面的压力。在人口红利逐渐消失、生产成本增加、全要素生产率偏低的情况下，制造业企业无法继续依靠低成本换取高投资回报，维持生产经营更为困难。

2）科学技术水平不高

西部地区大多数制造业都是传统产业，设备较旧、技术水平普遍落后，由于缺乏资金，整体技术升级难度大。近年发展起来的现代制造业也普遍存在数量少、规模不大、资金投入不足和技术创新能力弱等问题。西部地区制造业目前陷入了技术相对落后、产品更新困难、市场竞争力下降的多重困境。除了科技水平的因素，西部地区制造业遭遇的困境也与我国人才分布大体相关，东南沿海等地区由于长达 40 余年的快速发展，人口技术高度聚集，相比西部地区其科研、高校等机构的数量、质量具有明显的优势。整体上看，科技水平不高、科技创新能力不强是制约西部地区制造业发展的重要因素。

3）市场规模小

目前，我国的制造业生产和消费市场主要集中在东南沿海一带，东部地区制造业市场上生产和需求方面的绝对领先地位导致西部制造业的发展受到制约。经过 40 多年的市场经济快速发展，市场环境逐渐成熟，东南沿海地区已经成为国内外制造业生产和投资的重要区域。随着西部大开发以及"一带一路"倡议的深入实施，我国加快了西部建设。但西部制造业长期的资本、技术以及体制的转型尚需要时间，处于国内外快速变化的经济与市场环境，西部制造业市场想要扩大规模还需要更多的政策、资金支持。

4）生态环保要求提高

受气候与地理环境等因素的综合影响，西部地区生态环境脆弱，生态承载力相对低下，过去其能源和生态环境空间相对较大，但随着我国经济快速发展，西部地区的环境承载已经接近或达到上限。西部地区制造业中相对竞争力强的行业大多与当地的资源以及自然条件密切相关，处于劣势地位的多数是技术含量高、附加值大以及产业关联度较高的行业。党的十八大将生态文明建设提到国家战略高度，对生态环境的要求不断提高。较发达的东部地区转移出去的主要是高污染、能耗大的产业，这些产业会对承接地的生态环境构成严重威胁，西部地区在承接产业转移的过程中明显存在生态困境。西部地区是我国承接全球制造业产业转移的重要阵地，随着环境约束日益增多，西部制造业亟须通过转型升级预防价值链低端锁定陷阱，推动形成绿色低碳循环发展方式已经成为必然。

1.2　制　造　体　系

制造业与制造体系有着紧密的联系，也有很大的区别。制造业是制造体系的主要载体，制造体系很大程度上影响着制造业的发展。制造业是一种行业，其理论基础是产业经济学。制造体系是各种系统的组合，其理论基础是系统论。制造体系是建立在制造业基础上的多种系统的有机组合。

1.2.1　制造体系的内涵与特征

20世纪以来，随着制造理念变化，新兴制造系统层出不穷。如1973年美国学者约瑟夫·哈林顿（Joseph Harrington）率先提出了计算机集成制造（computer integrated manufacturing，CIM）的概念与两个重要观点，即系统观点与信息化观点，并在此基础上建立了计算机集成制造系统（computer integrated manufacturing system，CIMS）；1988年，美国防御分析研究所（Institute for Defense Analysis，IDA）提出了并行工程的概念，随后被广泛采用；1990年，美国麻省理工学院的詹姆斯·P. 沃麦克（James P.Womack）与丹尼尔·T. 琼斯（Daniel T.Jones）等学者，系统总结了日本制造业几十年来的成功经验，并在《改变世界的机器》一书中首次对"精益生产"的生产体系进行了总结；1991年，美国Iacocca研究所发表了《21世纪制造企业发展战略报告》，提出了一种新的制造管理体系——敏捷制造；1991年1月，日本推出了智能制造系统（intelligent manufacturing system，IMS）的国际合作研究与发展计划。从最初的计算机集成制造系统、敏捷制造系统到智能制造系统、绿色制造系统、云制造系统，不仅体现出技术的发展，更反映出管理思想的改变。绿色化、智能化、服务化已成为制造系统未来的发展趋势。国内学者对各种不同制造体系进行了大量的研究，表 1-7 列出了代表性观点。

表 1-7 制造体系概念代表性观点

制造体系概念	来源
高效制造体系是降低内部决策层级的扁平化组织。它是一个精简的组织，消除了不必要的人员和组织；它是一个灵活的组织，能够应对外部环境的变化；它也是一个注重学习的创新型组织	孙明华(2006)
智能化制造体系的目的主要是实现多个系统的信息集成与生产的有效组织管理，实现数据信息化、管理智能化、控制自动化。智能化制造体系的构建，向上需要设计产品数据管理系统集成，从而实现设计、工艺、制造一体化；向下需要各种现场的生产信息实时写入信息管理系统，实现设计、工艺、制造、管理一体化。大致分为四个部分：业务数字化、物联网应用、设备联网、数据撷取	马铸(2014)
智能制造体系由基于互联网及大数据的智能活动、核心智能制造能力、智能制造的知识管理活动，以及基于互联网与大数据的智能联盟四个基本子系统构成，将消费者与智能联盟纳入体系中，成为企业与消费者、与合作伙伴协同演化动态能力的重要基础	肖静华等(2016)
云制造体系结构分为五层：物理资源层、虚拟化层、核心中间件层、应用层和用户层。云制造是一种面向网络的协同制造模式，它既继承了网络化制造的敏捷响应、资源共享、协同设计与制造等特征，又继承了云计算的规模化、低成本、灵活性等基本特征	李春泉等(2011)
共享不仅是网络化制造的目的，也是网络化制造的手段：通过设计资源和设备资源的共享，降低企业成本；通过共享知识资源，即跨企业、跨专业的设计师协同开发产品，提高产品开发的创新能力和灵活性；通过市场资源共享来整合企业优势资源。因此，网络化制造系统的主体结构可以分为两个层次：资源提供服务层和产品协同开发层	罗亚波(2005)

结合前期研究，根据制造体系发展现状与要求，本书将制造体系定义为由一系列制造业行业、制造业相关行业与利益相关者组成的，为实现其发展目标，按照一定的秩序和内部联系所构成的有机整合体。它涵盖产业集聚、空间布局、技术体系、产业链、社会环境与自然环境等秩序，包括制造业各行业之间、制造业与相关行业之间、制造业与利益相关者之间的多种耦合关系。我国制造体系不仅涉及消费者需求、环境承载力、资源效率、社会效益、企业效益之间的协调，还涉及产业、区域之间的平衡发展。

1.2.2 西部地区制造体系存在的问题

(1)产业结构不合理。以传统产业为主导的西部制造业大多是夕阳产业，在产品类型、产品结构、产业技术、产业组织等方面都相对落后。因此，西部制造业的发展面临着产业综合转型、产品结构调整、产业结构和技术升级、产业组织创新等诸多困难。此外，一些地方政府和企业依赖通过大规模要素投入的方式获取直接经济增长速度和经济效益，导致能源利用率低下，且严重污染生态环境。

(2)制造业集聚地与资源集聚地匹配不均衡，资源配置效率有待提高。西部制造业聚集一味追求与经济发展水平相一致，缺乏综合考虑各区域资源禀赋予环境承载力的差异，造成资源浪费、环境污染等问题。产业的协调程度、结构聚合质量有待改善，一些传统行业集聚力偏低，目前无法实现产业集聚和集群发展。总的来说，整个西部地区制造业暂时缺乏与集聚发展相匹配的统筹协调机制。

(3)科技创新能力较弱，对制造体系绿色化发展的支撑不足。西部的技术创新能力不强。总体而言，西部地区高科技人才稀缺，西部制造业企业开展技术创新的动力不足，且很少承担起创新主体的身份。具体业务方面，其主要承接的是技术含量低、行业驱动及升级动力不足的产业，长此以往对高技术产业或高端产业的吸引力不强。嵌入全球价值产业链的企业也处于价值链低端环节，且不具备主动性。例如，成都、重庆等西部地区主要城市在高速发展的信息技术产业中，主要承接的是低附加值的加工和组装环节，无法支撑制造体系绿色化发展。

(4)制造业发展仍未摆脱高投入、高消耗、高排放的粗放模式，资源能源的瓶颈制约日益强化。西部制造业中一些涉及能源及资源初加工的行业，如火电、金属冶炼、矿产品初级加工和其他资源性企业等，对资源造成的损耗无法估计。除资源的大量消耗外，其还引发了二氧化硫排放、工业烟尘排放等环境污染问题。根据邱鹏(2009)的研究，西部资源开发造成的负外部性对矿山及其周边环境造成了严重污染，还有可能引发多种地质灾害。在环境承载力方面，我国部分省份的环境承载力还保有一定程度的余地，如青海、陕西、云南、四川、内蒙古、西藏等地；部分省份的环境承载力已处于超载状态，如广西、甘肃、重庆、新疆、贵州、宁夏等地，尤其是宁夏和贵州这类经济发展处于相对落后状态的省份，环境承载力处在严重超载的状态。我国西部地区的环境承载力整体表现出逐步弱化的趋势，甚至向极端程度逼近。由此可见，我国西部地区在未来的产业转移和工业化进程中，环境承载力是必须考虑的一大制约因素。

(5)资源与环境成本低，其价值未得到反映，市场机制无法在资源和环境因素的合理配置中发挥重要作用。政府部门对环境的监管不力及违法成本偏低也是环境问题得不到显著改善的重要原因。

1.3　制造业与制造体系产业范式变迁

新一轮的工业革命就是促进产业范式变迁的过程，它是围绕新一代信息技术，通过对新能源、新材料、生物技术等高新技术的协同运用，基于人、机与资源间的智能互联，呈现出绿色化、智能化、服务化的特征，为制造业产业链的延长以及价值链的升级提供了契机，并有利于增强我国制造业的国际竞争力。在明晰国外制造业转型发展趋势的基础上，探索符合我国西部制造业与制造体系产业范式的变迁方向，为西部绿色制造体系的构建提供了经验借鉴。

1.3.1　国外制造业转型发展趋势

我国虽早已是制造业大国，但并非制造业强国。长期以来，我国制造业处于产业链低端，面临诸多困境。随着近年来的发展，我国制造成本已逐步增加，人口红利逐渐消失，土地成本大幅增加，部分外商投资优惠政策相继废除，与过去相比，外商在我国的投资成本急速增长。哈佛商学院教授威利·史对此进行了研究，结果显示，2000年初，美国人工成本是中国人工成本的10倍，但在2014年降为4倍。纵瞰外部竞争环境，新一轮的产业革命已蓄势待发；放眼海外，发达国家纷纷提出"再工业化"战略，发展重点纷纷转向高端制造业，借此为未来国际经济竞争作充分准备。面对一系列外部环境的变化，借鉴发达国家的一系列做法，推行自己的制造业发展战略，重视制造业转型升级，显得更为迫切。

1. 德国：着重研发绿色制造技术，推动制造行业智能化

自 2007 年起，绿色行业占德国 GDP 总值的比例就不断增长，至 2016 年其贡献率已高达 15%，预计至 2025 年将增加到 19%。2018 年 4 月 13 日，德国联邦环境部发布了《绿色技术德国制造 2018：德国环境技术图集》(*GreenTech Made in Germany* 2018: *Umwelttechnik-Atlas für Deutschland*)。这是德联邦环境部第五次发布环境技术图集。这份图集报告由德国罗兰贝格管理咨询公司在相关市场分析和大量问卷调查的基础上撰写而成，主要分析德国在绿色技术行业和资源效率领域的市场现状(其中的数据年份为 2016 年)，并对整体情况做出评价和预测。

根据该图集资料显示，全球六大绿色技术行业和资源效率领域的先导市场分别是可持续水经济、循环经济、环境友好型能源生产储存及分配、资源和原材料利用效率、能源效率以及可持续交通。2016 年，全球绿色技术行业和资源效率领域的市场份额超过 3 万亿欧元，六大先导市场的市场份额按多少排序依次为能源效率(8370 亿欧元)、可持续水经济(6670 亿欧元)、环境友好型能源生产储存及分配(6670 亿欧元)、资源和原材料利用效率(5210 亿欧元)、可持续交通(4210 亿欧元)、循环经济(1100 亿欧元)。预计至 2025 年，绿色技术行业的市场份额将达到 5.9 万亿欧元，其中可持续交通的年均增长率可达 10.2%，资源和原材料利用效率的年均增长率可达 8.1%，循环经济的年均增长率可达 7.4%。

2016 年，德国经济对全球经济的贡献率为 4.6%，而其在绿色技术行业和资源效率领域的市场份额高达 14%，由此不难看出，德国在绿色制造技术方面占据着极其重要的地位。从具体数据看，德国在全球绿色技术行业和资源效率领域的六大先导市场占比分别为可持续交通 21%、循环经济 16%、环境友好型能源生产储存及分配 15%、能源效率 13%、资源和原材料利用效率 12%、可持续水经济 11%。

德国在资源和原材料利用效率以及可持续交通两个市场还有广阔的增长空间，而德国的气候保护技术在金砖国家市场中也具有相当重要的地位。未来，欧洲和中国都将是"德国制造绿色技术"短期内最重要的目标市场，俄罗斯作为目标市场的重要性也将越来越大。相关资料显示，基于市场份额和投资吸引力，德国出口中国的绿色技术中排名前五的是电力储存、混合驱动器、发电和配电设备生产、内燃机效率提高技术、测量和控制技术。

德国绿色制造在国际市场上获得成功的重要因素是其在人工智能、系统解决方案、数字化领域、虚拟系统方面取得的领先成就。由此可见，绿色制造技术的突破创新越来越依靠基于智能、数字化等多个领域的系统性创新，而非某个单项创新。

同时，以"万物互联"为核心的德国工业 4.0 的提出也对中国制造业的转型升级具有很重要的参考意义。工业 4.0 是德国在《德国 2020 高技术战略》中所提出的十大未来项目之一，投资预计达 2 亿欧元，旨在通过利用信息通信技术和网络空间虚拟系统——信息物理系统(cyber-physical system，CPS)相结合的手段推动德国制造业的智能化进程。

除去以发明蒸汽机为标志实现机械化生产的第一次工业革命、以发明电力为标志实现

电气化和大规模流水线生产的第二次工业革命、以信息技术和电气化的结合为标志实现自动化生产的第三次工业革命，德国工业 4.0 被视为基于网络实体系统及物联网技术的第四次工业革命，并被划分为三大主题：智能工厂、智能生产以及智能物流。智能工厂主要针对智能化生产系统和运作过程，以及如何实现网络化分布式的生产设施进行重点研究；智能生产主要针对企业整体生产物流管理，以及人机互动、3D 等技术如何运用于工业生产过程进行研究，这一方案的核心是招引中小企业参与，目标是将新一代智能化生产技能应用于中小企业，使中小企业从中受益，并成为先进工业出产技能的创造者和供应者；智能物流通过整合互联网、物联网、物流网多方面的物流资源，使得物流资源供应方充分发挥现有效率，物流资源需求方快速得到物流支撑，获得效能匹配。

德国工业 4.0 在全球制造行业产生了重大的影响，这些影响及其背后的措施将为中国的制造业发展提供大量值得借鉴的经验。在政策措施上，德国建立了一套严谨的针对技术、环境的评估体系，并根据评估结果做出及时适当的调整和改进；在法律监管上，德国根据发展情况及时调整、完善了与信息安全、企业责任等方面相关的法律法规。此外，德国为全面提升行业竞争意识水平和技术创新能力所实施的各项举措，也非常值得中国思考和学习。

事实证明，中国要完成从制造大国到制造强国的转型，必须重点发展高端制造业。高端制造业以先进制造技术和高端制造设备为基础，而目前中国在基础设施、人才领域、法律监管以及技术创新等方面均有待提升和完善。在全球制造格局发生重大变革之际，中国除了要勇于面对各类竞争和挑战，还须立足国情，抓牢政策机遇，凸显制度优势，重视创新驱动，紧跟制造行业变革的步伐，实现从产品价值链低端到高端、从数量到质量、从制造大国到制造强国的转型和升级。

2. 美国：培养发展先进制造业，实现绿色经济发展模式

先进制造业是传统制造业的相对概念，是指制造业在发展的过程中不断吸收并运用高新技术成果（如电子信息、计算机、机械、材料、现代管理技术等），投入并应用于从产品研发设计、生产制造、在线监测，到营销服务、管理的全过程，以质量优、效率高、耗能低、清洁、生产灵活性高为目标，实现生产过程的信息化、自动化、智能化、柔性化、生态化，从而达到良好的经济收益与市场效果的制造业的总称。

自 2008 年金融危机以来，美国政府进行了深刻的反思，并逐步启动了工业化进程。美国认为，国家的制造业实力对国家的经济发展及国土安全都有着至关重要的作用。美国政府通过设立配套政策引导行业环境、强化产学研合作、加大科技创新力度、全面提升从业者素质等多项措施，对国内制造业进行了重振提升。

2009 年，美国政府提出绿色经济发展模式，强调经济要走可持续发展路线，重点培养先进制造业，以实现制造回归，促进出口，改善就业环境。

2011 年，美国政府正式提出先进制造业伙伴关系计划，该计划包含四个子计划，分别是提高美国国家安全相关行业的制造业水平、缩短先进材料的开发和应用周期、投资下一代机器人技术、开发创新能源高效利用的制造工艺，以使美国获得制造业全球竞争优势为目标，加强产学政的密切合作，加大投资发展新兴先进技术，促进先进制造业发展。四

个子计划中，美国政府在"材料基因组计划"（Materials Genome Initiative，MGI）中投资超过 1 亿美元，通过大量的研究和调查，将美国制造企业应用开发先进材料的速度提升了两倍，进而推动价值近十亿美元的相关绿色制造技术、新型能源以及国家安全技术的发展和进步。同时，美国能源部门将高达 1.2 亿美元的资金用于引进开发新的制造工艺和清洁能源，以实现制造企业在降低生产成本的同时，减少能源损耗和碳排放量。

2012 年 2 月，美国国家科技委员会在总统科技顾问委员会于 2011 年发布的《美国先进制造业领先地位报告》的基础上，制定并发布了《先进制造业国家战略计划》。该计划首先对全球制造业发展状况进行了详细分析，并且研究了在全球制造业发展现状的背景下，美国先进制造业发展面临的难点，在此基础上明确了其发展的五大战略目标：一是加快中小企业投资，包含加快公共及私营企业的联合投资、加强政府采购制造商产品力度、加强对国家安全相关领域的投资；二是加强劳动力技能的提升，包含对制造业劳动力的及时更新、增强对先进制造业劳动力以及未来工人的教育培训；三是建立强有力的伙伴关系，包含推动中小企业参与合作伙伴和加强基于集群的合作伙伴关系；四是对政府投资进行调整和优化，包含推行先进制造业投资组合，促进不同领域的机构跨领域投资；五是增加研发投资，包括加大研究和试验（research and development，R&D）税收抵免，以及增加政府投资。

在明确五大战略目标的同时，美国政府还指定了与完成各项战略目标相关的机构和部门，这一举措展示了美国政府发展先进制造业，夺取制造业全球领先地位的决心和愿景。

根据美国政府在 2018 年 10 月发布的美国制造创新网络计划年度报告来看，美国制造创新网络在 2017 年大幅度扩展，在有关部门的资助下，创新机构由原来的 8 所增加到 14 所。针对该计划的承诺投资增加到 30 多亿美元，包括 10 亿美元的联邦投资和超过 20 亿美元的非联邦投资。同时，由于政府整体意识的提升，各州政府对有关创新机构的投资超过 4 亿美元。通过一体化经济策略，美国制造创新网络计划有效地促进了先进制造技术的创新和商业化，加速了制造业劳动力的发展，并建立和保障了先进制造业可持续发展的生态系统。

目前美国先进制造业在新材料产业、智能制造业及工业互联网行业等领域取得了较为突出的成绩。美国制造业的重振和先进制造业的重点发展为国民经济带来了显著的积极影响。自美国实施再工业化战略以来，美国制造业总产值呈稳步增长势态，从 2009 年的 1.73 万亿美元到 2015 年的 2.17 万亿美元，增长了 25.4%。制造业的振兴也为国民就业环境的改善带来了巨大帮助，约 1500 万人在美国本土的制造业领域获得了工作岗位，这对美国稳定国内社会状况、促进经济和谐发展起到了不可忽视的作用。同时，美国实体经济和虚拟经济平衡状况得到大幅改善，国内涌现出一批优秀的创新型中小企业。

为重振制造业，重点发展先进制造业，实现绿色经济可持续发展模式，美国政府所采取的完善和健全制造业转型升级的相关政策法律体系、加大政府科研投资力度、加强科技创新和成果转化、重点发展关键领域、促进完善人才政策为制造业发展提供人才保障等一系列举措，对我国制造业的发展具有借鉴意义。我国应该立足制造业发展现状，考察美国重振制造业、发展先进制造业的经验过程，以加快我国由制造大国向制造强国转型升级的步伐。

3. 日本：重视制造技术突破创新，实施高质量发展战略

日本在全球制造业中占有重要地位。日本制造以汽车及零配件、机床、机器人、电子电器四大行业为支柱产业，以极高的制造精度在全球具有较强的竞争力。因此，日本制造业的发展历程对我国制造业的转型升级也有着重要的借鉴意义。

日本制造业的发展历程可以大致分为四个阶段：第一个阶段，二战时期，这个阶段的日本产品被称为"东洋货"，不具有突出的竞争优势或品质；第二个阶段，从二战末到20世纪70年代初，此时的日本制造业重制造轻创造，以仿造别国产品为主；第三个阶段，20世纪70~90年代，日本意识到"引进技术"只会使国内制造业长期受制于人，只有实现自主研发和技术创新突破，才能在全球制造市场获得一席之地，1980年日本通产省发布的《80年代通商产业政策展望》，正式提出"科技立国"战略，在科技立国战略的引导下，日本制造成功实现创新转型，逐步走向全球市场；第四个阶段，20世纪90年代后，日本制造业发展出现跌落，被其他国家逐步赶超。

自1991年日本房地产市场泡沫破裂以来，日本制造业试图通过科技创新，向产业链上游升级，以打造日本制造的核心竞争力。日本制造的技术创新优势和品质优势在以下几个领域有着较为突出的表现。

1) 半导体加工设备

目前，全球半导体加工设备市场主要被日本、美国、韩国以及欧洲国家所垄断。Gartner 2019年发布的数据显示，列入统计的、规模以上全球晶圆制造设备商共计58家，而日本企业就高达21家，占比为36%，其次是欧洲13家、北美10家、韩国7家、中国4家[包括上海盛美、上海中微、Mattson（亦庄国投收购）和北方华创，占比不到7%]。

从国家来看，美国、日本、荷兰是半导体加工设备市场最具竞争力的3个国家。从加工设备细分领域来看，在具有相当突出的竞争力、市场占比超过50%的半导体加工设备种类之中，日本占有10种之多。

日本企业垄断了半导体加工设备技术与市场，市场占比近37%。在多类重要前端设备和重要测试设备环节，日本企业均有非常强的竞争力。

日本企业的15种前端关键设备占整个领先市场份额的38%，其中6种产品的占比甚至达到了40%以上，电子束与涂布显影设备占整个市场份额的90%以上，后端9种关键设备占整个领先市场份额的41%，其中划片、成型以及探针的份额达50%以上。

2) 半导体材料

日本半导体材料行业在全球地位显著，有着绝对的优势水平，与北美和欧洲分别占15%的市场份额相比，日本半导体材料在全球市场上占据着52%的份额，尤其是在硅晶圆、光刻胶、键合引线、模压树脂及引线框架等重要材料方面，日本材料企业对全球半导体制造起着决定性的影响作用。

在全球市场中，日本企业几乎实现了对半导体材料的完全垄断。在靶材市场，全球前六大厂商的市场占有率超过90%，其中前两大是日本厂商信越化学（Shin-Etsu Chemical）

和胜高（SUMCO），合计市场占有率超过 50%。在硅片市场，全球硅片共五大巨头供应商形成了垄断格局，而日本企业信越化学半导体占 27%、三菱住友占 26%，总计市场占有率超过一半。同时，光刻胶市场上日本企业也处于绝对领先地位，目前，半导体市场上主要使用的光刻胶包括 G 线、I 线、KrF、ArF 四类光刻胶，其中 G 线和 I 线光刻胶是市场上使用量最大的。市场上正在使用的 KrF 和 ArF 光刻胶核心技术基本被日本和美国企业所垄断，产品也基本出自日本和美国的公司，包括陶氏化学、JSR 株式会社、信越化学、东京应化工业、富士胶片（Fujifilm）等企业。

3）工业机器人

自 20 世纪 80 年代以来，日本在机器人的生产、出口和使用等方面都稳居世界前列。其自身也是全球最大的机器人市场。据国际机器人联合会（International Federation of Robotics，IFR）2021 年发布的数据，有 1/3 的世界工业机器人装置来自日本，数量约为 33.3 万台。日本是全球工业机器人最大的制造国，并且在仿人型机器人和个人/家用机器人领域也有着绝对的竞争优势。日本多年持续在汽车和电子行业使用工业机器人，成功用相对较低的制造成本生产出高质量的产品，建立了日本产品物美价廉的竞争优势，在美国等发达国家中占据了稳定的市场地位。

日本是工业机器人制造强国，其工业机器人技术很成熟，已经成为一种标准设备而在工业界广泛应用，从此也形成了一批在国际上较有影响力的工业机器人公司，如日本发那科（FANUC）公司、日本安川电机（Yaskawa Electric Co.）公司、日本不二越（NACHI）株式会社等。这些企业在保持领先行业标准的同时，不断加大技术研发力度，树立起难以被突破的技术壁垒和行业标准壁垒，通过高精度生产的优质产品，为企业自身甚至为日本工业机器人制造业获取了强大的全球市场竞争优势。

除了上述领域，日本制造业还在顶尖精密仪器生产制造、碳纤维生产、发电用燃气轮机制造、垃圾焚烧设备制造以及高端光缆设计制造等领域拥有突出的实力。日本制造业始终追求制造技术突破创新、实施高质量发展战略的各项举措对我国制造业的转型升级具有较大的参考意义。

4. 以色列：拓展先进智能制造业，重点追求创新红利

伴随新一轮技术革命和产业转型的兴起，智能制造业已成为全球制造业变革的重要方向和竞争制高点。主要制造业国家为抢占新一轮产业发展的制高点，纷纷出台相关战略和政策，推进智能制造。以色列作为全球著名的创新型国家，在许多先进制造领域特别是机器人行业处于世界前列。尽管其规模不大，但已在全球市场上占据了很大的份额，其在五个领域的产品销量稳居世界前三，分别是锄草机器人、游泳池清洗机器人、手术机器人、CAD 设计机器人和残疾人辅助机器人。其中，残疾人辅助机器人是唯一被美国食品药品监督管理局认证的残疾人辅助机器人。

2017 年 2 月，美国宣布与以色列运动控制解决方案提供商高创（Servotronix）达成战略合作协议。同年 3 月，以色列 Airobotics 成为世界上第一家获得政府批准的无人驾驶飞机生产公司，其产品 Optimus 无人机配备了军用航空电子设备，配置有摄像机可实现实况拍

摄,并能够在有需要时自动更换电池。该无人机的运用范围广泛,企业可以使用它进行航空勘测和场地监视。同年 6 月,以色列警察部门展示了第一辆 3D 打印警车。这款警车被视作一项创造性的尝试。之所以使用 3D 打印,是因为该技术可以将标准五座汽车的结构重量减少 50% 以上,将车辆零件数目减少 75% 以上。此外,该警车还应用了来自其他车辆的部件,以补充 3D 打印部件。同在 2017 年 6 月,以色列 3D 打印公司 CollPlant 在美国提交了一项可用于打印组织和器官的 3D 生物打印墨水专利申请。CollPlant 新型生物墨水能够快速有效地生成并重组人体胶原蛋白,该公司称此项前沿技术是用于生物打印再好不过的"构建块"。2017 年 6 月,以色列希伯来大学教授什洛莫·马格达西(Shlomo Magdassi)开展了一项研究,名为"使用半导体金属杂化纳米粒子作为光引发剂,在水中快速 3D 打印"。该技术可被用于亚微米物体的高分辨率 3D 打印。2017 年 8 月,美国汽车线束系统制造商德尔福(Delfaut)宣布与以色列公司 Innoviz 建立商业合作关系。当时,Innoviz 公司正在研发用于自动驾驶汽车的大型激光雷达技术,这些技术将在未来集成到 Delfaut 的自动驾驶系统中,为汽车制造商提供一整套自动驾驶技术组合。Innoviz 激光雷达技术具有出色的远程扫描性能,且具有目标检测能力强、精度高的特点。远程激光雷达对于 3 级和 4 级自动驾驶汽车的高速行驶极为关键,其远程准确的目标识别技术一定程度上能提高车辆行进的安全性。2017 年 10 月,以色列希伯来大学开发了能够从纳米纤维素中打印整个食物的食品 3D 打印技术。据科研人员介绍,这些合成食品的味道很像传统食物。这项技术可以服务于素食主义者以及糖尿病患者、运动员等人群。总体而言,2017 年以色列在智能制造产业的主攻方向集中在无人机、3D 打印、自动驾驶三大领域,其研发出的全球首架可在无人操作的情况下飞行的无人机,尤为引人注目。

《2018 年全球创新指数报告》中,以色列的研发支出、研究人员、风险投资交易、商业成熟度、企业研发人才、信息、通信和技术服务出口等多项指标保持全球第一。以色列通过实施五大激励计划,打通了制造业从基础研究到应用研究到转移扩散至产业化的创新全链条。一是实行 MAGNET 激励计划,鼓励通用竞争前技术研发。以色列组建 MAGNET 财团,财团经费用于资助通用竞争前技术研发项目,项目团队必须由工业企业、高校、科研院所及协会组成,项目的负责方必须是企业,这类项目可获得财团提供的最高 66% 的预算拨款,其中对高校和研究院的最高资助可达 100%。二是实施 KAMIN 激励计划,搭建技术基础研究和应用研究之间的桥梁。该计划鼓励高校、科研院所在基础研究的基础上主动进行应用研究,要求研究成果在工业应用方面具有创新性和独创性,能吸引企业与高校、科研院所合作,实现技术商业化。以色列政府财政对 KAMIN 计划科研项目提供 85%~90% 的预算补贴。三是启动 IRI 激励计划和 NOFAR 激励计划,鼓励技术应用研究。IRI 的激励对象是科研院所,为其购买科研设备提供资金,促进科研院所从事工业领域的应用研究,以及为工业企业提供咨询和检测服务。NOFAR 支持的对象仅限生物技术和纳米技术,推动实验室可行技术到商业化应用的中试阶段。四是发起 MAGNETON 激励计划,促进技术转移转化。该计划鼓励将学术界积累的技术知识转让给工业界使用,促进学术成果的产业化和突破性产品产出,该计划对研究机构和企业的支持力度都很大,双方技术转让金的 66% 由政府提供。

5. 关于中国制造业与制造体系产业范式转型升级的思考与建议

通过考察上述各国"再工业化"战略实施情况和制造业的转型升级及发展现状，针对我国现阶段制造业与制造体系产业范式转型升级的迫切需求，提出以下思考和建议。

(1)将智能化、绿色化、数字化和服务化作为制造业未来发展的方向。面对新时代发展的诸多挑战，许多国家都制定了相应的工业发展战略，其中德国工业 4.0 战略基于其制造业的发展情况，在整个生产过程中引入互联网与物联网，构建起智能、数字信息物理系统，以实现制造业、服务业间的深度整合，促进制造业向中高端发展。纵览相关发达国家的制造业发展战略，可以发现世界制造业未来发展的方向和趋势便是智能化、数字化和服务化。而我国大部分制造业企业仍处于相对落后的机械化生产阶段——即"工业 2.0"阶段，智能化、信息化的推广对现有制造业企业造成的影响不大。与发达国家相比，我国制造业在智能化、数字化和服务化方面更为落后。我国应当借鉴发达国家的制造业规划，把智能化、数字化和服务化列为未来制造业发展的主要方向。

(2)以系统、关联、集成、协同与融合为视角，重构中国新型制造业产业体系。我国目前正在积极建设自身工业体系，但仍面临众多问题，如主要产业链不完整、智能化水平低、数字化利用程度不高等。德国工业 4.0 战略提出，打造一个多层次、多结构、互相关联且影响深远的科学产业体系，包含区域产业集聚与布局、产业组织结构、产业链组成、企业协同网络和内部系统集成，从而帮助德国制造业发展。我国制造业的发展可借鉴德国经验，区域层面重视协同效应，大力发展智能化、富竞争力的产业集群；产业层面打造新的运作模式，深入研发并运用网络化、数字化、智能化的制造技术；产业链层面重点提升企业的国际竞争力，鼓励制造业发展绿色创新，推动低端制造业向中高端转型发展。

(3)全面推行绿色制造。2008 年国际金融危机后，联合国环境署提出绿色经济发展议题，旨在解决经济危机，提供更多就业机会，改善环境问题。在 2009 年的二十国集团会议上，这一议题被参会各国广泛接纳，绿色经济开始成为未来发展的一大方向。各国为在未来世界经济竞争中占据一席之地，均围绕"绿色经济"制定战略规划，加大资金投入。欧盟已经启动了绿色工业发展计划，并围绕"绿色经济"投资上千亿欧元；美国已开始积极规划行业发展，直指高端制造业，并不断探索最新的发展方向。与此同时，一些成熟工业化国家为了维持现有竞争优势，制定准入门槛，并不断提高绿色壁垒。需要明确，全球化进程中不断有新的挑战和机遇出现，而绿色制造将成为国际竞争的重点之一，未来国家间的比拼也可能会聚焦在绿色制造这一领域。

1.3.2　我国制造业与制造体系的发展趋势

2008 年国际金融危机发生后，我国制造业的资源价格、劳动力价格不断上升，迫使我国传统制造业的低成本优势逐步消减、利润逐步下降。在发达国家"高端回流"和发展中国家"中低端分流"双向挤压的挑战下，我国对制造业的转型升级提出了更高的要求，国务院总理李克强在 2016 年 8 月 24 日召开的国务院常务会议上提出增加"中国制造"有效供给满足消费升级需求。我国应紧抓新一轮工业革命这一机遇期建设新型制造业，构建新型制造体系。

1. 建设智能化、服务化、绿色化的新型制造业

坚持走有中国特色的新型工业化道路，是我国制造业发展的总体思路。《中国制造2025》提出，我国制造业未来发展趋势应着眼于促进制造业的创新与发展，主导方向应为推动智能制造；积极发展服务型制造，以促成服务业与制造业的协同发展机制；实现制造业绿色升级，达成"绿色制造"。未来制造业的发展重点不是对更高发展速度的追求，而应满足高科技含量、高附加值、低能耗和低污染的低碳经济要求，即智能化、服务化、绿色化发展。

（1）智能化。在我国进入经济发展新常态后，结合大数据的时代背景，技术创新已成为我国新型制造业发展和未来综合发展的支柱。我国制造业整体应从"资源型制造业"向"智能型制造业"迈进，并加速构建以技术创新为主要驱动力的制造业发展模式。制造业企业应当把握住智能化发展这一机遇，并将高新技术应用于产品生命周期的全过程。

（2）服务化。伴随着信息技术发展，以及与经济发展并行的消费者自我意识增强，制造业企业更加重视"顾客满意度"及其提高路径。制造业和服务业间的界限也被重新考虑，企业开始用综合的眼光审视一切，并带着新理念重新定位产业路径。制造业企业不再只是产品设备供应商，而需要转变身份为系统集成总承包商或全方案供应商，实现价值链的延伸。同时，通过一系列举措，促进自身实现由生产型制造向服务型制造的转变。

（3）绿色化。传统以大量投入生产要素换取经济发展的粗放模式对我国生态环境造成了严重破坏，并且对资源的过度损耗不可估量。20世纪80年代以来，发达国家提出绿色低碳技术是未来发展的新优势，有望成为新的贸易竞争制高点。近年来，绿色制造这一概念备受推崇。结合我国能源、资源和环境现状，绿色制造已成为生态化发展的需要，是我国制造业向中高端转型的必然选择。从全球视野来看，绿色发展是制造企业突破资源、能源和生态环境瓶颈，解决问题的关键，是实现制造业可持续发展的重要路径。

2. 构建以绿色化为引领的新型制造体系

绿色化制造体系是一种均衡经济、社会和环境效益协调发展的模式，同时重视区域协调发展和制造-服务业一体化，是我国制造业未来发展的必然趋势。

目前，我国经济发展已进入新常态。在这一背景下，习近平总书记从历史和现实的角度阐释了当前我国经济发展进入新常态的显著特征，论证了引领新常态的新发展理念，多次强调在适度扩大总需求量的同时，着力加强供给侧结构性改革。新型制造体系建设应适应宏观经济背景这一重要变化，依据新的阶段性特征来推进。经济发展绝不能以牺牲环境为代价，相反，是要在发展中坚持减量化、再利用和合理配置资源的原则。因此，对于我国制造体系而言，制造业的新发展应是构建绿色制造体系，以绿色化为指导思想，建设生态文明，实现绿色、循环和低碳发展。

绿色制造体系的构建必须建立在绿色技术创新的基础之上，我国制造体系不能再走以前粗放式发展的老路，而要从技术创新、产能绿色化等方向出发，不断努力。构建绿色制造体系是建设制造强国的内在要求。制造业企业应快速适应经济新常态，实现企业向绿色化、低碳化转型，促进产业可持续发展。

创新是我国制造业兼顾发展增速、产业结构升级和生产方式绿色化转型的重要路径。只有将创新作为制造业企业发展的核心，围绕这一关键进行相应的技术革新，才能达成高质高效、节能环保的绿色发展，进一步推进制造业由低端向中高端升级。可以说，技术进步和创新是构建绿色制造体系的决定性因素，也是必经之路。绿色化与智能化是未来制造业发展的重要方向。实现绿色化和智能化，需要工程科技不断发展、实现突破作为基础支撑，在此基础上创新和推广应用新型绿色技术。实现绿色化和智能化，需要全面实施绿色制造这一系统工程，以绿色工程科技作为战略支撑。重点是实施集排污控制、节能降耗等功能于一体的绿色方案，同时加速先进、经济友好的实用技术研发进程。由此才能实现制造业更优发展，实现真正意义上的绿色化，为社会创造物质财富的同时维持自然环境的"绿水青山"。

结合现实情况来看，我国制造业总体上处于产业链的中低端，产品资源能源消耗高，人口红利优势不复存在，在整体经济环境不利好的大前提下，在全球经济的绿色变革中，要实现经济发展、打破僵局，实现制造业的绿色发展至关重要。可以说，推进我国制造业绿色发展已到了十分紧迫的时刻，是增强我国综合国力、提升国际竞争力的关键。一方面，我国对全球资源的需求量很大，且仍在持续扩大中；另一方面，我国重化工产品产量过大，与产量相悖的是需求仅为产量的一半。这要求我国对产业结构进行调整，摒弃传统高污染、高生产要素投入的发展方式，改为低生产要素投入、低污染、低消耗、高产出的环境友好型发展方式。这是我国制造业可持续发展的必然趋势，也是制造强国的基本特征。

1.3.3　西部地区制造业与制造体系的发展趋势

我国的工业文明自改革开放以来已经历了 40 多年的发展，成果颇丰。未来全球市场范围内竞争将加剧，要在未来的国际竞争中占有一席之地，我国应当总结经验，不断前进。由工业文明走向生态文明发展是经济社会发展的必然趋势。生态文明是工业文明发展的新阶段，是工业文明发展的延伸和超越。需要注意的是，建设生态文明并非只需做到污染控制和生态修复。生态文明建设意味着不走传统工业文明的老路，重新出发，寻求资源节约型、环境友好型的绿色发展路径。结合现实情况，推行绿色制造是目前我国建设生态文明的重要举措。这需要我国加快构建高技术含量、低能耗和低污染的生产方式，实现绿色化生产，来缩小与发达国家绿色制造的差距，提高我国的国际竞争力。实现绿色生产，构建生态文明，可以有效缓解资源能源约束，减轻生态环境方面的负担。随着绿色产业不断发展，绿色制造将逐渐承担起支撑国民经济发展的任务，促进制造业绿色增长。

基于现阶段的国内外经济环境，以及西部地区在自然、资源、工业方面的发展水平，20 世纪东部地区承接产业转移的成功经验无法直接用于西部地区。首先，西部地区的各类资源要素等基本条件都逊于东部。同时，国际环境发生了变化，全球经济还未从金融危机的冲击中复苏，世界各国对我国出口商品的需求均有下降。继续采用出口依赖型的经济发展模式已不符合世界经济环境和我国国情，相反，扩大内需才是我国当前和未来经济发展的现实选择。在这一宏观环境下，西部地区寻求经济增长和制造业升级，需在当前扩大内需的战略下，依托国内市场需求，实现内生性发展。具体路径可通过构建绿色制造体系，建立西部地区绿色发展的先行优势，借助区域内资源、资本和技术等要素禀赋，以满足区域内需求为目标发展制造业。同时，鼓励企业自主创新，承接部分东部地区产业，发展个性化需求，延长产业价值链，摆脱西部地区在国际国内分工体系中的弱势地位。如果西部地区基于现有的一些资源，借鉴以前东南沿海地区的发展经验，选择粗放型经济增长模式，那么相应的环境污染问题、资源消耗将加剧且无法扭转，是不可取的。

1.4　小　　结

本章在明确制造业内涵与分类的基础上，阐释了国内外制造业的发展现状，明确了西部制造业存在的主要问题。同时，在明确制造业与制造体系关系的基础上，明晰了制造体系的内涵与特征，剖析了西部制造体系存在的问题。另外，通过对德国、美国、日本、以色列等发达国家制造业转型发展趋势和主要特点的梳理，积极探索可以借鉴的成功经验，提出了关于我国制造业与制造体系产业范式转型升级的思考与建议，即将智能化、绿色化、数字化和服务化作为制造业未来发展的方向，以系统、关联、集成、协同与融合为视角，重构中国新型制造业产业体系，全面推行绿色制造。基于此，本书指出我国制造业与制造体系的发展应着眼于建设智能化、服务化、绿色化的新型制造业，构建以绿色化为引领的新型制造体系。结合西部地区区情，本书进一步提出西部制造业和制造体系的可持续发展在于加快推行其绿色化转型。

第2章 绿色制造与绿色制造体系：新时代下 制造体系绿色化发展

我国经济发展已经进入新时代，其基本特征是已由高速增长阶段转向高质量发展阶段。目前，粗放型的经济发展方式已无法满足人民对物质、环境、健康、精神、文化等方面的进一步需求，因此，需要加快转变发展方式、优化经济结构、转换增长动力，以满足现阶段人民对政治、经济、文化思想、社会氛围和生存环境的要求，同时强化产品质量和产品效益之间的平衡。现阶段我国制造行业面临自然资源、经济资源、社会资源等的多重约束，亟须向绿色化发展转变。绿色制造体系是综合考虑环境影响和资源效率的科学制造体系，也是现代制造业的可持续发展模式。想要形成高效、清洁、低碳、循环的绿色制造体系，需要明确绿色制造体系的内涵与特征，抓住制造体系的核心内容。在供给侧结构性改革主线下，摆脱产业低端锁定，对我国传统制造业进行绿色化改造和升级，可有效缓解资源能源约束和增加绿色供给，促进我国经济的绿色发展和生态文明建设。

2.1 绿色制造相关理论

2.1.1 可持续发展理论

世界环境与发展委员会于1987年首次提出可持续发展(sustainable development)理论。可持续发展是指既满足当代人的需要，又不对后代人满足其需要的能力构成危害的发展。该理论的提出是基于20世纪晚期人们对于环境恶化做出的有关自我思想和行动的反省。在具体内容方面，主要指谋求经济、生态和社会的协调发展，要求在追求经济效率的同时关注生态并注重社会公平。可持续发展的基础是经济建设与自然资源承载能力的均衡化。该理论主张环境资源的可持续利用性，以保证人类社会可持续发展。可持续发展作为一个新概念，出现不过30多年，但是这一思想却古来有之。古希腊的"适度人口"思想，以及我国春秋战国时先辈们主张保护孕卵期的动物也是对环境资源可持续利用的体现。18世纪，英国经济学和人口学家马尔萨斯论述了人口与资源的关系，提出限制人口增长是解决人口迅速增长和生活资料不足之间矛盾的根本途径。西方国家在19~20世纪针对林业和渔业领域的经济学问题进行研究时，也提到了可再生资源"可持续产量"的问题。尽管没有关于具体执行可持续发展思想的阐述，但是也可窥见其萌芽。20世纪40年代苏联科学家维尔纳茨基表示，人们应该基于地球的视角进行考虑和行动决策，因为地球生物圈和我们的发展息息相关。Carson(1962)提到，我们应该尽量与生态环境和谐共处，因为人类改造生态的能力影响了生物与环境之间的平衡格局，由此产生的各类污染和危害非常不易消除。她的看法得到了美国官方的重视，并推动了一系列立法活动，为可持续发展思想的蓬勃奠定了政治基础。

直到1987年，可持续发展理论一经提出便引起了世界范围内的广泛讨论。《21世纪议程》于1992年在联合国环境与发展大会上通过，可持续发展迎来高潮。由于涉及学科众多，关于可持续发展的定义多达113种。不同学者基于不同的研究背景对可持续发展内涵的理解存在差异。自然属性是可持续发展的一大本质特征，基于这个特点，生态学家们总结出"生态持续性"(ecological sustainability)一词。该词表明，可持续发展是为了保持生态环境和资源消耗之间的平衡，稳定和强化生态系统的产出和更新能力。该词进一步突出了可持续发展的本质自然属性。基于可持续发展的经济属性，经济学家认为可持续发展是在保证生态和资源不受损害的同时最大限度地为当代人类的发展提供必要的资源，在保证当代发展需求的同时，最大限度地保护未来时代的发展。社会学家以可持续发展的社会属性为出发点，认为可持续发展是在维持生态系统动态平衡的基础上，最大限度地改善人类的生活质量。

可持续发展包括生态环境、政治经济、社会关系以及科技进步等多方面的内容，它不局限于其中一个方面，而是一个多学科交叉的知识内容。可持续发展的主要原则包括持续性原则、公平性原则(包括代内公平和代际公平)以及共同性原则。只有摒弃仅追求数量的粗放型发展模式，创立并执行资源友好型发展模式，才有可能实现环境保护和经济发展的双赢目标。

绿色制造的内涵就是将绿色发展思想引入制造行业，摒弃高能耗的污染型产业，大力促进现代制造技术的发展。绿色制造突出了可持续发展的重要性，主张生态和经济同步发展，并采用革新技术和转变资源利用方式来实现可持续性发展。综上所述，绿色制造作为一种贯彻绿色环保理念的科学制造体系，是当代中国制造行业走向可持续发展的必然选择。

2.1.2 循环经济理论

循环经济(cyclic economy)又称物质循环流动型经济，其以人力、资源、科技为三大基本要素，力求在原材料投入、产品产出、产品消费以及产品废弃过程中，把资源消耗型线性增长经济模式转变为循环型的生态资源友好经济模式。循环经济以"减量化、再利用、资源化"为原则，其理念的产生和发展是人类对人与自然关系深刻反思的结果，所以，循环经济不仅是经济发展或者技术进步问题，还是一项系统工程。在以这个视角看待循环经济的同时，我们还要重视物质、能力循环在时间和空间分配上的现实性和合理性。随着经济的高速发展，人类在获得巨大经济效益的同时，也付出了生态环境不断恶化的代价，经济增长导致生态环境恶化的问题日益凸显。循环经济理论是在全球生态环境恶化、人口数量剧增和环境资源短缺的背景下，人类重新认识自然、尊重客观规律、探索经济规律的产物。该理论致力于实现人类社会的可持续发展，是一种通过循环利用环境资源以满足社会发展需求，实现生产者、消费者以及分解者协调合作的新经济形态，它以物质循环以及能量流动规律为线索，将绿色制造和废物回收利用相结合，构建起一个新的经济系统结构。其本质上是一种生态经济。

历史上，人类社会的经济发展经历了三种模式，分别是传统经济模式、生产过程末端治理模式以及循环经济模式。传统经济模式下，人与环境之间是一种单向线性的经济模式，即人类向生态环境索取资源，进行生活生产，然后不加处理地向生态环境排放废物。这样的经济模式存在高消耗、高排放、低效益的缺陷，是一种粗放的、不可持续的依赖资源消耗来实现经济增长的模式。在这个阶段，人类是自然的一部分，对自然的破坏相当微弱。进入农业社会，社会生产力得到飞跃式的发展，人类改造自然、征服自然的能力随之增强，为满足自身发展需要，人类开始砍伐森林、治水修路等，对自然的利用程度与破坏程度也日渐增加。由此，人与自然走上了分离乃至对立、冲突的境地。

得益于第一次工业革命的推动，社会生产力不断提高，科学技术不断进步，产生了环境污染、能源短缺等一系列限制人类发展的问题。进入工业化中后期，环境污染成为阻碍经济发展的一个主要因素。发达国家在过去常采用先破后立、先污染后治理的末端治污方法。生产过程末端治理模式相比传统经济模式，开始逐步注意生态环保问题，并针对其投入了巨大的人力、财力以及物力资源，以求最大限度地降低生产废弃物对生态环境的不良影响。生产过程末端治理模式虽然暂时为减少环境污染提供了有效的帮助，但从资源消耗的角度来看，这种模式还是存在严重缺陷，可概括为治理成本高、治理难度大、治理效果有限。

环境破坏的巨大代价，促使人们开始考虑环境问题，反省人类的发展方式和生活模式，并试图改变传统的经济模式，实现经济与环境的协调发展已经成为发达国家以及一些发展中国家越来越重视的问题。循环经济模式在这种背景下应运而生。

循环经济理念萌芽于 20 世纪 60 年代的环境保护运动。美国经济学家肯尼思·艾瓦特·鲍尔丁率先提出"宇宙飞船经济理论"，该理论是早期循环经济思想的代表。鲍尔丁提出，宇宙飞船是一个与外界隔绝的独立系统，依靠资源消耗维持运行，但最终将因资源耗竭而无法继续，因此，循环利用资源是唯一使其可持续运行的方法。把宇宙之中的地球比作一架飞船，如果人们一味地开发、消耗资源，超出地球本身的承受范围，地球终将像宇宙飞船耗竭资源一般走向灭亡。我们只有通过不断的技术进步和资源循环利用，才能实现人类社会的可持续发展。1962 年，美国海洋生物学家卡逊的著作《寂静的春天》，用大量令人惊愕的现实案例阐述了杀虫剂滥用对生态环境以及人类生活的影响，让人们进一步对环境危机感到警醒。20 世纪 70 年代，康芒纳的著作《封闭的循环》进一步加深了人们对循环经济的理解。其中强调将政经管理同生态学原理相结合，抛弃线性经济增长模式，转向循环利用自然资源的再生模式，并以适度消费代替度消费。但此时，循环经济仍然是一种超前的理念，直到 20 世纪 80~90 年代，人们因为人口增长、生态环境恶化以及资源短缺问题的出现，开始反思自己的生产生活方式，重新审视人与自然的关系，探求新的经济发展模式，循环经济的理念才得以正式出现并受到人们的高度重视。

英国环境经济学家大卫·皮尔斯和图奈在其 1990 年出版的《自然资源和环境经济学》一书中首次提出"循环经济"这一概念。其后，德国在 1996 年颁布的《循环经济与废弃物管理法》中也使用了"循环经济"一词；2000 年，日本颁布的《推进形成循环型社会基本法》，首次采用了"循环型社会"的概念，其实质是发展循环经济。由此可见，循环经济开始受到一些发达国家的高度重视，并以法律的形式加以规范和保护。

　　循环经济主张将现有的经济活动转化为"资源投入、产品制造、资源再生"的闭环可循环模式，以最大限度地降低人类生产活动所产生的废弃物。其特征是"两低一高"，即低资源能源投入、低污染物排放和高经济产出。循环经济模式的建立则具有高度的综合性，涵盖了工业、农业和服务业等国民经济的各领域，且涉及经济、环境、社会以及人民生活的各个层面，需要政策、法律、机构与机制、规章、科技等诸多保障。循环经济是一种具有双重性质的经济活动，它体现了人类社会和生态自然在物质、能量、信息三个方面的交流活动，在另一层面上，它体现了各个经济体之间的利益流动。循环经济的这种双重特性对应了其在研究方式上两个方面的基本要求：一是要求研究学者结合自然科学和工程科学的手段和方法，探索其在生态环境、自然资源和系统工程内涵方面的规律；二是要求运用社科、人文研究方法，探索其在人类社会、市场价值和经济学方面的规律和法则。

　　美国的杜邦化学公司、德国的包装双轨制回收系统、日本的废物回收利用系统、丹麦的卡伦堡生态工业园等诸多现实案例都表明循环经济正在成为一种主流的经济模式。相应地，循环经济在我国也有蓬勃的发展趋势。孟赤兵(2008)在总结德国、日本、美国等国家的煤炭相关行业向循环经济过渡经验的基础上论述了生态文明是发展循环经济的思想基础和现实要求，指出发展循环经济，建立全社会的资源循环利用体系，以最少的能源资源消耗及最小的环境代价实现经济社会的可持续发展，是建设生态文明的基本途径和必然选择。同时主张我国应该参照国外经验、结合国内现实，通过发展生态工业园区来实现循环经济的建设。

　　由于我国具有人均资源占有量低、生态环境较为脆弱等特点，传统的"两高一低"发展路线已不再适合我国新时代的现代化建设，而应转向低消耗、低排放、高效益的新型发展模式，重视循环经济发展，最大限度地发挥循环经济在促进社会进步方面的作用。

2.1.3　产品生命周期理论

　　产品生命周期(product life cycle，PLC)指的是一种产品的市场寿命，表示自产品进入市场到最终被市场淘汰的整个过程。如生态系统中自然生物的生命周期一样，产品的生命周期和所属企业的市场策略紧密相关，在产品生命周期的不同阶段采用相应的策略，能够最大限度地发挥产品的市场效应。

　　生命周期开始只是一个生物学概念，代表一个生物从出生到成熟到衰亡的全过程。后来，企业管理等社科类学科也引入"生命周期"的概念，学者们把研究对象的发展过程划分为相应不同的阶段，通过研究不同阶段的规律、内涵以对整个过程有一个更加全面深入的认识。

　　产品生命周期的概念最早由经济学家迪安于 1960 年提出，5 年后，列维基于迪安的有关研究，结合产品在目标市场上的活动状况分析结果，将其产品生命周期拓展为产品推广、产品成长、产品成熟、产品衰退四个阶段。1966 年，基于克拉乌斯和波斯纳有关技术差距理论的相关研究结果，美国学者雷蒙德·弗农(Raymond Vernon)再次拓展了产品生命周期的阶段划分，他在著作《产品周期中的国际投资与贸易》中阐述了自己新的产品生命周期论。弗农认为，产品生命周期可以扩展为产品研发、产品成长、产品成熟、产品衰落四个时期，并且该生命周期在拥有不同技术水平的国家里所发生的时点和进程不同，这些差异表现出不同国家的技术水平差异，由此也展示了相同产品在不同国家市场中的地位差异。这些实力差异对国际贸易和投资的发展方向有着重要的影响。根据这些差异，弗农把不同发展水平的国家依次划分为创新国(也称为"最发达国家")、一般发达国家以及发展中国家。作为国际贸易理论的重要分支理论之一，产品生命周期理论以直接投资理论的形式在不同发展水平国家的贸易投资往来中发挥着作用。同时，产品生命周期理论以垄断优势论作为理论基础，揭示了跨国公司对外直接投资相关的过程和知识内容，因此也是现代国际贸易领域重要的研究分析工具。

产品生命周期理论始于有关产品在市场销售方面变化规律的研究，后来经济学家用该概念来解释基于产品国际循环而产生的各国技术、经济的交流活动。在 20 世纪 90 年代，"产品生命周期"一词又被用于揭示具有可持续发展特征的新型产品研发模式的内涵。不难看出，产品生命周期是一个有多层解释意义的概念，象征着人们的思想观念日趋完善的演变进程。

可持续发展是世界经济一体化、科学技术进步的必然结果。随着人们影响自然的能力大幅提升，人类社会的经济发展模式以及各国间的经济往来关系也随之发生变化，由此，孤立地分析、应用不同产品的生命周期已难以适应现代国际经济发展的需求，如何寻找不同产品生命周期理论的相关性，并以此为基础搭建起它们之间的桥梁，是当代社会发展过程中的重要任务。

自产品生命周期初次被提出至今已过去了 60 多年，其内涵也发生了巨大的变化。国外在运用产品生命周期理论方面已取得显著成果。国内在对产品生命周期理论的应用过程中，并行工程领域专家熊光楞的研究成果发挥了相当大的促进作用。周杰韩和熊光楞(2002)提出，在工程领域也存在产品生命周期，且工程领域产品的生命周期可被具体分为需求分析、概念设计、详细设计、生产、销售、售后服务以及回收七个阶段。该观点的提出是产品生命周期理论拓展成为制造业产品生命周期理论的萌芽。相关学者基于其研究成果，对产品生命周期理论进行了进一步完善，并将制造业产品生命周期划分为设计、制造、使用及回收四个阶段，制造业对生态环境的影响存在于每一个阶段。

基于 Alting(1991)的研究，产品生命周期可被分为六个阶段，分别是需求分析、研发设计、制造、销售分配、使用和回收利用。Züst 等(1992)在 Alting 研究的基础上，添加了环境因素这一影响成分，并由此对产品生命周期的四个时期有了更具体的定义：自概念设计到详细设计的过程被划分为"产品开发"；加工和组装各类零部件的过程被划分为"产品生产"；用户的使用过程被划分为"产品使用"；产品的拆解、回收、利用及废弃被划分为"产品处置"。绿色制造要求产品在上述的生命周期中对生态环境产生的总体影响要实现最小化，影响结果可以通过生命周期评价(life cycle assessment，LCA)进行测量。

2.1.4　自然资源基础理论

资源基础理论(Resource Based Theory，RBT)认为，企业的竞争力由其所拥有的资源决定。当企业在制定战略决策的时候，应从"资源"的角度出发和考虑，力求通过"资源"来打造企业的核心优势和发展决策。自然资源基础理论(Natural Resource Based View，NRBV)是将环境保护的因素融入传统的资源基础理论(Resource Based View，RBV)发展而来的，主要强调企业必须将环保的相关考虑融入其战略决策及运营操作(Oliver，1995)。该理论可以用于指导企业合理配置和使用资源，最终建立起可持续的市场竞争能力。

自然资源基础理论的实施方法包括污染预防、产品监管和可持续发展。具体而言，污染预防是指通过持续优化企业的内部运营流程，有预见性地减少、改变并预防污染物的排放；产品监管是指通过主动识别不同利益相关方的环保诉求并将其融入产品开发的过程，旨在帮助企业从源头减少其产品在整个生命周期内对环境产生的负面影响；可持续发展是使用系统性的方法将企业的环保考量扩展到全球范围，并强调提高全价值链的环保表现。

2.2　绿　色　制　造

国外学者自 20 世纪 80 年代起对绿色制造予以密切关注，尤其是一些发达国家和地区的学者，对绿色制造及相关领域的问题特别关注。从国内外研究现状来看，绿色制造又称可持续制造、环境友好型制造、清洁制造，着重于对绿色制造的定义、范畴和特点，设计制造一体化，绿色制造与企业绩效之间的关系，制造企业实现绿色化的策略选择和过程，以及评估制造企业可持续生产的系统设计等方面进行研究。

2.2.1　绿色制造的内涵

1996 年，美国制造工程师学会(Society of Manufacturing Engineers，SME)发表了关于绿色制造的蓝皮书 *Green Manufacturing*。其中，首次总括性地提出了绿色制造的概念、内涵及主要内容，即"绿色制造"又称"清洁制造"，该制造模式以减少产品在研发环节、制造过程以及后期的销售、回收过程中对环境带来的负面影响为目标。它是制造过程(包括产品设计和制造加工活动)与环境问题的交汇部分。1988 年，SME 在国际互联网上发布了绿色制造未来发展趋势报告，进一步介绍了绿色制造研究的重要性及相关问题。

关于绿色制造内涵的研究，国内学者刘飞和曹华军(2000)认为绿色制造以降低对环境的负面影响为目的，是一个兼顾生态环境和资源效益的科学制造模式。张勇和阮平南(2006)认为绿色制造是生产工艺上的改进，制造设备上的改良，以及生产过程中的低能耗、低污染。可以看出，绿色制造的内涵是产品生命周期的全过程具有绿色思想。

当代绿色制造的范畴已有了极大的发展和拓宽。沈德聪和阮平南(2006)指出，绿色制造在时间上要求代际公平，即在满足当代人发展需求的同时，保证后代人具有与当代人同样的发展机会。孙萃萃和张志红(2008)从社会责任视角、生产过程视角和环境保护视角分析比较了传统制造与绿色制造的含义，认为传统制造的经济模式只考虑收入与成本，未考虑环境污染问题和所要承担的相应的社会责任；而绿色制造是控制制造业污染源头的关键途径，综合考虑了资源效率和环境影响，在生产过程中负有保护环境的社会责任。杨长福和幸小勤(2008)提出，绿色制造是一种先进的现代制造模式，其研究领域涉及生产制造、生态平衡和资源保护三个方面，并表明了绿色制造是这三个方面的集中表现，绿色制造涵盖了绿色设计、绿色生产工艺、绿色包装等诸多方面，是一个大范围的"制造"概念。孙柏林(2015)基于当代新发展情况，认为绿色制造可被划分为绿色设计、绿色生产、绿色物流、绿色技术以及绿色再造等方面。

　　基于上述理论，本书借鉴大众认可程度较高的国际生产工程学会给出的相关定义，认为绿色制造是包括设计研发、材料选择、制定计划、生产制造、售后服务、市场运营等环节的，兼顾企业效益和生态影响的可持续发展性科学制造模式。相比而言，传统制造模式通常以较低的效率开发有限的资源，降低了资源的存在量，而绿色制造模式为科技进步提高资源的开发价值提供了时间与技术上的可能，同时能够有效降低废弃物的排放，减小对环境的破坏。其目标是在保证企业效益和合理利用资源的基础上，将产品在生命周期中对环境产生的不良影响降到最低，并且确保企业承担起相应的社会责任。

2.2.2　绿色制造的特征

　　结合近年的研究可以发现，绿色制造与其他相关的制造模式(如生态制造、仿生制造、智能制造等)既有联系又有区别。

　　(1)生态制造主要基于生态科学和制造科学的交集，在开放条件下，保持竞争的同时，形成分工协同的生态制造系统，从而实现不断进化。生态制造将社会化大系统看作自然界的生态系统，将企业看作其中一个成员，企业与企业之间、行业与行业之间是一种有序竞争和联合发展的形式。

　　(2)仿生制造主要基于生物科学和制造科学的交集，是模仿生物的组织结构和运行模式的制造系统与制造过程，侧重生物个体以下科学层次(细胞、分子尺度等)的仿生制造和生物成形制造，在生物动力、生物智能、医疗制造行业应用较广。

　　(3)智能制造又称人机一体化智能系统，主要基于人工智能和制造科学的交集。其能够把制造自动化扩大，延伸到柔性化、智能化和高度集成化。其基本原理是基于分布式集成思想和分布式人工智能，实现制造单元的柔性智能化和基于网络的制造系统智能化集成，侧重人类智能模拟与应用。

　　相比上述三种模式，绿色制造有着学科交叉、以生态环境和资源合理利用为重点的特点。生态制造、仿生制造、智能制造在兼顾低环境影响和高资源效率的目标时，也体现为绿色制造。可以看出，绿色制造涉及领域较广，贯穿了整个制造过程。绿色制造模式与其他制造模式的区别见表2-1。

表 2-1　绿色制造模式与其他制造模式的区别

制造模式	主要学科交叉	侧重点
生态制造	生态科学∩制造科学	生物个体以上层次的模仿以及与环境相互作用
仿生制造	生物科学∩制造科学	生物个体以下层次的模仿
智能制造	人工智能∩制造科学	人类智能模拟与应用
绿色制造	环境科学∩制造科学	环境影响与资源效率

资料来源：根据相关资料整理。

绿色制造的特点主要表现为以下几个方面。一是绿色制造是学科交叉的大范畴制造。绿色制造贯穿于整个产品生命周期，同集成制造中的制造概念一样，是一个大过程的制造内涵。二是绿色制造主张发展的时间公平性，即既要满足当代人的发展需求，又不能损害后代人的利益。三是绿色制造要求在技术革新和设计研发方面实现更大的投入，以有效降低产品工业生产对生态环境造成的负面影响，其更加注重企业对于外部的裨益，因此其实施动力往往不足。四是绿色制造强调创新，尤其强调持续不断地推出、实施旨在节能、降耗、减少污染、改善环境的绿色创新。五是绿色制造是一个闭环系统，不仅在产品源头上考虑环境保护，还在产品报废后增加回收环节，形成封闭的系统。但需要指出的是，制造模式并非固定不变，而会随着社会发展的需要和技术的进步不断演化和完善。

2.2.3　绿色制造的发展趋势

全球化市场的竞争日益激烈，居民与政府对环境的保护意识逐步提高，应对气候变化更加积极，绿色制造势不可挡。根据相关研究和实践经验，绿色制造具有以下发展趋势。

(1)理论研究和应用实践全球化趋势。一是绿色制造的标准趋于全球化，国际标准的环境管理体系 ISO14000 及质量管理体系 ISO9000 虽属自愿实施，但来自政府和消费者的压力使得企业积极实施相关标准。二是环境标志认证趋于全球化，由于"绿色壁垒"的限制，众多行业在进口数量和进口价格方面对没有标志的产品实行严格控制，使得国际市场准入条件日趋严格，环保标准越来越高。实施环境标志认证有利于企业提高产品的国际竞争力，跨越国际贸易壁垒。

(2)社会化趋势。有调查研究表明，在美国，约有 80%的消费者愿意为环境友好型产品支付更多费用。其背后的原因是更多的公民认为环境状况的恶化影响了其身体健康和生活质量。公众的这种环境意识为绿色制造的社会化趋势提供了较强的动力，能够促进企业对绿色产品的开发和绿色管理实施。与此同时，绿色制造需要全社会的共同努力和参与，政府和社会应在法律、行政法规及舆论层面进行引导和监督管理，通过制定资源价格政策等经济手段对重度依赖环境的资源开采和利用严加控制。

(3)集成化趋势。绿色制造涉及产品的整个生命周期，其绿色技术不仅应用于产品自身，还涉及绿色经济、绿色管理、绿色企业等多个层面。绿色制造集成用户需求、材料选择、工艺设计、产品使用等众多领域，更加注重系统技术和集成技术的研究，集技术应用与管理实施于一体，是一个复杂的系统工程。

(4)智能化趋势。智能制造技术和人工智能将在绿色制造中发挥重要作用。相对资源利用效率而言，智能化旨在提升生产效率、调配工业资源的合理性及工业设备的可用性。目前中国正处于工业化后期，也正处于信息化阶段，"互联网+"模式把工业化和信息化有机融合在一起，其主攻方向为智能制造。智能化能够利用人工智能方法帮助绿色制造决策目标和制造系统的集成优化，特别是装备制造业、电子制造业、新兴信息产业等战略性新兴行业领域。

(5)产业化趋势。绿色制造的实施将形成一批新兴产业。例如，绿色产品制造业，依据产品绿色创意，不断设计研发能够实现资源节约利用、产出高效的工业产品；资源回收与利用等再制造业，主要涵盖城市矿产、废物资源化再利用以及商品回收利用等领域。"十二五"期间，中国资源循环利用产业以每年约 12%的速度增长，2016 年我国资源循环利用已达 2 万亿元产值，形成了较为完善的自主产业体系，但与发达国家相比，还有很大差距。发达国家废旧商品产业规模在 2010 年就达 1.8 万亿美元，且有色金属中超过 30%的产量来自资源回收利用。

2.2.4　绿色制造体系化

绿色制造代表一种新的发展形态，是将绿色发展理念、绿色技术的创新成果与制造业进行深度融合，并对制造业各方面产生影响。随着新一代信息技术的迅猛发展和加速应用，制造工程规模越来越大，绿色制造技术的复杂性及相互渗透性不断增加，需要构建企业内部协调、行业结构优化、地域分布合理的绿色制造体系。以多元主体参与、互动协作为基础的绿色制造体系逐渐取代单个环节完成的绿色制造。

绿色制造体系，在"企业"维度，意味着运用绿色发展理念和绿色战略引导先进的绿色产品设计技术、制造模式和生产组织方式，实现企业内多层面协调发展的绿色制造。在"产业"维度，意味着深化产业内部分工，促进制造业内部、制造业与其他产业的融合发展，实现将绿色制造从生产向服务等其他供应链环节延伸。在"地域"维度，意味着企业可以在更大地域范围内配置资源，从单一企业生产到形成区域性的产业集群，进一步拓展形成更广的绿色制造生产网络体系、产业生态链接和服务平台建设等。

图 2-1 描述了绿色制造向绿色制造体系发展的维度。Y 轴代表企业维度，越向上表明

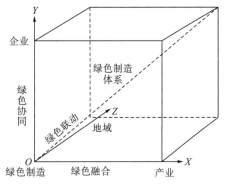

图 2-1　绿色制造体系化

企业对外的绿色协同程度越高;X轴代表产业维度,越向右表明企业的绿色融合程度越高;Z轴表示地域维度,越往后方表示区域绿色联动程度越高。坐标原点O表示绿色制造,在三维坐标体系的右后上方区域离原点越远表示绿色制造水平越高。绿色制造体系的建立和完善可以用从O点不断向X、Y、Z三个方向延展的过程表示。

2.3 绿色制造体系的内涵与特征

关于绿色制造体系,学者们更多是从绿色制造系统的角度出发,对其内涵、特征、影响因素、评价指标体系及构建路径进行研究。传统观点认为绿色制造体系通过对制造技术、信息科技、自动化和管理技巧的综合运用,集成了人力资源、工艺技术、能源资源等生产要素,在保证企业效益的前提下减小了企业工业生产对生态环境的负面影响,并最终实现企业的可持续发展。

2.3.1 绿色制造体系的内涵

我国制造业在面对内需改善、外需走弱和资源约束的挑战下,其体系内涵正在发生变化,这种变化除了来自外部环境的压力,更多源于制造业的内生压力。这种内生压力要求制造业摆脱对外部资源和资本的高度依赖,注重依靠技术进步提高生产率以满足有效供给的能力;要求激发各子系统积极应对变化的能力,在提高生产效率的同时注重生态效益。这种由外生到内生的变化,反映了我国绿色制造体系内涵的演变,更揭示了我国构建绿色制造体系的必然性和紧迫性。

基于产品生命周期的视角,绿色制造体系可被进一步分为绿色能源、绿色制造和绿色工业产品三个方面。绿色制造体系代表了绿色化生产的过程内涵(郑季良和邹平,2006)。绿色制造的体系结构包括生态保护和资源优化两个目标,材料转化和产品生命周期两个过程,绿色能源、绿色工艺、绿色产品三个具体内容(刘飞等,1998;刘飞,2000)。绿色制造体系综合运用企业的人力、技术、管理和资源,在保证企业利益的前提下,致力于降低工业生产对生态环境产生的负面影响,努力实现经济发展和生态平衡的共存,是在整个产品生命周期中具备绿色可持续发展思想的科学制造模式。

根据我国制造业与制造体系的现状,本书认为绿色制造体系是为总体实现可持续发展而设计的多个子系统的有机组合,是以实现经济、社会和环境效益协调发展为目标,考虑区域与产业均衡发展,通过资源、人力、技术、管理等子系统之间相互作用、相互影响、相互制约而达到资源低熵化的开放系统。绿色制造体系是一种高效、清洁、低碳、循环的新型制造体系,具体可细分为绿色化工艺产品、绿色化车间、绿色化企业、绿色化管理、绿色化供应链、绿色化园区等内容。

2.3.2 绿色制造体系的特征

作为一种集成化工业子系统，绿色制造体系应具备以下特征。

(1)污染小、能耗低，具有可持续发展潜力。绿色制造体系侧重在生产、流通、消费全过程资源的节约和高效利用，是低污染、低能耗、可循环、可持续的系统工程。

(2)行业结构优化，地域分布合理。拥有有机集成的产业园区，通过产业协同，使得生产制造过程中产生的废弃物能被有效回收利用。

(3)涉及多维信息的集成和优化。广泛集成、分析与生态环境、资源利用有关的内容，并在此基础上实现生产过程信息、材料、能源一体化，以实现系统管理的不断优化和完善。

(4)具有社会集成化特性。绿色制造体系要求全社会资源的集成和参与，作为一个完整的系统，绿色制造体系不仅包含政府、企业和法律规则的集成，还包含企业、产品、用户三者之间的新型集成关系。

绿色制造体系与传统制造体系的对比见表 2-2。绿色制造体系在管理理念上不同于传统制造体系的被动响应和内容整改，而是主动响应和系统调整；在管理方法上不同于传统制造体系的末端治理和过程控制，而是从源头控制，注重功能整合；在生命周期方面是全生命周期管理方式；在运行模式上不同于传统制造体系的以纵向为主的模式，而是体现横向与纵向相结合；在环境责任方面不同于传统制造体系的被动履行环境责任，而是积极履行环境责任。

表 2-2　绿色制造体系与传统制造体系的对比

		传统制造体系	绿色制造体系
不同点	管理理念	被动响应、内部整改	主动响应、系统调整
	管理方法	末端治理、过程控制	源头控制、功能整合
	生命周期	非全生命周期管理	全生命周期管理
	运行模式	以纵向为主	横向与纵向相结合
	环境责任	被动履行环境责任	积极履行环境责任
相同点	围绕生产制造过程实现产品价值化		

2.4　绿色制造体系的主要内容

绿色制造体系需要考虑消费者需求、资源效益、环境负荷、企业收益、社会责任之间的平衡，是一种高效率、清洁化、低排放、循环型的制造体系。其具体内容包括绿色产品、绿色生产、绿色园区、绿色供应链等内容。绿色制造体系核心内容构成如图 2-2 所示。

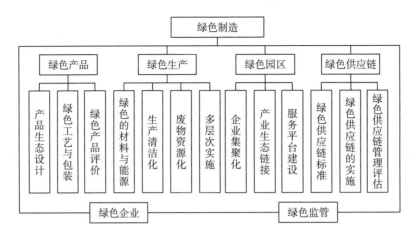

图 2-2　绿色制造体系核心内容构成

2.4.1　绿色产品

1. 绿色产品概述

1) 绿色产品的内涵

产品是指提供给市场并能满足人们某种需要和欲望的东西。从产品的供给方面看，日益突出的资源与环境问题对企业提出了新的挑战，绿色发展将成为企业的战略方向。从产品的需求方面看，当代频频出现的产品危害问题提升了消费者的绿色购物意识，绿色产品具有巨大的市场潜力。

绿色产品或称为环境协调产品，是一个相对于传统产品的概念。Zussman 等(1994)基于回收利用的观点，认为绿色产品是在完成功能任务后可以部分或全部回收利用的产品。1995 年一篇名为《为再生而制造产品》的文章刊登于美国《幸福》周刊，认为绿色产品是重点放在减少部件，使原材料合理化和零部件可以重新使用的产品。该文章将绿色产品的概念拓展到原材料环节。在此基础上，刘志峰和刘光复(1996，1997)从产品生命周期出发，提出绿色产品就是始终具备低能耗、高资源利用率、低环境危害性的产品。此定义不仅考虑了整个产品生产周期，还扩展了绿色理念。向东等(2000)提出绿色产品是在满足性能使用需要的基础上，利用新的生产工艺，可将环境危害降到最低的节能低耗型产品。同时，他们还归纳出绿色产品的三要素：技术先进性、绿色性、经济性。随着绿色标准的完善和消费者地位的提升，从营销学角度对绿色产品的研究也不断增加。黎建新等(2014)的研究认为，绿色产品是有相关权威认证或有消费者绿色环保认可的产品。

近年来，绿色产品的研究从制造领域逐渐扩展到营销领域，反映其内涵在不断发展与完善。通过以上概念的对比分析，结合当前经济技术环境，本书从整个绿色制造体系的角度提出新的绿色产品的概念：以先进的制造技术和管理体系为支持，在多个产品生命周期内实现功能性、经济性和环保性平衡的产品及配套服务。

2)绿色产品的特征

绿色产品的概念决定了绿色产品的特征，主要包括功能性、经济性、环保性和多生命周期性。

(1)功能性是指绿色产品既能满足人们不断提升的需求，又能保持人与产品的和谐性。产品不能以牺牲功能性来达到绿色化，产品要在不断升级的过程中保持绿色。绿色产品的开发一定是可以满足人们不断增长的物质文化需求，而不是盲目地回到原始状态。

(2)经济性是指绿色产品的成本不能高于一般产品的成本，在价格上不能存在明显的劣势。经济性的目标是削弱短期的价格劣势，实现长期的价格优势。绿色产品强调可回收或者可重复使用，长远角度可以降低成本。但是，绿色技术的使用造成了短期的价格劣势，影响绿色产品的推广与使用。绿色产品必须增强消费者可感知的价值，实现经济性在长期与短期时间段上的平衡。

(3)环保性包括资源利用最大化与污染物排放最小化两个方面。绿色产品的生命周期必须是循环性的，实现资源的最大化利用。绿色产品在其整个生命周期中对生态环境的负面影响都必须降到最低。

(4)多生命周期性体现在与普通产品的对比之中，相比普通产品，绿色产品有多个生命周期。普通产品的生命周期包括研发、制造、转移、消费、废弃等环节，是"从摇篮到坟墓"的单个生命周期。绿色产品的生命周期包括设计、制造、转移、消费、循环等环节，其中循环包括回到原始生命周期和转移至其他产品的生命周期两个方面，是"从摇篮到再现"的多个生命周期。

绿色产品的功能性、经济性、环保性在短期具有很突出的矛盾，解决这些矛盾必须依靠不断的技术创新与管理创新，实现其在多个生命周期的协调统一。

2. 绿色产品生命周期

绿色产品的内涵与特征决定了其每个产品阶段都必须保持绿色化。绿色产品"从摇篮到再现"的生命周期主要包括产品开发、产品制造、产品服务和产品回收四个阶段。

1)产品开发

产品开发被具体划分为产品规划、概念设计、详细设计以及产品实验等活动。通过市场调查、分析，按照生产材料、生产方法以及产品的质量、功能、成本等目标，对产品进行初步规划，并以这个规划为基础，完成从功能到具体技术系统的转换，对确定的技术系统进行评估和提升，进而形成技术解决方案，再根据这个解决方案，确定产品生产的物理结构、原材料内容、各方面参数，明确产品图档、设计解释以及用户使用手册等资料。最终还要通过实验来验证产品的各项功能参数，查漏补缺，并及时根据验证结果对原方案进行调整。

2)产品制造

产品的制造过程不仅包括发生在车间内的生产过程，还包括采购、检验等所有和生产制造相关的过程。现在的企业趋于向其他商业主体采购产品制造所需的部件以及原材料、加工工具，然后加工生产一些企业所特有的零件，再装配组装产品，产品经过检验环节后质量达标即可出厂。

3) 产品服务

产品服务贯穿于产品出厂到报废的整个过程，可具体划分为运输、使用、保养、维修等服务环节。运输指一切涉及产品移动的过程；使用是顾客购买产品的终极目标，在这个过程中产品将发挥其在设计阶段规划好的功能；保养是为保证和延长产品的寿命而设立的必要环节；当产品无法正常发挥功能时，则需有效的维修来使其恢复正常。

4) 产品回收

大部分废弃产品会对环境产生影响，因而产品回收是绿色设计中最重要的一个阶段。产品回收可分为重新使用、部分(零部件)回收、原材料回收等实现方式，损耗程度较轻、通过适当维修可以恢复功能的产品可通过重新使用进行回收，存在部分完好零件的产品可通过部分回收进行再次利用，而对于无法部分回收的产品，可通过材料回收实现最终的回收过程。

3. 绿色产品设计

产品设计方案决定了产品的资源利用率和环境成本，产品从制造、使用到废弃都与最初的设计紧密相关。采用绿色的产品设计理念，可以将产品最终的环境污染与危害降至最低。因此，要把绿色理念融入产品设计、材料选择、生产制造和使用回收全过程。

1) 概念界定

工业时代到来之后，人们逐渐意识到，粗放式的发展对生态环境造成了巨大破坏，"绿色思潮"随之到来。20世纪60年代，设计师们希望通过设计环节实现人与环境的可持续发展。丹麦学者Alting率先提出面向产品的生命周期设计(life cycle design，LCD)。随着社会日渐增长的工业产品需求，人们已经逐步开始注意产品在其整个生命周期中对生态造成的影响，绿色理念日益受到重视。美国、德国、日本的汽车、家电行业对绿色产品设计进行了大量的实践探索，并取得了良好的效益。我国从20世纪90年代后开始对绿色产品设计进行深入研究与实践。绿色产品设计是绿色理念在产品设计领域的体现，将一般设计原则(成本与收益)与生态系统安全原则结合，从源头开始，实现产品整个生命周期的绿色化。

2) 开发过程

(1) 绿色材料设计。绿色材料是指达到基础性能要求的环境友好型原材料。研发、选择绿色材料是生产绿色产品的关键所在，因此在选择绿色材料时应遵循以下要点：①首先考虑可再生材料，实现可持续发展；②尽可能使用低能耗、轻污染的原材料；③尽量避免有毒有害的原材料，所选材料应满足易降解的要求。

（2）绿色工艺设计。绿色工艺又可称为清洁工艺，顾名思义，通过采用绿色工艺，企业可以有效降低产品生产过程对环境的影响。绿色工艺的实现方法主要如下：①通过改善生产制造工艺或优化设备条件，达到降低材料使用量、过程排放量等目的；②改变材料使用方式，以求最大限度地循环利用原材料；③尽量使用自然环境进行生产，但在使用前需通过一系列调查评估确定环境的负荷能力以及生产过程将对环境产生的影响。

（3）绿色包装设计。绿色包装指环保型包装，通过以下方法可以实现包装绿色化：①改进旧技术，采取新技术，简化产品包装；②加强对包装材料的选择，提高包装回收利用的可行性；③改善产品自身结构，以降低产品对包装保护的需求，从而降低包装消耗。

（4）绿色回收设计。产品回收是产品生命周期的最终一环。由于传统设计理念与制造技术的制约，产品回收未被设计人员所重视。经济与技术的快速发展使得产品的更新周期不断缩短，一方面，废旧产品被视为"放错地方的资源"，另一方面，废旧产品处理不当会带来严重的环境污染。这使得产品回收成为产品竞争力的重要组成部分。产品设计是产品生命周期的最初阶段，这个阶段的成效决定了回收阶段的效率。设计环节融入产品回收才能从根本上解决废旧产品的问题。产品可回收性设计是绿色产品设计的核心内容（刘志峰，1996）。但目前的产品回收设计大多以经济性作为考量指标，即以最小的成本恢复产品最大的经济价值，这极有可能造成回收环节的二次污染。绿色回收设计受材料能源消耗、安全可靠度、环境负荷及回收成本等因素影响。这些因素由两个基本问题构成：一是如何实现回收设计技术，技术支持是回收设计成功的先决条件；二是如何实现设计环节的责权利关系平衡，设计环节决定了产品的原材料、生产技术等，进而决定了产品回收的可能性，但设计环节不直接对废旧品的危害负责，同时也享受不到回收带来的利益。为了解决上述两个问题，必须明确技术发展方向与责任制度。绿色回收设计应该采取可拆卸设计，通过可拆卸设计，产品在拆卸后能够被部分回收利用或全部回收利用。国外很多持绿色理念的先进企业采用非破坏性拆卸设计，开发出了很多受欢迎的绿色环保产品。绿色回收环节必须明确设计人员的责任制度。延伸生产者责任（extended producer responsibility，EPR）制度为此提供了思路，该制度指出产品的制造商和进口商应对产品从研发生产到使用回收的整个过程中对环境产生的影响负绝大部分责任，这些责任可进一步划分为原料决策环境影响责任、生产过程环境影响责任以及产品回收环境影响责任。生产者不断改良生产制造工艺以降低产品对生态环境的影响，或在无法降低影响的情况下承担其带来的法律责任或经济责任。设计作为产品的起点，所承担的环境责任应该与生产者有所不同。绿色回收设计应通过构建延伸设计者责任制度来明确设计者对产品回收的责任。

4. 绿色品牌的建立

Keller（1993）提出基于顾客的品牌资产（customer-based brand equity，CBBE）模型，明确了品牌资产的概念、测量和管理过程。从形式上看，品牌表现标志、符号、设计、名称及这些因素的组合形式，主要用来区分其他竞争者的商品或服务。品牌与产品不同，产品是满足市场上目标顾客特定需求的东西，可以是客观存在的实物，也可以是看不见摸不着的服务，甚至可以是一种理念。品牌是一种产品，但它还包括与其他满足相同需求的产品所不同的方面。这些差异点可能是理性的、有形的，与该品牌产品的表现有关，或者是象征性的、情感性的，或是无形的，与品牌所代表的事物有关。品牌是消费者与企业共同构建的。根据 CBBE 模型，品牌资产是指顾客基于所拥有的品牌知识，对品牌营销活动形成的差异化反应。品牌构建分为品牌识别、品牌含义、品牌响应和品牌关系四个阶段。绿色品牌的建立也同样遵循这个过程。

1) 品牌识别

品牌识别(brand identity)是向消费者回答 who is the brand，即"品牌是谁"的问题。企业需要构建品牌意识(brand awareness)的宽度和深度。消费者能否成功识别品牌取决于品牌显著度的高低。不同情境中，品牌出现在消费者思维中的难易程度和频率、品牌可以被回想的程度、品牌意识的流行程度等问题决定了品牌的显著度。绿色品牌应该通过营销活动，对绿色意识的内涵与本质进行宣传，让绿色品牌的口号、标志等元素具备独特性，让消费者轻松区分出绿色产品和非绿色产品。比如，使用绿色元素作为产品包装和品牌标志的主色调，与人们最熟悉的自然常识建立联系。绿色品牌需要借助社交媒体、自媒体等新媒体渠道，增强品牌联想(brand association)的宽度和深度，强化绿色理念与健康、安全之间的联想，弱化绿色与原始、高价之间的联想。

2) 品牌含义

品牌含义(brand meaning)是向消费者回答 what is the brand，即"品牌内涵"的问题。企业需要通过强势、良好、独特的品牌联想创建合适的品牌含义。品牌含义主要有两个维度：品牌绩效(brand performance)和品牌意象(brand imagery)。前者指产品、服务、款式与设计、价格，后者指使用者形象、购买与使用情境、个性与价值、历史与体验等。创建品牌含义包含三个方面：强度、好感度、独特性。绿色品牌所产生的联想必须能被消费者很快地回忆(强度)、受到消费者喜爱(好感度)、与众不同(独特性)。三个方面必须有一个被满足。绿色品牌是将绿色理念融入品牌中，绿色虽然深受消费者喜爱，但在品牌绩效上存在劣势，尤其在价格方面和便捷性方面。与此同时，绿色品牌往往缺乏强度，其保持原始状态从而最不容易被消费者联想。大量的绿色产品在形象上具有很高的重合性(环境保护)，无法显示其独特性。绿色品牌在强度可持续发展的同时，也需要增加独特性，融入创新性，从而丰富品牌含义。

3) 品牌响应

品牌响应(brand response)是向消费者回答 what about you， what do I think or feel about you，即"消费者对品牌的觉察、认知"问题。企业需要激发积极的、可接近的品牌响应。品牌响应包括品牌判断(brand judgement)和品牌感觉(brand feeling)。品牌判断侧重于顾客个人的观点和品牌评价，涉及顾客如何将各种不同的表现和形象联想组合，形成不同的观点。顾客可以根据品牌做出各种判断，但在创建强势品牌方面，品牌质量、品牌可信度、消费者的考虑集、品牌优越性是品牌判断的重要部分。品牌感觉是顾客对品牌的情感反应，包括温暖、有趣、兴奋、安全、社会支持、自尊等。品牌判断与品牌感觉是"脑"和"心"的关系，消费者对品牌联想作出判断，然后形成情感，进而对品牌进行响应。绿色品牌在质量上有较高的评价，但是在可信度和优越性上不足，从而导致情感反应很弱。绿色品牌也很少能进入消费者的考虑集，在消费者思维中没有优先地位。这一方面是绿色产品本身的劣势，另一方面更重要的是绿色品牌很难准确定位，对消费者的培育也很欠缺。消费者往往对绿色品牌的感知是和平与健康。这些联想与消费者的日常生活相去甚远，不经常发生。消费者的日常消费过程往往是放松和娱乐，很难考虑到和平与健康。绿色品牌的建立需要改变对品牌的判断和感觉，一方面要唤起消费者的环境意识，另一方面要增加品牌的可信度和辨识度，让消费者在消费过程中体验优越性，形成丰富的情感反应。例如，将绿色品牌拟人化，营造虚拟的环保情境，提供虚拟化身，加深消费者对环保活动的体验。

4）品牌关系

品牌关系的建立重点在于品牌回响（brand resonance），也称品牌共鸣。品牌回响是顾客与品牌关系的本质，是顾客与品牌保持一致的程度，是顾客与品牌之间心理纽带的强度或深度。品牌回响主要包括行为忠诚、态度依恋、社群感、活跃参与。绿色品牌可以通过主办和参与公益活动来与消费者建立良好的品牌关系。公益活动可以激发消费者的环境意识，增强绿色消费的体验价值，传播绿色理念。与此同时，绿色品牌应主动与消费者接触，为消费者提供个性化的服务，让消费者理解和认同绿色理念。

2.4.2　绿色生产

绿色生产也称清洁生产，是绿色化战略和管理的关键环节。这一环节要求产品生产所采用的材料尽量不对自然环境造成负面影响，且应该满足可再生、低耗能等要求。实际上是使原材料更多地转化为产品，是积极、预防性的战略。绿色生产在促进环保和资源保护的同时，还为消费者提供了更具价值的产品，推动了市场向绿色化发展。

在宏观方面，绿色生产是一种总体预防性污染控制策略。许多经济发展基础较好的国家，都对能源资源消耗高、污染严重的产业进行了严格的限制和规定。绿色生产除绿色的产品生产外，还包括绿色的材料和能源、绿色的资源回收及再制造、多层次实施环节。图2-3 所示为制造企业的绿色生产过程。

1. 绿色的材料和能源

绿色的材料主要指少用或不用有毒有害的原辅材料，尽可能采用无毒无害的原材料。绿色能源主要体现在提升传统能源的利用效率（如采用洁净煤技术、热电联产等）、可再生能源和新能源的开发和利用，结合新能源的特性因地制宜地发展太阳能、风能、生物质能、核能等。

绿色材料应达到以下要求：①材料产生过程中不受污染，且材料本身不对环境产生毒害和过多污染；②材料在产品实现功能后应便于回收利用，且容易降解；③应尽量避免选用稀有材料，材料可同时用于产品的多种零件生产，以降低多元化材料采购带来的成本。企业应致力于开发、选择绿色材料，以达到简化后续产品加工工序的目的（吴迪冲，2003）。

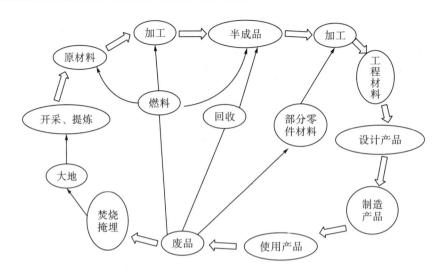

图 2-3　制造企业的绿色生产过程（赵建军，2017）

2. 绿色的产品生产

为了节约资源和保护环境，企业在产品的制造过程中要始终贯彻绿色环保理念，并要针对企业的绿色生产过程制定一套相应的绿色管理模式。

我国现在的工业生产主要还是以资源消耗为特征，这样的生产方式不仅浪费资源，造成污染，还无法保证产品的质量水平。因此，我国的工业生产应该积极转入绿色生产，采用更加先进的制造工艺和生产设备，减少原材料消耗和生产排放，降低对人员以及环境的危害，同时减少包装的使用，提高包装回收利用的可行性，加强包装的绿色辨别标识和安全警告。

3. 绿色的资源回收及再制造

企业应针对可回收利用或在降解过程中会产生危害的产品设立专门的网点进行处理，并在产品使用说明书上进行相应的标识。这些网点应针对回收处理成本以及环境影响对产品进行分类处理，以实现低能耗的绿色资源回收及再制造过程。

4. 绿色生产的多层次实施

绿色制造体系下的绿色生产不应局限于企业层面，还应注重宏观的社会层面和区域层面。社会层面的绿色生产主要是结合循环经济和低碳排放，逐渐建设资源节约型社会，实现资源、能源的合理利用和再利用。区域层面的绿色生产主要结合生态工业、绿色农业等实施，以实现工农业生产的资源、能源消耗最小化，形成工业生态链。同时逐步开展大宗工业固废的跨区域协同利用，规范和引导资源性产业和高载能产业低碳化发展。企业层面的绿色生产主要是利用绿色技术和绿色管理持续改进传统生产模式，在提升产品质量、增加经济效益的同时提升环境绩效。

2.4.3 绿色企业

绿色企业是指以可持续发展为目标，在企业经营管理全过程中考虑环境管理，平衡经济效益和环境效益，并取得成效的企业。乔洪滨等(2013)认为绿色企业是以绿色制造为基础，运用绿色技术开发清洁化的生产工艺，生产和销售环保、可回收利用的产品，实现低"三废"（废气、废水、废渣）排放的企业。具体而言，绿色企业具有六个特征：企业产品对环境的"无害化"，生产工艺的清洁化，企业排放的低"三废"化，有相应的"三废"处理手段，具有高科学技术水平，具有能够节约资源、避免和减少环境污染的绿色知识。

国外学者 Biloslavo 和 Trnavcevic(2009)以应对环境问题的措施为分类标准，将企业划分为绿色化企业、将要绿色化企业以及其他类型企业。他们还表示，绿色企业是只有少数企业可以达到的理想化阶段，在这个阶段，员工应具备高度的绿色理念自律性以及与利益相关方保持着良好的沟通。

1. 绿色企业文化

绿色企业文化管理要求企业在运营管理过程中，从环保和节约资源的角度思考，贯彻落实绿色理念并制定与之匹配的管理措施和制度，以完成对社会所负有的责任与义务(林国建和王景云，2006)。绿色企业文化管理分为精神、行为、形象三个层次，精神层次主要指企业价值观和使命等理念内容，是绿色企业文化管理的关键内容；行为层次涉及管理措施和员工表现等具体内容，是绿色企业文化管理的中间层次；形象层次指管理层、员工群体、企业标志、产品推广等部分涉及的形象设计，是绿色企业文化管理的表面层次。Denison(1990)从工作参与、一致性、适应性和使命 4 个方面 12 个维度剖析了企业文化的构成(图 2-4)，并通过调查发现企业文化可以促进企业产品质量的提升。

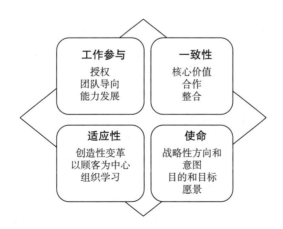

图 2-4 企业文化构成维度(Denison，1990)

在自然生态系统中，绿色企业文化有广义和狭义之分。狭义的绿色企业文化是指企业基于环境保护、资源节约与绿色发展理念，制定与之匹配的管理措施和制度，以及承担起相关责任与义务的行为实践系统。广义的绿色企业文化是指和谐的企业文化，是由众多因素构成、具有多层次结构、关联错综复杂的动态系统。企业家经营理念、企业内部情况和外部条件、初始企业文化及企业员工认可度、接受度和实施力度等因素共同构成了绿色企业文化的内涵。狭义的绿色企业文化和广义的绿色企业文化内涵范围有所不同，且狭义的绿色企业文化包含于广义的绿色企业文化之中。

绿色企业文化指导企业在运营的各个环节产生不同于传统方式的"绿色效应"现象，从根本上增强了企业的竞争力。打造绿色企业文化可以从企业文化的基本构成元素开始，尊重企业文化的演变规律，以最终实现稳固和谐的绿色企业文化：以人为本、顺应企业主客观条件和环境的变化、与传统文化以及社会文化有机融合；基于社会文化要求，明确企业自身的环保思想和相应的措施、制度，推行绿色理念营销活动，打造绿色企业形象（郭淑宁，2006）。

2. 绿色经营战略

绿色企业要从企业经营的各个环节来减少污染和资源消耗，以实现经济利益、环境保护和社会责任的统一。企业管理者需要重新审视环境问题对企业发展的影响，以及如何将环境管理作为企业战略的重点之一，从而构建新的经营思维与战略模式，促使企业实现经营目标和环境目标。目前对企业绿色战略的分类，学术界仍没有形成统一。企业对环境问题的反应早期来源于企业社会责任的分类，Carroll（1979）研究了企业的社会责任，并讨论了企业的社会反应能力，即企业对社会问题和期望的回应程度和种类，并从被动响应到主动响应确定了反应型、防御型、适应型和保护型四种行动战略。根据此模式，过去的研究讨论了组织处理绿色发展问题的行为表现，已经发展出多种绿色战略类型，这些研究中大多数区分了反应型绿色战略和主动型绿色战略这两个相对的立场，综合来看有以下三个研究重点。

（1）根据企业对绿色发展问题的认知和意识来划分。例如，Miles 等（1978）区分了四种绿色战略类型：环境开拓型（最积极）、分析型、防御型和反应型（最不积极）。环境开拓型战略通过产品和市场环境创新不断寻求市场机遇，冒险增长。分析型绿色战略在环保创新方面经常开展常规的生态效益分析。防御型绿色战略主要关注提高现有业务的生态效率，不在其业务领域外搜索新的机会。反应型绿色战略试图维持现状，只有在受到外部压力时才会改变。Hunt 和 Auster（1990）将采用不同绿色战略的企业分为初始者、救火者、热心公民、实用主义者和积极主义者五类。Henriques 和 Sadorsky（1999）认为企业的环境行为和战略是从"遵守法规"到"超越强制性要求的自愿行为"的连续统一体。Buysse 和 Verbeke（2003）将绿色战略分为反应战略、污染防治、环境领先三类。我国学者胡美琴和骆守俭（2008）根据企业同时考虑制度压力和企业战略响应，将绿色战略划分为反应型、讨价还价型、主动型、合作型四类。衣凤鹏和徐二明（2014）将绿色战略划分为抵抗型、消极型、积极型三类。Hyatt 和 Berente（2017）将绿色战略区分为实质性的绿色战略和象征性的绿色战略。实质性的绿色战略包括自愿开展旨在改善本组织环境绩效的实践，利用从对自然环境的真实承诺发展而来的组织能力。象征性的绿色战略取代了仪式或遵从法规的做法，没有采取后续行动来执行承诺。他们认为实质性绿色战略反映了对自然环境真实的、主动的承诺，而象征性绿色战略旨在支持或保护组织的声誉，但不一定能改善环境绩效。缑倩雯和蔡宁(2015)根据企业面对国家逻辑、市场逻辑和社会公益逻辑的多元制度影响，将企业绿色战略划分为实质性战略、象征性战略。曹瑄玮等(2011)基于不同时间导向以及管理者对环境问题的认知和行动的一致性，将企业绿色战略分为反应战略、预防战略、分析战略、前瞻战略。

(2)根据企业对待环境规制的态度划分。Roome(1992)认为企业绿色战略分为不遵守、遵守、"遵守+"、商业与自然环境绩效双优秀、领导优势五类。Sharma 和 Vredenburg(1998)将企业绿色战略分为较易比较的反应型、前瞻型两类。Christmann(2002)在前人研究的基础上，将企业绿色战略分为反应型、能力构建型、防御型、适应型、主动型五类。Aragón-Correa 和 Sharma(2003)提出，关于管理业务与自然环境之间的企业战略可以看成是从被动到主动的连续体来进行分类。在连续体的一端，反应型绿色战略是对环境法规和利益相关者压力的响应，通过改变以往忽视甚至抵制环境法规的态度，并开始对管道末端污染控制措施的投资；在连续体的另一端，主动型绿色战略包括预测未来的规则和社会趋势，并改变设计、工艺和产品等，以防止(而不仅是改善)负面的环境影响。马中东和陈莹(2010)提出将企业绿色战略划分为四类，并假设企业绿色战略的选择与企业采取的治污方法存在对应关系：规制应对型——采取末端治理技术或缴纳排污费；消极策略型——防止现有环境规制的严格化；风险规避型——更新改造设备或建立专门的污染治理设施；机会追求型——环境技术创新。田翠香和沈君慧(2016)将企业绿色战略划分为抵抗型、反应型、适应型和前瞻型。有学者从企业应对监管角度将制造业企业绿色战略分为形式主义型、调和型、参照型、自我决定型。其中形式主义型绿色战略是指一种传统的"照章办事"应对策略，它严格遵循在命令和控制的监管环境下的正式规则，以避免政治和法律麻烦。调和型绿色战略强调和解、适应非正式规则及要求，是指优先满足政治或官僚要求的应对策略。参照型绿色战略指模仿同行的合规做法或遵循专业协会的推荐指南。自我决定绿色战略是指一种强调智力灵活性、管理自主权和自主性的应对策略。当企业发现难以符合监管要求时，它们可能通过制定公司内部的治理守则以应对外部压力来采取"替代回应"。例如，一些跨国公司使用"双重标准"方法，通过该方法，其子公司将根据不同的环境应对计划来满足当地监管条件，而不是使用一套常规的做法。

(3)根据企业制定绿色战略的侧重点和内容划分。Oliver(1995)将绿色战略分为末端治理、污染预防、产品监控和可持续发展。Henriques 和 Sadorsky(2005)针对加拿大纸品行业，把企业有关可持续发展的管理战略划分为污染控制、生态效率、再循环、生态设计、生态系统管理和业务重新定义。Murillo-Luna 等 (2008)依据管理者感知的环境压力和环境目标范围及内部资源的具体配置，将绿色战略分为四个层次，即被动反应、关注环境规制反应、关注利益相关者反应、全面环境质量。Christmann(2000)将企业绿色战略分为关注过程的绿色战略和关注产品的绿色战略。

2.4.4　绿色园区

绿色园区在规划设计中应秉承绿色、生态、节能、健康的设计理念。在园区建设方面，园区的绿化率应至少达到45%，湿地水域与密林、植被的设计应该丰富、多层次，保持水域生物链完整与生态平衡，营造"工作在生态园林中，生活在绿色原野里"的健康环境。在节能设计方面，办公楼、厂房、员工宿舍和餐厅等建筑的维护结构和外墙均采用因地制宜的材料，地下车库采用自然通风采光设计等，同时在空调节能、照明节电、节水等方面进行合理规划和实施。在生产性企业废弃物料的减量、回收处理方面，了解即将入驻企业的节能降耗状况和环保设施运行情况，科学分析生产企业废弃物料的属性特点并设计园区节能降耗的节点，合理设计其生产车间废弃物料的回收、处理系统，形成闭环，制定节能减排实施方案，避免对园区生态产生负面影响。在园区监管系统方面，采用先进的智能系统设计，能够根据项目特点和科技、生态适度超前的智能定位为园区科技企业提供智能服务，如自动监测园区资源、在线监测室内外环境质量等。绿色园区中并不只是一个企业，而是很多企业的集中，园区规划或者管理部门应根据园区内企业所处行业、生产或服务特性、废弃物的属性，对其进行区域归类，实施一体化公共服务，一方面便于对其进行服务和管理，另一方面便于将废弃物统一回收处理，目的是促进绿色园区的持续健康和生态化。绿色园区的产业形态有单产业链、双产业链和交叉产业链等，具体如图2-5～图2-7所示。

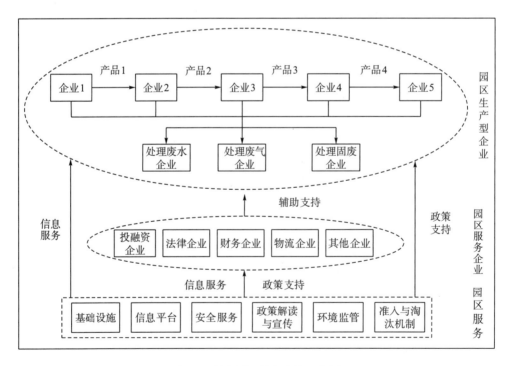

图2-5　绿色园区单产业链示意图

资料来源：根据资料收集整理。

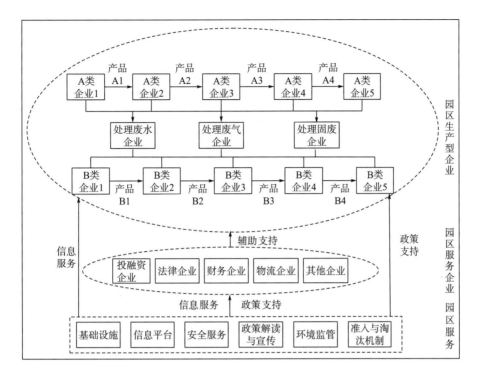

图 2-6 绿色园区双产业链示意图

资料来源：根据资料收集整理。

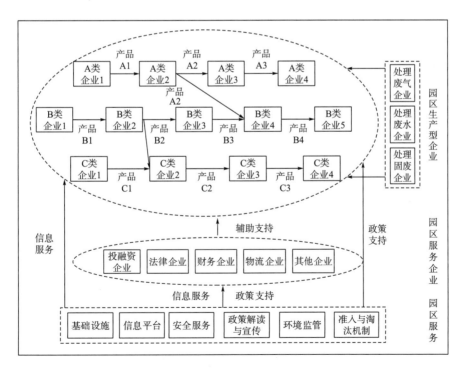

图 2-7 绿色园区交叉产业链示意图

资料来源：根据资料收集整理。

1. 企业集聚发展

构建绿色园区的目的是在地理空间上将产业链有交互关联的企业、专业化供应商、服务供应商、金融机构等绿色企业集聚在一起，降低企业的制度成本(包括生产成本、交换成本)，提高规模经济效应和集聚效应。这种集聚所产生的规模与外溢效应又为园区内相关绿色企业的协同共生创造了良好的环境，同时这种集聚的企业间的自强化效应、创新效应极大地提升了绿色园区的产业竞争力，进而促进绿色园区的快速、健康发展。

(1)组织结构优势。产业集聚作为中间性组织形式，避免了纯市场组织因主体分散与随机导致交易成本较大、市场失灵风险，使绿色园区内企业和机构更好地耦合，同时在一定程度上摆脱了规模一体化因协调成本过高、运行机制不灵活所导致的规模不经济风险。它兼有纯市场与规模一体化组织两者的优势。同时，企业与企业之间、企业与各机构之间互动频繁，有利于建立密切合作的信用机制，降低信息的搜寻成本、相互监督与控制成本。

(2)低成本优势。在交易成本方面，绿色园区内企业之间互动形成的信息反馈回路，不仅降低了运输成本，而且降低了以信息搜寻成本为主的交易成本。同时，绿色园区内企业地理位置邻近加速了物质、信息、资金、技术知识等的流动，使原材料采购、半成品库存及相关服务等成本降低。在生产成本方面，绿色园区产业集聚、知识的外溢等使相对集中的企业获得马歇尔式的"外部规模经济"生产，分工更细、更具有差异性的产品或服务有着较大市场需求，供给与需求良性互动，提高了整个网络系统的市场竞争力。同时，产业集聚的扁平化与模块化特征，实现了分权的组织结构，减少了管理层次，节约了管理成本。

(3)创新能力优势。由于精明的购买者往往是集聚内的一个经济实体，集聚内企业比单个企业更了解市场的需求，从而集聚内企业更关注创新成果与及时满足顾客的需求。同时，企业之间的技术交流与合作不仅促进经济效益的产生，而且促进技术、知识在绿色园区内的流通与增值，有助于提高各自的专业知识、技术积累。在风险方面，单个企业无法承受其风险，产业集聚为群体形式，其承载风险的能力明显高于单个产业，能更有效地配置各产业的投资组合。

(4)协同效应优势。产业的发展经常受到区域产品生命周期与企业核心刚性的影响。一旦产品与服务进入成熟期或衰退期，该绿色园区的产业发展就会受到明显约束。如果绿色园区内企业只是简单扎堆，没有围绕关联产业和产业链形成有机的分工与协作关系，那么资产的专用性致使其退出的沉没成本相当大，不能实现有效的产业转型。如果绿色园区内已形成健康发展的产业集聚，则可以通过彼此紧密的关系，形成类似于生物群落或生态系统中的共同进化机制，企业易通过收购兼并、战略联盟、业务整合等途径，实现价值链活动的空间分工，使产业发展不断升级换代，维持绿色园区的健康可持续发展。

2. 产业生态化链接

产业生态化链接是指在绿色园区内的企业通过模拟生物圈中的生产者、消费者以及分解者，以资源和环境为纽带形成的具有产业衔接关系的企业联盟，生产绿色产品或提供生态化服务。也就是说，绿色园区内的各个企业通过利用彼此的余热，净化后的废气、废水，以及彼此的副产品等，完成就近就便获取自身企业的能源、原料乃至废弃处理等作业流程。整个过程就是产业生态化链接过程，各个产业的生态化链接共同构成绿色园区的生态产业系统。构建产业的生态化链接以实现绿色园区内的物质转移、能量多次循环，从而真正达到充分利用资源能源和向系统外零排放的目的。产业生态化链接保证了绿色园区内整个生态产业系统的良性运作，若产业生态化链接断裂，绿色园区内的生态系统就不复存在。基于生态化链接的基本方式和生态学的基本原理，生态产业模拟自然生态系统，通过生产体系或环节之间的耦合，实现物质和能量多级利用的、具有和谐生态功能的网络型产业。在生态产业系统中，绿色园区内的产业仿照自然生态过程中物质循环的方式来规划。产业生态化链接可以使绿色园区内的企业通过相互作用而降低成本，获得传统的非产业生态化链接模式下无法获得的收益，同时也实现了整个绿色园区废弃物排放的最小化。

产业生态化链接设计以增大资源能源存量为目标，通过推动生态系统的恢复和良性循环、提高自然生产力为产业链提供动能。产业生态化链接以实现经济发展和生态之间的平衡为出发点，以"减量化、再利用、再循环"为原则对有限资源和能量进行高效利用，把废弃物中的物质和能量再纳入生态经济系统。

(1)合作伙伴选择。产业生态化链接的组建通过选择合作伙伴来实现。由构成产业生态化链接的成员来确定其基本结构和运作方式，合作伙伴的选择很大程度上决定了产业生态化链接运行的平稳程度和效能。合作伙伴的选择涉及备选企业的类型、资金状况、绿色技术实力、信誉度、以往合作经历等诸多因素，还涉及备选企业间的文化契合度、运输距离和运输成本等问题。

(2)效益目标一致。绿色园区产业生态化链接首先强调的是经济效益。企业间的配合或互动主要来自企业自身的意愿或者政府的促进作用，各个企业在产业生态化链接的作用下具有较强的合作与互动积极性，从而保证了绿色园区的生态效率。各企业成员以经济和技术规律为依据集中在同一个区域，通过合作生产降低经营成本，在提升企业利润的同时，履行自身的社会、自然环境责任。因此，绿色园区产业生态化链接的重要特点是行业内部企业间的互利共生、行业间的联动互补以及与生态环境的互动。基于迅速的市场反应能力，各成员能第一时间掌握新的科学技术并对其进行有效利用，同时实现生态化链接的社会目标、环境目标及经济目标。

(3)共生协同发展。基于绿色园区的产业生态化链接可将协同共生分为单方获利型、依赖型、依托型和平等型。其中，单方获利型是指对生产和消费过程中产生的废物进行收集、处理和再利用；依赖型是指绿色园区内的企业成员间互利共生，分开则不能存活，这类模式需要较大的专用资产投入；依托型是指绿色园区内的中小企业依附于大型企业集团而共生；平等型是指绿色园区内的企业成员可以独立生存，但紧密合作可实现彼此获利，在共生合作过程中企业成员的地位平等。

3. 服务平台建设

随着互联网、大数据、云计算等相关信息技术的发展与普及，绿色园区的信息化服务平台可以及时、高效地为绿色园区内的企业服务。信息化服务平台属于绿色园区的公共基础设施，是吸引企业进驻的一个重要因素。因此，应利用物联网、大数据、云计算、先进过程控制等新技术，构建绿色、低碳、高效、共享、专业的绿色园区服务平台，不断提高信息资源利用效率和信息资源社会化开发利用，促进跨部门、跨企业、跨行业的信息共享和业务协同。绿色园区服务平台建设一览表见表 2-3。

表 2-3　绿色园区信息化服务平台建设一览表

服务平台类型	适用行业	平台名称	相关内容
公共服务平台	广泛适用	创业孵化平台	鼓励高校、企业、园区、科研机构、个人和其他社会组织利用各自的资源优势，采取多方筹资、资源折股等形式创办多种经济成分、多种形式的专业孵化器，完善新生企业的研发、生产、经营场地、办公场所等公用孵化环境与设施，并纳入政府引导框架，整合为创业孵化平台，以提升园区的综合服务能力
专业服务平台	现代物流	物流公共信息平台	利用云计算、物联网等先进技术，整合供应链各环节物流信息、物流监管、物流技术和设备等资源，建设大规模、虚拟化、可靠安全的物流公共信息平台，为个人、物流企业、生产制造企业、商贸流通企业及第三方服务企业提供"一站式"的物流信息与交易服务
	现代商贸	电子商务平台	以"互联网+商贸"为驱动，重点建设网络基础设施、支付平台、安全平台、管理平台，协调整合资金流、货物流、信息流，完善广告宣传、在线展会、咨询洽谈、网上支付、电子账户、交易管理等功能，打造安全、便捷、高效的虚拟网络商务活动平台
	科技服务	科技研发平台	鼓励国内外高校、科研机构和企业共建、培育技术创新载体，建成一批具备较强研发及服务能力的科学技术研发中心。对于重点发展的汽车制造、医药、商贸物流、电子商务、旅游休闲等产业，组建相应的产业技术创新联盟，培育一批技术转移、成果转化、知识产权服务等科技中介服务骨干机构，促进制造业向研发创新、系统集成等高端链延伸，提升产业附加值
	文化创意	文化创意创新平台	文化创意创新平台重视原发创意支持平台、衍生开发平台、项目合作平台、海外发行平台、人才投入和培养平台等，保证以"创意"为核心的各个要素通过系统内复杂的关系和活动得以流动与发挥效能；配套发展汽车商务、传媒艺术、智慧应用、创意旅游等新兴服务业，建立完善的知识产权保护平台体系，打造一批创业园、创客室，构建文化创意创新和大众创业生态体系
	金融业	企业融资平台	由政府授权并监管，联合银行、民间资本和信用机构、担保机构等利用互联网金融，为企业提供全方位的融资支持服务，开创"政府引导、市场运作"的中小微企业融资服务模式
	软件与信息业	信息网络平台	加强创业创新信息资源整合，连接企业、市场、政府、服务机构建立"云"服务中心，搭建"工业云"平台，建立创业创新信息集中发布的网络平台，促进工业研发设计、工业流程、智能装备、过程控制、物料管理、节能降耗等管理模式创新，推动生产制造向智能化、柔性化和网络化发展
	⋯	⋯	⋯

资料来源：文献整理所得。

(1)打造服务核心优势。信息服务是绿色园区的核心竞争力之一，有利于吸引各类企业驻留绿色园区。因此，从某种角度而言，企业与绿色园区是一种共生体，绿色园区应采取各类智能化手段以实现信息集成，打造电话咨询、网络查询、服务网点等多个渠道，使信息服务涵盖线上线下，进一步智能化、全面化，为园区内的企业提供更加高效、及时、准确的信息服务，有效降低企业运营成本，加快企业实现生产方式和经营模式的升级，积极应对日益复杂、竞争激烈的市场环境，以园区为核心逐步或迅速形成产业链的有效集聚，不断塑造绿色园区在区域、全国乃至全球的影响力与品牌力。

(2)运营管理智慧化。充分运用先进网络和信息化技术构建的平台服务可以帮助园区管委会及园区运营公司建立信息化网格管理体系,实现园区范围内不同系统之间的数据融合、信息共享。为园区各领域智慧应用系统运行提供信息整合、数据挖掘和智能分析支撑,为园区管理、运营和服务提供统一的运营展示、指挥协同平台,是支撑园区综合运行管理的神经中枢、掌控园区综合运行体征的有力抓手。绿色园区的运营管理中心可以有效推进绿色园区的智慧化建设,可以实现园区智能视频监控信息共享与展示、运营决策与应急管理、综合信息展示服务等。因此,这种智慧化的运营管理可以有效实现绿色园区精细化、集约化、智慧化管理,进一步提升绿色园区的智慧化管理水平和园区企业的运营管理能力,促进绿色园区内产业的集聚、创新、提升、发展。

(3)服务政府。绿色园区信息服务平台可通过采集企业数据、展示业务成果等方式向政府提供更多的信息支持。政府希望通过绿色园区的信息平台及时收集企业信息,建立企业数据库,绿色园区也可以在线轻松地完成政府下达的调查统计任务。首先,政府相关部门通过数据分析与展示子系统及时了解绿色园区整体情况、掌握发展动态,为政府决策提供有效的信息支撑。其次,通过手机、大屏幕、互联网等多种渠道,实现绿色园区业务的可视化,展示绿色园区的特色企业、创新成果、经济成果等。再次,针对园区内企业的需求,绿色园区可以为企业提供所需的政策支持与对接,架起企业与政府之间的沟通桥梁。最后,信息平台可为专业的创客空间、孵化器的设计与建设提供便利。

2.4.5　绿色供应链

1. 绿色供应链的内涵

绿色供应链的概念和内涵虽无统一的界定,但研究处于不断发展中。Lotfo 和 Sarkis(1998)认为绿色供应链主要由企业内部物流、原材料采购、物料管理、外部物流、包装和逆向物流等组成。Beamon(1999)加入了环境因素,增加了资源回收率、核心回报率、废物比、生态效率等指标。Hall(2000)从更广的层面考虑,认为绿色供应链是一种秉承可持续发展理念,从原材料选择、产品制造过程、产品消费过程到产品回收过程进行绿色化设计,通过供应链各个部分的协同合作以达到系统最优化的科学供应链模式。王能民等(2005)从集成的思想出发,认为绿色供应链是以代际公平与代内公平为决策原则,以资源最优配置、环境相容性为运营目标,由供应商、生产商、销售商、顾客等要素组成的系统,是物流、信息流、知识流、资金流等的集成。潘经强(2006)在此基础上增加了环保部门、竞争者和相关企业,提出绿色供应链是一个网链。万明(2010)认为绿色供应链是环境意识、资源能源的有效利用和供应链各个环节的交叉融合,其目的是使整条供应链的资源能源利用率最高,对环境的负面影响最低。

此外,绿色供应链与以追求各环节价值最大化为目标的传统供应链相比,具有更高的资源利用效率,通过建立长期稳定的"战略合作伙伴关系"提高整条供应链中各个环节的行为主体与环境的相容性,考虑回收再利用问题,延伸了供应链末端。

本书认为在绿色制造中,绿色供应链更多强调的是企业间、产业间和区域间的"战略合作伙伴关系",这种新型的联盟关系应区别于传统的绿色供应链模式。具有战略合作伙伴关系的绿色供应链,其内部成员之间和众多环节之间具有高度依赖性,具备思想意识同步的协同关系。处于整条供应链上游的供应商能在绿色采购环节节约成本,并将此优势传递至绿色生产、运输和分销、包装、销售、废物回收各中下游环节。产业之间和区域要通过绿色供应链的"战略合作伙伴关系"推动传统产业向绿色产业转型升级。

2. 绿色供应链的运作

绿色供应链的运作逐渐成为企业获得和提升国际竞争力的重要战略和方法。但绿色供应链的实施现状还存在许多问题:一是绿色供应链并未实际有效地落地实施,停留在理念和宣传规划层面;二是绿色供应链实施的重点多为对绿色供应商的选择和对内部的环境管理,对绿色设计、绿色声誉及绿色供应链上其他主体的协作效应关注较少。因此,应通过横向绿色供应链管理,实现供应链与供应链的协作,考虑整个系统的环境效益,在企业、供应链、关联供应链三个层次进行协作。绿色供应链的运作有赖于供应链环节中各个企业的"绿色化"和行业内或行业间形成的绿色供应链战略联盟。其中,企业是绿色供应链的实施主体。消费者的绿色产品需求和政府的环境管制共同驱动企业实施绿色供应链管理。绿色供应链实施的具体环节主要有五个:计划环节、采购环节、制造环节、交付环节和逆向物流环节。每个环节都应遵守绿色制造的要求,是一个整体的绿色系统实施工程。

3. 绿色供应链的管理

绿色供应链的管理包括环境、战略和库存管理(Seuring and Müller,2008),组织的协调管理,知识和信息管理,跨文化协调管理。绿色供应链管理涉及的具体环节包括整个供应链中的绿色材料选择,绿色产品设计,供应过程中的供应商和物流选择,工艺设备和产品包装、运输、回收等。

2.4.6　绿色监管

绿色监管是指市场监管部门在监管市场的过程中,以促进生产力发展为目标,以政务信息公开为前提,以积极的行政指导为手段,以规范化执法为核心,以内部稽查为保障而实施的民主、公开、高效的行政监督和管理行为。绿色监管的内涵包括政务信息公开化、行政指导及时化、行政指导规范化、行政稽查经常化(王克信,2004)。

1. 绿色监管体系

绿色监管体系包括制定绿色制造标准、实行绿色会计、开展绿色审计和进行环保评估。制定绿色制造标准,引领制造业向绿色化方向发展,督促企业建立信息公开制度,定期发布社会责任报告和可持续发展报告等。通过建立绿色制造标准,提升制造业供给质量。实行绿色会计,测量并记录环境污染情况,执行环境污染预防措施,并合理估计环境开发所需的成本,对开发、维护环境带来的效益进行预测和分析。通过实行绿色会计,使企业的会计成本核算包括自然资源消耗成本和环境污染成本,评估企业的资源利用率及产生的社会环境代价。针对传统会计未将环境成本纳入核算范畴而出现的会计核算虚假问题进行具有公允性、真实性、合法性的认证审计监督。对企业现行的经营活动进行绿色审计，从绿色经营与管理的角度进行系统的评价，建立分析与预测预警机制。企业在进行新产品开发和新项目投资时，应对新产品的环保水平、市场前景进行评估，对新项目的环保性进行严格审查，切不可贪图眼前利益而牺牲长远利益。特别要对发达国家通过合资方式向我国转移其禁止生产的有害产品和禁止投产的污染项目的行为进行严加控制。

2. 绿色质量认证监管

树立绿色质量观，应把绿色设计、生产、包装、销售、回收利用等纳入质量管理活动中，在全面质量管理活动中必须注入"绿色"理念，把质量管理推向一个新阶段——绿色质量管理阶段。在产品设计、生产、消费过程中，应以不污染、不破坏或少污染、少破坏环境与生态系统为标准。杜兰英和张赞（2007）表示，绿色质量是以社会、生态、环境效益为出发点，是消费者在满足其环保需求的前提下得到令其满意的产品功能的产品特性。评估产品的绿色质量可从产品是否含有有毒有害物质，产品的设计、制造、使用是否秉持了环保理念等方面入手。生态质量管理、绿色质量管理、全面环境质量管理都是对传统全面质量管理的进一步完善和发展，综合考虑了可持续发展的要求。

我国环保部门对产品实行环境标志认证，从产品设计、制造、销售、使用至回收进行环境影响控制。中国环境标志产品认证由国家指定的机构根据环境产品标准及有关规定对产品的环境性能及生产过程予以确认。环境标志认证是一种柔性的市场机制，能够对法律、税收和补贴手段形成有效的补充。环境标准已形成国际化趋势，也为政府采购提供了先决条件和国际贸易门槛。国际贸易中常用的绿色环保标志如日本的"生态标志"、德国的"蓝色天使"和欧盟的"欧洲环保标志"等。部分国家的环境标志制度见表2-4。

表 2-4　部分国家的环境标志制度（吴椒军，2005）

环境标志制度名词	英文名称	国家
蓝色天使制度	Blue Angel Scheme	德国
环境选择方案	Environmental Choice Program	加拿大
生态标志制度	Eco-mark Scheme	日本
白天鹅制度	White Swan Scheme	新西兰
绿色标签制度	Green Seal Scheme	美国
生态标志制度	Eco-label Scheme	韩国
绿色标志制度	Green Label Scheme	新加坡
环境标志制度	China Environmental Labeling	中国

企业是否被授予环境标志认证，反映了其绿色发展状况。根据数据统计，2017 年我国通过环境标志认证的企业数为 4481 个，较 2016 年增长 12.79%。

我国目前对企业实施环境信用评价监管。2013 年 12 月 18 日，环境保护部、国家发展改革委、中国人民银行以及中国银监会联合印发的《企业环境信用评价办法（试行）》（环发〔2013〕150 号），从污染防治、生态保护、环境管理和社会监管四个方面对企业的环境信用进行评价，结果分为环保诚信企业、环保良好企业、环保警示企业、环保不良企业四个等级，依次给予绿牌、蓝牌、黄牌和红牌。2015 年 11 月 27 日，环境保护部、国家发展改革委印发《关于加强企业环境信用体系建设的指导意见》（环发〔2015〕161 号）。各地方政府根据评价办法和指导意见，结合实际情况制定具体的评价方案和操作细则。

2.5　小　　结

绿色制造代表一种新的发展形态，是将绿色发展理念、绿色技术的创新成果与制造业进行深度融合，并对制造业各方面产生影响。绿色制造体系不是单一的某个元素或人类的经济活动，而是与资源、能源系统的相互影响和相互作用，这决定了绿色制造体系是一个复杂的系统，其既受到外界环境因素的制约，又具有很强的主观能动性。本章从可持续发展理论、循环经济理论、产品生命周期理论、自然资源基础观等理论出发，在探讨和分析了绿色制造的内涵、特征和体系化发展趋势的基础上，进一步剖析了绿色制造体系的内涵及特征，并明确了绿色制造体系所涵盖的绿色产品、绿色生产、绿色企业、绿色园区、绿色供应链、绿色监督等内容。

第3章 动能与动能系统：新理念下新动能成长与绿色制造体系构建的有机契合

绿色发展是当今中国重要的发展理念之一。绿色制造体系的构建与发展离不开动能系统的推动。动能系统作为一种全要素系统，能产生更大的效能。当前，我国处于新动能与传统动能持续转换的关键时期，绿色制造体系的构建需要新动能异军突起和传统动能改造提升形成的"新引擎""新能量"；而新动能成长也需要绿色制造体系的支撑。2016 年 1 月 20 日李克强总理在国务院专题会上指出，继续加快培育新动能，着眼提高全要素生产率，结合实施"中国制造 2025""互联网+"，推动各类企业注重技术创新、生产模式创新和管理创新，创造新的有效供给，更好地适应需求结构升级。因此，改造提升传统动能、加快培育新动能，探索动能系统运行机制，充分发挥动能系统的能效，是构建我国绿色制造体系的关键。

3.1 动能与动力的基本概念

关于"动能"的具体内涵，与其相近的、有关的概念是"动力"，二者既有一定的关联又相互区别。《辞海》对"动能"的解释为：物质由于运动而具有的做功本领。对"动力"的解释为：①使机械做功的力量；②比喻推动人活动的力量。从物理学角度看，"动能"是一种标量，只有大小，没有方向，是指物体由于运动而具有做功的本领，取决于物体的质量与速度；"动力"是一种矢量，既有大小，又有方向，是指物体之间的作用，取决于物体的质量与加速度。从经济学与管理学角度看，"动能"多指推动经济增长的要素；"动力"更多强调经济增长要素与经济体之间的作用（表 3-1）。动能系统是指相互作用、相互依赖的若干要素结合而成的、推动经济增长的有机体，其是推动我国绿色制造体系构建与发展的关键。

表 3-1 动能与动力的内涵解释

类别	动能	动力
《辞海》解释	物质由于运动而具有的做功本领	①使机械做功的力量 ②比喻推动人活动的力量
从物理学角度看	一种标量，只有大小，没有方向，是指物体由于运动而具有做功的本领，取决于物体的质量与速度	一种矢量，既有大小，又有方向，是指物体之间的作用，取决于物体的质量与加速度
从经济学与管理学角度看	多指推动经济增长的要素	更多强调经济增长要素与经济体之间的作用

资料来源：根据文献整理。

　　关于动能及动能系统的相关研究,国外学者重点就推动经济增长的影响因素及经济增长的相关理论与提升路径等方面进行了有益探讨。亚当·斯密(Adam Smith)、大卫·李嘉图(David Ricardo)、卡尔·亨利希·马克思(Karl Heinrich Marx)等经济学家对经济增长的相关问题进行了极其深入的研究,尤其是对经济增长动力和促进经济增长的路径方面均有深刻的阐述。这些学者认为,经济增长是一个动态过程,是多种内生因素(劳动、资本、土地等)和外生要素(技术进步、社会经济制度等)综合作用的结果。例如,亚当·斯密在《国富论》中研究了"国民财富的基本性质和增长的原因",即如何实现一国的经济增长。他认为经济增长的动力从根本上源于劳动分工。大卫·李嘉图从其分配理论和价值理论导出经济增长机制,他指出,提高劳动生产率、缩短必要劳动时间和降低工人工资是促进利润增加或经济增长的三大主要手段;他反对地主、官吏等非生产阶级的奢侈性消费,并且认为需要限制和缩小地租与赋税比例。马克思从资本积累、产业结构、市场环境、科学技术、管理制度五个方面分析了决定经济增长潜能与动力的影响因素,在此基础上建立了经济增长模型,从科学的角度对市场经济条件下经济增长的理论前提条件、静态与动态均衡条件、内在实现机制(即外延和内涵扩大再生产)进行了分析。20 世纪 40 年代末,马克思在以哈罗德—多马模型为代表的资本积累论的基础上,将凯恩斯的短期比较静态分析理论推广到经济增长问题上,强调经济增长率取决于储蓄率和资本—产出比率,并奠定了现代经济增长理论的逻辑起点。新经济增长理论则是以罗默的《递增收益与长期增长》和卢卡斯的《论经济发展机制》为标志,其推动和发展得益于 G.格罗斯曼、E.赫尔普曼、R.阿罗、P.阿格亨、P.克鲁格曼、阿尔文·扬、L.琼斯、S.雷贝洛、G.贝克尔等学者的不断研究。该理论强调经济持续增长是经济系统中内生因素作用的结果,而内生的技术进步是经济增长的决定因素,并认为技术(或知识)、人力资本产生的溢出效应是实现经济持续增长不可缺少的条件,国际贸易和知识的国家流动对一国经济增长具有重要影响。在经济政策上,该理论强调向研究开发活动提供补贴有助于促进经济增长。新制度经济学派的代表人物包括诺斯、舒尔茨、威廉姆森、奥斯特罗姆等。例如,诺斯认为一套有效率的制度体系,尤其是产权保护制度是经济增长的关键动力。

　　国内学者主要对我国经济增长的动力及其如何培育新增长点展开了多角度的研究。例如,林毅夫等(2004)、刘小玄(2003)、樊纲(2003)分别从比较优势和发展战略、竞争和产权制度、市场化和经济体制改革等方面对我国的经济增长动力开展研究。邱晓华等(2006)认为,中国经济增长最主要的动力来自资本投入的增加,除此之外,结构升级、制度变迁以及人力资本效率的提高等自身内在技术的进步也有一定助力。相对而言,劳动投入增加对经济增长做出的贡献不大,这与我国劳动力供给相对过剩、劳动边际效率较低有关。李富强等(2008)强调,制度不仅直接作用于经济增长,而且通过影响生产要素投入和配置效率来促进经济增长,即物质资本和人力资本作用包含制度贡献。产权制度是我国现阶段经济增长最主要的动力。江飞涛等(2014)指出,由政府主导、投资驱动的工业经济增长方式是工业增长效率恶化的根源。实现向创新驱动、效率驱动增长方式的转变,关键在于理顺市场与政府的关系,一方面应让市场充分发挥其决定性作用;另一方面,政府需主动积极地为市场建立完善的制度体系,为市场保驾护航,尊重市场机制及市场主体意愿,促进技术创新与技术转移。也有学者从制造业转型升级的动力机制视角对其进行了研究。例如,王玉荣和杨震宁(2010)提出，制造业企业创新的内外部动力是制造业企业创新能力的影响因素，并分析了内外部创新系统因子；张志元和李兆友(2015)认为，我国制造业转型升级的动力机制主要要素有科学技术的发展与产业组织结构的改革和创新、制造业技术创新战略地位日益凸显、低碳发展理念已成共识、开放式创新系统已具雏形。

　　目前大多数学者主要关注经济增长的动力，即要素对经济体的作用，研究集中于如何使用要素，较少研究要素本身。我国在利用传统要素促进经济发展的同时，也加剧了环境问题。目前涉及此类问题的研究大多是通过如何优化传统要素的使用方式来解决环境问题，表现为如何提升自然资源、劳动人口、资金的利用效率等。要兼顾环境问题，就不能局限于传统要素的使用方式，而要寻求新的要素。

　　本书将推动经济增长的要素作为动能，将要素使用方式作为动能转化为动力的路径。将要素本身作为研究的重点，从而突破了传统思维。

3.2　动能系统构成要素

　　我国制造业的发展离不开动能系统的推动。动能系统是指相互作用、相互依赖的若干要素结合而成的、推动经济增长的有机体，由新动能与传统动能组合而成。作为一种全要素系统，它能产生更大的效能，是推动我国制造业内生增长的关键。具体如图 3-1 所示。

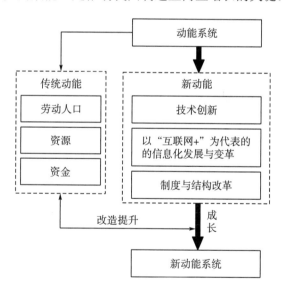

图 3-1　动能系统解构图

3.2.1　传统动能

1. 内涵与特征

根据经济增长理论，传统生产要素为资源、资金、劳动人口等。Solow(1956)的增长模型表明，在均衡点之前，生产要素投入的作用十分显著；在均衡点之后，该作用会减弱。依赖生产要素投入的经济体会出现增长停滞。长期以来，我国经济高速增长主要依靠大量的资源与能源投入、大规模的投资刺激政策、附加值低的劳动密集型产品出口。尽管依靠传统动能形成的粗放型发展方式拉动了我国经济的高速增长，但也导致我国经济发展整体质量与效率偏低、效益较差（林火灿，2016）。本书认为，传统动能是指过去形成的，对现在经济发展能够产生影响的各种要素，且多指劳动人口、资源、资金等单一要素，对制造业内生增长的作用有限。

2. 维度解构

（1）劳动人口。由于中华人民共和国成立以来我国人口结构变动以及 20 世纪 80 年代我国开始实施的计划生育政策，我国劳动人口比率不断攀升，同时人口抚养比率不断下降。在 1982~2010 年这段人口红利期，我国劳动人口充裕，形成了我国制造业的劳动力成本优势，又为我国制造业引入外来投资，推动了我国以劳动密集型为主的制造业的发展。但随着人口结构转变过程的不断推进，人口老龄化程度持续加深，加之全面二孩政策开始实施，我国人口抚养比将大幅上升，劳动力呈缩减趋势。根据美国波士顿咨询集团 2015 年发布的报告 *The Shifting Economics of Global Manufacturing* 可知，我国制造业相较于美国的成本优势已大幅下降，人口红利优势与廉价劳动力或将不复存在。[①]

（2）资源。我国长期以来的粗放型经济增长方式，导致我国传统制造业依靠增加生产要素量的投入来推动其发展。2000~2015 年，我国工业能源消费总量由 103773.85 万吨标准煤增加至 292275.96 万吨标准煤，制造业作为工业的主体，依靠闲置土地、低廉甚至免费的自然资源夺取了全球低端产品市场。当前，我国制造业发展所需的资源能源发生了深刻变化，如资源相对匮乏、环境承载能力较低等。伴随各类生产要素价格上涨及国际市场环境的变化，我国制造业长期赖以生存的"低成本优势"正逐渐消失，效益明显下滑，传统制造业的粗放式增长模式难以为继，在传统比较优势减弱、新的竞争优势尚未系统形成的背景下，自然资源将不能持续稳健地推动我国新型制造业的发展。

（3）资金。在知识经济时代，关键技术的不断创新是提升制造业核心竞争力的有效途径，研发资金投入则是技术创新的重点，是发展新型制造业不可或缺的一部分。我国制造业正在向高新技术产业发展，技术与知识密集是高新技术产业最突出的特点，制造业企业只有获得足够的研发资金投入才能推动研发活动的正常进行，推动技术的不断进步，从而促进制造业的发展。但我国正处于转变经济发展方式的关键时期，在全球新一轮技术革命的影响下，我国制造业企业研发资金重复配置和浪费的现象严重，在技术创新过程中的"孤岛现象"极其普遍，难以形成创新合力；且投入大量资金的研发，科技成果转化率较低，产学研用脱节，科技研发对产业的支撑不足。

3. 发展现状

改革开放 40 多年来，我国经济保持了年均 9% 以上的持续高速增长，支撑经济高增长

---

① 资料来源：中国经济网（http://intl.ce.cn/specials/zxgjzh/201410/21/t20141021_3746085.shtml）。

的传统动力主要是消费、投资、出口。但随着经济发展进入新常态，资源环境约束越来越强，劳动力成本优势逐渐减弱，部分传统产业产能过剩问题凸显，传统动能的增速减弱，同时新产业的增速尚未提上来，我国经济出现动能"青黄不接"的结构性问题。具体体现在三个方面：一是劳动年龄人口和经济活动人口均逐渐进入负增长；二是人力资本改善速度放缓，资本报酬递减；三是劳动力转移带来的资源重新配置效率逐渐消失。

(1) 从国际经验看，经济增长并不总是一帆风顺。综观全球，经济增长总是伴随着周期性波动。包括英国、美国在内的少数国家，早期已经完成工业化和现代化，经济保持了长期持续增长，但也时刻面临周期性波动。大多数经济体的增长过程是曲折缓慢的，在部分时期内实现了快速增长，但随后相继失去发展动力，长期徘徊于中低收入水平。还有少数经济体成功实现了经济追赶，但也经历了增速回落过程，如日本"失去的 20 年"、韩国 1997 年金融危机等。有研究表明，后发经济体普遍会遇到发展阶段转换问题，而在这样一个关键阶段，能否实现新旧动能顺利接续，是不同经济体能够进入高收入社会还是落入中等收入陷阱的关键所在。

(2) 从供给角度看，我国已实现了从供不应求到供求基本平衡和供略大于求的阶段转换，扩大普通产能已不是主要增长动能所在。改革开放初期，我国的生产能力(特别是轻工业领域)薄弱，工业品总体上处于供不应求的状态。许多生活必需品，如粮食、布、电视机、自行车等均需要靠发行各类票证进行供应控制。在当时背景下，任何能够增加生产能力的因素，如通过农村改革释放出多余劳动力、引进国外资金投资办厂等均为重要的增长动能。伴随改革开放后的快速发展，我国生产能力得到极大提高。到 21 世纪初，我国轻工业领域需求基本得到了满足；到 2010 年前后，我国重化工领域需求也基本得到满足，不少行业仍面临较严重的产能过剩问题，当前生产能力已不再是制约经济增长的主要因素。

(3) 从需求角度看，改革开放以来我国经济增长动能出现了几次重要转换，当前正处于一个新的转换期①。一是改革开放后至 21 世纪初，我国总体处于脱贫和解决温饱阶段，拉动经济增长的主要动能是城乡居民的"吃、穿、用"需求，主要以包括食品加工、纺织服装、耐用消费品等内在的农业和轻工业为支柱产业。1978～1999 年，我国食用油、家用电冰箱和家用洗衣机的年均增长率分别为 6.9%、33.5%和 64.3%。二是从 21 世纪初至 2011 年前后，我国绝大多数城乡居民已基本满足了基本生活需求，开始走向以"住、行"为主的消费升级阶段。在"住"方面，主要指农村地区从最初的土坯草房向砖瓦房及楼房升级和城镇住房市场发展两部分，其中我国城镇商品房销售面积由 1999 年的 1.46 亿 m^2 增长至 2011 年的 10.94 亿 m^2。所谓"行"，同期汽车产量从 207.00 万辆增长至 2901.81 万辆。在该阶段，我国住房、交通和城镇化的发展进一步衍生出了对钢铁、有色金属、建材等重化工产品的需求。三是 2012 年以后，传统的"吃、穿、住、行"消费需求得到了基本满足，我国进入了新一轮需求升级转换阶段。例如，从住房需求看，2013 年我国商品房销售面积达到 13.06 亿 m^2，2014 年和 2015 年有所下降，2016 年有所回升，2017 年达到 16.94 亿 m^2。从汽车销售量看，2012～2015 年年均增长仅 7.3%，较上阶段差距较大，

---

① 数据来源：本小节数据来源于国家统计局官方网站。

2017 年我国汽车销量达到 2887.89 万辆。这些数据特征表明，我国消费升级进入新阶段，传统"吃、穿、住、行"需求增长放缓，对发展带动作用显著减弱(赵昌文等，2016)。

3.2.2 新动能

1. 内涵与特征

关于促进经济增长的"新动能"，最初体现在政府的相关经济政策上。面对我国自然资源、劳动人口等传统要素发挥的作用减弱，资源环境承载压力不断增大等问题，政府提出要加快新动能成长和传统动能改造提升，为经济增长提供新的动力。李克强总理在 2015 年政府工作报告中指出，打造大众创业、万众创新和增加公共产品、公共服务"双引擎"。2016 年 2 月 3 日，国家发展改革委主任徐绍史解释了新动能的四个方面：一是全面深化改革有效释放了市场主体活力；二是大众创业、万众创新有效激发了社会的创造活力；三是新产业、新模式、新业态正在孕育成为新的经济动能；四是对外开放有效拓展了经济发展空间。蔡昉(2016)认为，新常态下经济增长的新动能是以创新提高全要素生产率。2015 年 10 月国家统计局信息景气中心副主任潘建成提出，城镇化、产业结构升级、东部产业向中西部转移等结构变动会推动经济增长，全面深化改革带来的一系列制度变革会推动经济增长，技术创新也会推动经济增长，这些就是经济增长的新动能。李燕(2018)认为，为更好培育新动能，需从六大重点方向发力：一是推动技术创新和成果产业化；二是促进制造与服务深融合；三是制造业智能化、绿色化、服务化发展；四是积极推动产业组织创新和管理变革；五是大力发展数字经济，重塑传统经济形态；六是改善营商环境。李伟(2018)认为，推进新动能转换，关键是要依靠技术进步和创新，深化改革扩大开放是促进新旧动能转换的根本路径。

学术界对新动能内涵的探讨，多涉及供给侧结构改革、技术创新、内需等因素。新动能是内生增长要素和外部环境要素的结合，主要是指技术创新，"互联网+产业"形成的新产业、新业态、新模式，制度与结构改革等具有时代特征的能够推动经济增长的要素及新引擎。新动能与传统动能是相对的概念，并非对"传统动能""旧动能""原生动能"的挤压。

2. 维度解构

1) 技术创新

关于技术创新，我国学术界大多采用约瑟夫·熊彼特(1990)的概念，即技术创新通常是指企业应用创新的知识和新技术、新工艺，采用新的生产方式和经营管理模式，提高产品质量，开发生产新的产品，提供新的服务，占据市场并实现市场价值的一种活动或过程。其过程主要涉及技术创新资源投入→创新技术成果产出→社会经济效益转化等环节(付强和马玉成，2011)，这些环节受企业内外部资源等多种因素的影响(表 3-2)。

表 3-2　影响技术创新的主要因素

序号	影响因素	因素解读	主要研究学者
1	企业家因素	包括管理者文化程度及信用、对技术创新的重视程度、首席执行官权力大小、有技术背景的高管数量、海归高管数量等	宝贡敏等(2006)；朱陈松等(2010)；乔朋华和鞠晓峰(2015)等
2	创新转化效率	包括 R&D 经费及人员投入、专利数量、新产品数量、新产品占销售总额比重、新产品开发速度、企业制度、内部职能部门的协调性等	池仁勇(2003)；陈晓红等(2008a, 2008b)；曹勇等(2010)；姜波(2010)；张优智和党兴华(2014)等
3	金融及政策法律环境	包括以金融市场/银行中介为主的金融结构，知识产权保护等	孙伍琴(2004)；盛辉(2007)；吴岩(2013)等
4	技术性贸易壁垒	包括技术标准、技术法规、质量认证制度、绿色壁垒等	黄倪丽和王晓红(2006)；毕克新等(2007)；许德友和梁琦(2010)；梁涛(2013)等
5	其他因素	包括全球价值链治理模式、网络关系嵌入、知识获取效率、生态性创新网络等	熊宇(2011)；赖磊(2012)；王克岭等(2013)；刘昌年等(2015)；马昌芸和何红光(2015)；黄丽馨(2016)等

资料来源：根据文献整理。

(1)企业家因素。例如，宝贡敏等(2006)指出，企业家对技术创新战略的重视程度是中小企业技术创新战略成功实施的主要决定因素；朱陈松等(2010)从社会资本视角出发，认为中小企业管理者的品质信用、能力信用、资本与环境信用对企业技术创新有积极的促进作用；乔朋华和鞠晓峰(2015)重点研究了首席执行官的声望权力、所有权权力、结构权力和专家权力对中小企业技术创新的影响作用等。

(2)创新转化效率。以新产品或改进产品衡量的创新转化效率已成为衡量中小企业技术创新水平的重要指标之一，且二者呈正相关性(陈晓红等，2008a)。关于创新转化效率，国内学者更多从"投入-产出"视角对其进行深入研究，主要以 R&D 经费投入、人员投入、专利数量、新产品数量及其占销售总额比重等因素衡量创新转化效率(曹勇等，2010；姜波，2010；张优智和党兴华，2014)；池仁勇(2003)则重点强调了创新转化效率主要取决于企业制度、内部职能部门的沟通配合、创新方式的选择等企业内部因素，政府对企业技术创新的作用仅为改善宏观市场环境、整顿市场竞争秩序等，政府的补贴与税收减免并非企业技术创新的真正动力。

(3)金融及政策法律环境。例如，有学者从金融功能出发，分析了不同金融结构——以金融市场为主的金融结构与以银行中介为主的金融结构对技术创新的影响(孙伍琴，2004)；有些学者指出，加强知识产权保护对不同技术结构的行业的技术创新会产生不同影响(贺贵才和于永达，2011)等。

(4)技术性贸易壁垒(technical barriers to trade，TBT)。自我国加入世贸组织后，部分学者就 TBT 对中小企业技术创新的影响进行了相关研究。例如，黄倪丽和王晓红(2006)指出，"技术标准和技术法规对中小企业技术创新既有利，也有弊，包装和标签壁垒对中小企业技术创新提出了更高的要求"；毕克新等(2007)认为，"技术标准作为 TBT 的核心内容，对我国中小企业出口贸易和技术创新活动的影响程度更加突出"；梁涛(2013)认为，"尽管 TBT 增加了中小企业短期出口贸易成本，但其涵盖了大量先进技术信息，且不断调整、变化，催生了新的市场需求，这为中小企业明确了技术创新方向、规范了技术创新过程"。

(5) 其他因素。例如,刘昌年等(2015)认为,"全球价值链治理模式影响了中小企业技术创新能力的形成与提升,领导型/层级制、模块型/关系型等不同治理模式对全球价值链治理者的技术知识转移意愿、被治理者的技术知识学习积极性与技术知识转移效率的影响作用存在差异";马晓芸和何红光(2015)以浙江省科技型中小企业为调查对象,实证分析了网络关系嵌入及知识获取因素与中小企业技术创新绩效呈显著正相关关系;黄丽馨(2016)指出,生态性创新网络能有效优化企业内部创新氛围、改善企业外部科研与政策环境、弥补创新资源,提升中小企业的创新能力。

2) 以"互联网+"为代表的信息化发展与变革

《国务院关于积极推进"互联网+"行动的指导意见》中指出,"互联网+"是把互联网的创新成果与经济社会各领域深度融合,推动技术进步、效率提升和组织变革,提升实体经济创新力和生产力,形成更广泛的以互联网为基础设施和创新要素的经济社会发展新形态。在全球新一轮科技革命和产业变革中,互联网与各领域的融合发展具有广阔前景和无限潜力,已成为不可阻挡的时代潮流,正对各国经济社会发展产生着战略性和全局性的影响。积极发挥我国互联网已经形成的比较优势,把握机遇,增强信心,加快推进"互联网+"发展,有利于重塑创新体系、激发创新活力、培育新兴业态和创新公共服务模式,对打造大众创业、万众创新和增加公共产品、公共服务"双引擎",主动适应和引领经济发展新常态,形成经济发展新动能,实现中国经济提质增效升级具有重要意义。

我国在互联网技术、应用、产业以及跨界融合等方面已取得积极进展,已具备将"互联网+"推向纵深发展的坚实基础,但也存在互联网企业对传统产业理解不够深入、传统企业运用互联网的意识和能力不足、某些相关体制对新业态的制约、跨界融合型人才严重匮乏等问题亟待解决。

"互联网+"通过移动互联网、云计算、大数据等现代信息技术,为产业的发展提供新产品、新技术与新业态。"互联网+产业"作为一种生产要素优化配置模式,对制造业的生产与管理方式、商业模式、价值链等有巨大影响,能够有效提升制造业企业的创新性与生产力。"互联网+产业"形成的新产业、新业态、新模式,其能效主要表现为效率提高、跨界合作、供需匹配。其中,资源平台减少重复投资,提升资源利用效率;技术平台构建技术创新协同网络,提升技术研发水平;管理平台培育企业生态圈,促进同一生态圈不同行业之间的企业战略联盟发展;信息平台使得制造企业可以便捷地获取消费者需求信息,增强对市场需求的反应能力。

3) 制度与结构改革

传统经济增长模型在强调资本、人口、技术等要素的同时,将制度作为外生变量,未充分认识到制度对经济发展与产业增长的作用。自 20 世纪 80 年代起,道格拉斯·诺斯用制度经济学的方法深入探讨了西方世界经济增长的原因,重新论证了包括产权制度在内的制度与经济发展的相互作用,将制度作为内生变量运用到经济研究中,极大发展了制度变迁理论。国内学者也从不同视角对其进行了研究。例如,张杰等(2009)指出,出口对中国本土制造业企业全要素生产率的促进效应可通过外部制度环境改进等因素获得；李国璋和刘津汝(2011)检验了产权制度和对外开放政策对全要素生产率的影响；丁宁等(2014)实证研究了制度因素在流通创新对制造业效率外溢效应中的作用，强调政府要进一步深化制度改革，加强流通领域政府法律规制体系的建设，提升制造业效率等。可以看出，制度与结构改革是推动制造业内生增长与可持续发展的关键要素之一。

制度因素是影响本土制造业企业自主创新的重要因素之一(康志勇和张杰，2010)，制度与结构改革为技术创新提供了良好的制度环境，需构建与新技术、新产业、新模式、新业态相容的体制机制。制度与结构改革需要重构市场与政府之间的关系，从模仿追赶的后发治理模式转换为前沿创新的先发治理模式，实现政府从引领者向支撑者的转变。一方面减少政府对市场的行政干涉，改革金融市场和生产要素市场；另一方面完善产权保护制度和强化产品标准，提升制造业企业的创新积极性和产品品质。

3. 发展现状

近年来，我国经济进入转型发展新阶段，推动经济高速增长的传统动力出现一定衰减，新生动力加快孕育成长，新旧动力正处在转变之中。主要表现在：一是需求动力由投资出口带动逐步向消费带动转变；二是供给动力由要素规模扩张带动向质量提升带动转变；三是产业动力由工业带动向服务业带动转变；四是区域动力由东部带动向协同发展转变。

根据近几年国家统计局等部门发布的经济年报资料可知，从新产业发展来看，我国知识技术密集、成长潜力大、综合效益好的新兴产业发展明显快于传统产业；以网购、快递、移动支付等为代表的新业态快速增长；在电子信息、生物医药、智能制造、节能环保、新能源、新材料等高新技术的推动下，相关产业正成为新的经济增长点。2016 年，国务院总理李克强在 2016 夏季达沃斯论坛和第十一届亚欧首脑会议上分别提到"新动能呈快速增长态势""发展新动能加快积蓄"。由此可知，我国"新动能"成长情况可视为"发育很快"。

但新动能成长过程中仍存在以下问题：一是部分新兴产业增速过快，必须警惕由此可能产生的新的产能过剩问题。例如，2017 年我国新能源汽车产量 69 万辆，较 2016 年增长 51.2%，无论是当年产量还是累计产量，均排世界前列。二是新动能发展势头快，但在规模上还难以与传统动能等量齐观。以工业数据为例，2017 年高技术制造业增加值增长13.4%，占规模以上工业增加值的比重为 12.7%，产业结构仍需持续优化[①]。

3.3　新动能系统形成过程

动能系统由传统动能与新动能组合而成，但二者发展现状存在差异。①传统动能能效不断减弱。例如，人口红利逐渐消失、劳动力总量进入负增长且其素质尚待提高；资本报酬递减，尽管资本对经济增长的贡献率一直维持在 3.7%左右，但大规模投资带来的产能

---

① 数据来源：《中华人民共和国 2017 年国民经济和社会发展统计公报》。

过剩和环境问题使得边际报酬持续下降。②新动能快速成长。一是高新技术发展迅猛，如智能制造、电子信息、节能环保、新能源、生物医药等；二是新产品、新模式、新业态不断涌现，如电子商务、移动互联网、共享经济等。当前，我国经济新常态重在提质增效，新动能与传统动能之间的转换已成必然趋势，但新动能能效释放尚不平稳，部分新兴产业增速偏快，或将引发新的产能过剩问题，规模上还难以与传统动能等量齐观（梁敏，2016）。为此，需通过加快新动能成长和传统动能改造提升，形成与强化新的全要素动能系统——"新动能系统"，这将有助于我国制造业改变主要依赖于传统要素投入的粗放式增长方式，更好地实现内生增长。

3.3.1 新动能成长

新动能成长主要取决于三个维度：技术创新、以"互联网+"为代表的信息化发展与变革、制度与结构改革，它们构成一个三维空间，相互影响、相互作用，释放出更大能效。但由于结构变动、改革、创新等要素的高度复杂性以及不完全可控性，三个维度无法保持同步、均衡地增长，更多呈现脉冲式的推升。通过稳定能效、补充短板的培育方式，使得新动能从一种"不均衡"的状态逐渐成长为"均衡"状态，释放出最大能效（图3-2）。

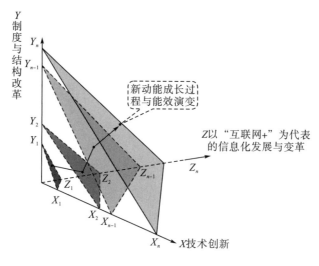

图 3-2　新动能成长维度图

3.3.2 传统动能改造提升

传统动能改造提升需运用现代技术，推动生产、管理和营销模式变革，实现资源的整合与创新，提升劳动人口、资金、自然资源等单一要素释放的能效。重点可从以下三个方面发力，即从产业间部门相互关联角度重塑产业链、从企业上下游及企业内部生产流程角度整合供应链、以企业产需互动及价值增值为导向创新价值链，使之焕发新的生机与活力。同时，传统动能的改造提升又有利于制造业重塑产业链、整合供应链、创新价值链。具体如图 3-3 所示。

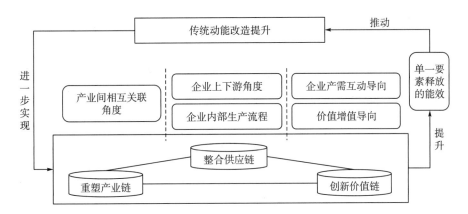

图 3-3　传统动能改造提升路径

1. 重塑产业链

制造业产业链是指从最初原材料到生产的成品进入资本市场的整个过程,涉及众多企业、产业及地区。作为一个利益共同体,制造业产业链需要集成的业务众多,其集成过程具有产业链上下游、产业链跨链以及产业链间超链协同等特点(潘华等,2013)。因此,可从产业间相互关联的角度出发,从"点—线—面—体"四个层次重塑制造业产业链,实现其有序运作与增值,推动我国制造业发展。即以企业为单元,建立"点"上"微循环",通过提升核心技术与关键技术,缩短产品研发生产周期,推出高附加值的新产品。以行业为单元,连接"线"上"小循环",通过政策、资金、技术等多方面的扶持,延长产业链条,大力培育接续产业。以地区(城市)为单元,形成"面"上"中循环",通过发挥区位、技术等优势,加速产业的整合与集聚,进一步带动上下游产业协同发展,促进区域均衡发展。以国家为单元,构建"体"上"大循环",通过嵌入全球产业链,在全球范围内实现专业化分工和资源最佳配置,提升我国制造业国际竞争力。具体如图 3-4 所示。

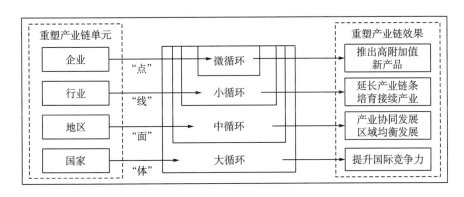

图 3-4　重塑产业链结构图

2. 整合供应链

整合供应链是经济新常态下制造业发展的必然趋势，能有效提升原材料利用效率。一是要从企业内部生产管理流程视角出发，以市场的实际需求为导向，利用信息技术，优化产品生命周期的运作与管理，实现业务与信息的集成和共享，缩短对市场的响应周期，满足顾客需求；二是从企业外部供需网络视角出发，利用大数据、物联网等技术，将制造商、供应商、分销商、零售商和用户等链接，构筑成一个极具竞争力的合作伙伴共赢关系，打造相对稳固的协同联盟。具体如图 3-5 所示。

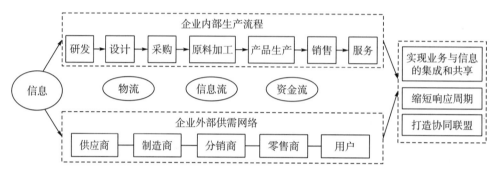

图 3-5   整合供应链结构图

3. 创新价值链

引导制造业企业以产需互动和价值增值为导向，从决策层、管理层、执行层三方面创新价值链。一是决策层要更好地完成战略制定、制度设计、品牌塑造、企业文化创新等多项顶层设计活动，其更多体现了企业发展的方向性与资源配置，强调增值性。二是管理层主要负责企业基础设施建设、人力资源管理、财务会计管理等内部支撑活动，侧重于企业的效率性与费用控制。三是执行层负责研发设计、物料采购、生产制造、市场营销、配送、服务等一系列主要活动。其中，研发设计、生产制造和市场营销间的协调与衔接是决定企业竞争优势的关键因素，是价值链中最主要的三项活动(邹昭晞，2006)。制造业企业应加强核心部件以及关键环节的研发设计与制造，努力提升自身的技术创新能力，对产品的质量进行严格把关，提高产品档次，缓解低端产品过剩问题；加快从产品的供应商转化延伸为服务的提供商，建立企业的特色品牌，提高企业的服务水平，将服务水平作为企业的第一竞争力，从而为顾客提供更为优质的个性化服务以及整体解决方案，实现企业价值链创新，保证企业的持续经营与发展。具体如图 3-6 所示。

总之，新动能与传统动能的转换是辩证统一的，推动新动能的发展能够提供大量的就业岗位，扩大有效需求，推动地方经济增长，以应对当前的发展挑战，为传统产业增效升级和人员分流创造有利的条件；改造提升传统动能，能够推动资源要素的流动，激活沉淀的要素资源，也可为新动能的发展与成长腾出空间。此外，新动能成长与传统动能改造提升过程具有长期性与渐进性，不可一蹴而就。

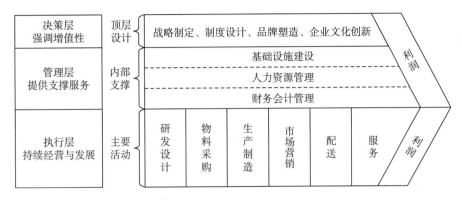

图 3-6　创新价值链结构图

3.4　新动能成长与绿色制造体系构建的有机契合

随着我国人口红利降低、结构性产能过剩、资源环境承载压力不断增大, 传统动能明显减弱, 我国制造业需通过加快新动能成长, 形成与强化新的全要素动能系统来推动制造业 "新型化"。推动我国制造业 "新型化" 的新动能运行机制是动能系统中各个新动能之间的内在联系与相互制衡的机理。新动能在推动我国制造业向 "新型化" 转换的过程中, 是技术创新、以 "互联网+" 为代表的信息化发展与变革、制度与结构创新等要素相互联系、相互影响、相互作用的总和。

3.4.1　技术创新的作用机理

在技术革命与我国加快转变经济发展方式的背景下, 科技创新在我国制造业 "新型化" 进程中的中坚力量作用愈加突出, 形成以科技创新为主导力量的新型发展模式, 使得我国制造业从 "资源型" 向 "智能型" 转变, 这样就能强有力地发挥科技创新对拉动发展新型制造业的乘数效应。当前, 以科技创新为主攻方向是改造提升传统制造业的重要途径, 对于技术的改造也不应束缚在更新设备的角度, 而应系统地将技术创新、增效降耗与产业转型升级融合在一起, 搭建共性技术分享平台, 从而形成功能多样化的趋势 (吕薇等, 2013)。

制造业与新技术、新能源、新材料交融, 将促进制造业产生新模式、新业态, 进而重新定义制造业。基于互联网、物联网、云计算、大数据等新一代信息技术的发展, 供应链上的各个环节已不再相互孤立, 依托智能化的网络平台, 使各环节之间产生联动效应。该技术的发展极大地改变了制造业的主流生产方式。大批量流水线生产将成为过去, 个性化定制式的生产将成为主流。智能生产方式也将逐渐代替重复简单的一般技能劳动, 未来制造业的主要发展方向是智能工厂。网络众包、异地协同设计、大规模个性化定制等技术将推动产业价值链的重心发生转移, 从生产端转向研发设计、营销服务等方向, 最终驱使产业形态发生改变, 服务型制造逐渐替代生产型制造。制造业企业可以通过新一代信息技术建立绿色供应链，使企业内部节能降耗，通过科技创新打造高新绿色技术，增强绿色精益制造能力，降低能耗、物耗水平，促进资源高效循环利用，最终实现清洁生产。当前，我国需要通过加快培育自主科技创新能力推动制造业产业链改造升级，大力发展智能制造、绿色制造、服务制造，打造新型制造业的重要"引擎"。

3.4.2 以"互联网+"为代表的信息化发展与变革的作用机理

"互联网+"作为一种新动能，通过将互联网发展带来的智能网络与工业革命成果相互融合，更有效地将传统制造业组织起来，有助于制造业去产能、调结构。"互联网+"并非一个单独的、封闭的行业，而是一种工具，通过运用该工具可构建出数字化、网络化、智能化的内部制造流程平台，实现制造业企业在各个工作场所中设备与人员之间的实时对接以及生产过程中各个设备与数据信息之间的互联互通，提高制造过程的柔性，为更加智能化的设计与操作、更高质量的服务以及为管理者优化决策提供了信息技术支持。此外，"互联网+"的应用也能够从制造业企业内部向外部延伸，通过快速传递各种数据和信息，促进全产业链中关键要素的集成与融合，推动从垂直集成转向扁平协同，使得企业组织趋于模块化、扁平化，进一步推动我国制造业企业组织关系的变革。

利用"互联网+"、大数据等信息化手段，将终端消费者与前端生产者之间的联系变得更加扁平化，柔性、定制化生产成为主流，以客户为中心的经营管理模式逐渐替代了传统以产定销的模式，制造方式趋于专业化，能在一定程度上去除多余库存、降低无效产能，减少资源浪费。且信息化的变革使各方信息、资源、资金与人才不受地理区域的限制，能在各个环节快速流动，高效整合信息流、物流、资金流，全面创新制造资源配置方式。例如，传统制造业引入"互联网+"，催生了制造业的生产、销售、服务的新模式，智能制造、网络营销、定制服务正成为新的生产经营观念与实践方式。

3.4.3 制度与结构改革的作用机理

伴随新一轮全球产业变革，我国制造业结构性矛盾日益突出，粗放型发展模式无法持续为我国制造业发展提供动力，调整结构，深化各领域机制、体制改革成为发展新型制造业的动力源泉，也成为我国由制造大国转变为制造强国的驱动力量。改革政府治理方式能够促进制造业技术创新与进步，有力推进制造业转型升级，引领制造业企业在节能减排、绿色生产、提质增效等方面积极履行其承担的社会责任，推动产业结构优化升级以实现产业治理体系现代化。原始创新能力不足、政产学研用未充分结合、科技成果产业化程度低等因素严重制约了我国西部制造业的发展，改革完善政产学研用协同创新与创新管理机制是提升制造业创新能力的新动能和金钥匙，其能有效破除束缚创新的桎梏，进而激发制造业企业的创造潜力；改革完善技术转移与产业化体系，能有效将科技和金融相互结合，促进科技成果资本化、产业化。推进碳排放权、排污权、水权交易等制度的改革，建立排污指标有偿使用和交易制度，推动环境保护费改革为环境保护税，有助于促进节能减排、资源节约和环境保护，提高污染治理效率。同时，国际金融危机促使全球产业格局加速调整，倒逼我国西部制造业进行产业组织结构的改革，化解过剩产能，消化多余库存，促进制造业企业降本增效。多措并举改革完善体制机制与结构调整，"加减乘除"同时进行，引导传统制造业探寻新的生机，在淘汰落后产能的基础上，积极培育以智能、绿色、服务为主要特征的新增长点，西部制造业才能拥有一个高质量、可持续的发展前景。

3.5　小　　结

绿色制造体系不是单一的某个元素或人类的经济活动，而是与资源、能源系统相互影响和相互作用，这决定了绿色制造体系是一个复杂的系统，既受到外界环境因素的制约，又具有很强的主观能动性。绿色制造体系的有效运行，不仅取决于企业所具备的技术条件和管理水平、国家的宏观政策及发展战略以及地区间的经济基础和资源，而且取决于系统内部要素之间的结构关系与协调程度。因此，绿色制造体系的构建和发展需要动力系统来驱动。本章通过对国内外动能与动能系统相关理论与文献的梳理，明晰了动能系统的内涵与特征，剖析了动能系统发展的基本情况及存在的问题；从新动能成长与传统动能改造提升两个维度出发，探索与明确了新动能系统的形成过程；进一步探索了新动能成长与绿色制造体系的有机契合，并分析了三大动能的作用机理。

第 4 章　西部地区与绿色制造：新区情下绿色制造体系构建的战略思路

我国西部地区的绿色制造体系构建是一个庞大的系统工程，不仅需要新动能系统的持续推动，也需要科学完善的理论依据支撑，还需要政府、制造企业、社会团体等的共同协作，并且涉及政策、技术、企业管理理念以及社会监管等诸多方面。本章从西部地区的区情出发，具体阐述西部地区的地理位置与地理结构、资源特色与分布、环境现状、产业布局，总结绿色制造体系构建的理论依据和困境，提出绿色制造体系模型构建的主要思路及具体内容。

4.1　西部地区区情

我国西部地区包括四川、重庆、贵州、青海、宁夏、新疆、广西、云南、西藏、陕西、甘肃、内蒙古 12 个省(区、市)，面积约占全国的 71%。近年来西部地区经济快速发展，GDP 增速持续领跑全国，战略地位不断提升。2017 年我国全部工业增加值为 279997 亿元，比上年增长 6.4%，其中制造业增长 7.2%。西部工业增加值同比增长 7.5%，增速比 2015 年回落 0.5 个百分点，仍领先于其他地区。

4.1.1　西部地区的地理位置与地理结构

我国西部地区的界定不单是自然地理学中区域划分的概念，其是涵盖了经济地理、文化、生态、政策与社会等多方面内容的新概念。

(1)经济地理性概念诠释。1985 年，我国学术界借鉴西方经济学的"梯度推移理论"，系统性地分析中国的经济区划问题。1986 年，国务院在制定"七五"计划时，把我国区域划分为东、中、西三大经济带，界定了西部经济带，包括云南、贵州、四川、宁夏、青海、陕西、甘肃、西藏、新疆 9 个省(区)。

(2)文化性概念诠释。从少数民族人口集聚性来讲，西部地区属于多民族综合性文化区，与东部、中部地区不同，其包含全国少数民族人口的 80%以上。从工业文明前的传统文明的角度看，西部地区可以算是农耕文明和游牧文明的综合体。

(3)生态、地缘和社会性概念诠释。西部地区包括 12 个省(区、市)和 3 个自治州，绝大部分地区已成为公认的生态遭到严重破坏的地区；其陆地边境线长达 2.1 万 km，与 13 个国家接壤，且有 30 多个民族与国外同一民族毗邻而居，民族地区的发展已成为国家安定、社会稳定的重要基础；根据第七次全国人口普查数据，西部地区少数民族人口超过8000 万人，占全国少数民族人口的 60%以上，具有不同的文化底蕴、风俗习惯和宗教信仰，有异常明显的社会性特点。

（4）政策性概念诠释。2000 年 10 月，国务院发布的《国务院关于实施西部大开发若干政策措施的通知》中明确指出：西部开发的政策适用范围包括重庆市、四川省、贵州省、云南省、西藏自治区、陕西省、甘肃省、宁夏回族自治区、青海省、新疆维吾尔自治区、内蒙古自治区、广西壮族自治区。而在具体实施过程中，又将湖南省湘西土家族苗族自治州、湖北省恩施土家族苗族自治州和吉林省延边朝鲜族自治州纳入西部范围。

不同学者对西部地区有着不同的诠释，本书研究对象的所属区域是国家在西部大开发过程中所规定的范围，即四川省、贵州省、云南省、陕西省、甘肃省、重庆市、青海省、新疆维吾尔自治区、西藏自治区、宁夏回族自治区、内蒙古自治区、广西壮族自治区 12 个省（区、市）。

西部地区土地广袤，在资源要素方面具有优势。劳动力资源方面，截至 2018 年底，西部的总人口约为 3.79 亿人，其中大多数劳动力在过去十几年输出到东部沿海一带，主要为技术工人。例如，据《黔东南州第七次全国人口普查公报》，黔东南州地区总人口约376 万人，而流出务工人员近 100 万人。其所从事的行业多样化，部分与西部产业发展方向相符。这些成熟的劳动力可以为西部发展提供一定的人力资源支撑，其从东部发达地区带回来的技术也能有效助力西部地区发展，是东西部地区产业发展协同、配套的连接纽带。土地资源方面，截至 2018 年底，西部地区总面积约为 678.1589 万 km^2，占全国总面积的70.6%。但事实上西部地区还未利用的土地面积大，土地资源利用率和土地生产力低，西部地区土地资源的利用率和生产率有待提高。

4.1.2　西部地区的资源特色及分布

我国幅员广阔，各地区间资源禀赋差异大。东部发达地区在先前几十年的高速发展中，土地、劳动力等要素资源变得越来越少，而西部地区目前有着一定的资源优势。西部地区的资源优势主要体现在丰富的自然资源、低廉的劳动力和特色的农牧产品等方面。

西部地区矿产资源、能源、森林、草原等自然资源相当丰富。我国有色金属、稀有金属、稀土金属、煤炭、天然气、石棉、磷、钾盐等资源的主要储存地都在西部。西部地区也是石油、煤炭等化石能源的战略储备地。据勘探，我国有 60%的矿产资源储量在西部地区。西部地区的资源分布情况见表 4-1。西部地区多个省份属我国能源大省，所储备能源量极为可观。2019 年的统计数据显示，全国 28.67%的石油储量、67.00%的煤炭储量以及81.19%的天然气储量分布在西部地区。应当积极利用西部地区这一显著的资源优势，具体可通过资源储备吸引大型企业进驻，企业带来高新技术与资金支持用于开发矿产资源，提高利用率。此外，尝试由单纯的原料开采基地转型为资源深加工基地，扩张产品体系，增加产品附加值，实现更为多样化的发展。

表 4-1 西部地区资源分布

资源	品种	西部拥有量及分布情况
主要能源	石油	占全国的28.67%，其中新疆、陕西分别占全国总量的15%、7%
	天然气	占全国的81.19%，可开采储量占全国的66%，主要分布在陕西、新疆、四川，分别占全国总量的23%、21%、18%
	煤炭	探明储量占全国的67%，可开采储量占全国的50.61%，内蒙古、陕西、贵州、新疆分别占全国总量的25%、8%、5%、4%
	水资源	长江、黄河、珠江、澜沧江等江河均发源于西部，这些江河上游水能资源占全国总量的85%以上，可开发装机容量占全国总量的82%
主要黑色金属	铁矿石	占全国的29.18%，其中四川、内蒙古分别占全国总量的14%、6%
	锰矿石	占全国的62.94%，其中西藏、贵州分别占全国总量的35%、11%
	铬矿石	云南、内蒙古、甘肃分别占全国总量的39%、27%、22%
	钒、钛	钒占全国总量的75.54%，四川、广西分别占全国总量的57%、12%，钛占全国总量的97.75%，四川储量占全国总量的97.54%
有色金属	铜矿	占全国的39.29%，云南、西藏、内蒙古分别占全国总量的9%、8%、8%
	铅矿	占全国的66.86%，云南、内蒙古分别占全国总量的22%、19%
	锌矿	占全国的77.05%，云南、内蒙古分别占全国总量的34%、16%
	铝土矿	占全国的54.64%，贵州、广西分别占全国总量的28%、18%
	硫铁矿	占全国的40.54%，四川约占全国总量的22%
非金属矿产	磷矿	占全国的52.11%，贵州、四川分别占全国总量的21%、20%
	高岭土	占全国的29.89%，广西约占全国总量的28.39%

资料来源：根据文献整理(数据截至 2020 年 12 月)。

由于自然条件的多样性，西部地区的特色农牧产品种类多，资源丰富，这是西部地区相对我国其他地区的优势之一。同时，西部地区良好的轻工业基础有利于东部地区部分轻工业向内陆转移。从需求方考虑，西部地区也需要扩大发展范围，在当前既有的产业上发展，主动完成与东部地区和中部地区的产业转移对接，改善现有产业分配比重，助力产业结构优化。

4.1.3 西部地区的环境现状

我国西部地区土地资源丰富，约占我国陆地面积的71%，与此同时其生态环境也具有特殊性。西部地区按生态状况大致可分为西北干旱区、青藏高原区和西南湿润区三大区域。西北干旱区包括新疆、内蒙古、甘肃、宁夏和陕北区域，占全国陆地面积的30%左右。其地理区位特殊，生态环境较独特，降水量少、蒸发量大、昼夜温差大，也是我国几大沙漠所在区。青藏高原区包括青海、西藏及四川西部等区域，占全国陆地面积的25%左右。青藏高原是世界上海拔最高的高原，有平均海拔高、空气稀薄、风力强劲、气温低等特点，其植被多为高山植被。值得一提的是，青藏高原不仅是长江和黄河的发源地，也是我国最为重要的固体淡水库。西南湿润区包括陕西秦岭以南、四川、重庆、云南、贵州、广西等地区，这些地区雨水充足，气候湿热，是我国生物多样性丰富的地区。总的来说，西北干旱区和青藏高原区生态承载力较为脆弱，抗干扰能力和自然恢复能力相对较弱。相应地，其经济、产业环境也受气候条件制约，难以得到快速发展。总而言之，西部地区具有丰富的生态资源，是我国最重要的生态载体，包括了我国的大部分森林、草原、湿地和湖泊。但由于其地质条件特殊，水土流失严重，自然环境极其恶劣，同时因受沙尘暴影响，生态环境较为脆弱。因此，保护西部地区生态环境意义重大，不仅关系着西部地区的生态安全和经济可持续发展，还将辐射影响到东部地区乃至全国。

根据邱鹏（2009）的研究，对于西部资源的开发可能会导致当地环境遭受污染，甚至引发多种地质灾害，带来严重的负外部效应。在西部地区，环境承载力尚有余地的只有四川、内蒙古、西藏、青海、陕西、云南，而其他省（区、市），如重庆、新疆、贵州、宁夏、广西、甘肃的生态环境承载力都已经超负荷，在无法实现产业快速发展的同时还背负着严重的环境超载。目前，西部地区的资源承载能力正在逐步弱化，慢慢向极端靠近。因此，未来西部地区在产业转移和工业化加速进程中，应将资源环境承载力放到首要考虑位置。

西部制造业发展仍未摆脱高投入、高消耗、高排放的粗放模式，是消耗资源能源和产生排放的主要领域，资源能源的制约问题日益突出。西部制造业中一些主要涉及能源及资源初加工的行业，如火电、金属冶炼、矿产品初级加工和其他资源性企业等，给环境带来了严重的损耗。类似的资源性企业集中地，其工业产值远低于全国平均水平，但工业废气排放量、工业固体废物产生量、工业烟（粉）尘排放总量均远高于全国平均水平。对统计资料的进一步分析得出，2011～2015 年东、中、西、东北四个区域工业"三废"排放（产生）量如图 4-1～图 4-3 所示。

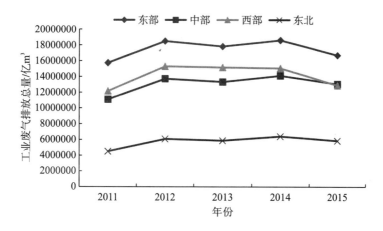

图 4-1 2011～2015 年四大区域工业废气排放总量

资料来源：根据 2012～2016 年《中国环境统计年鉴》整理。

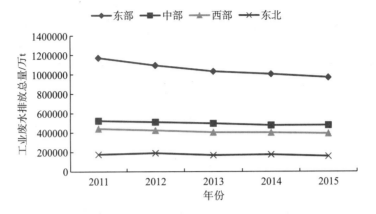

图 4-2　2011～2015 年四大区域工业废水排放总量

资料来源：根据 2012～2016 年《中国环境统计年鉴》整理。

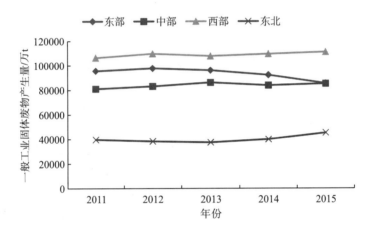

图 4-3　2011～2015 年四大区域一般工业固体废物产生量

资料来源：根据 2012～2016 年《中国环境统计年鉴》整理。

　　图 4-1～图 4-3 分别为 2011～2015 年我国东、中、西、东北四大区域的工业废气、废水、固体废物的排放（产生）总量及趋势。可以看出东部地区工业废气及废水的排放量远高于西部地区，这主要是东部地区工业企业数量多导致的，将工业体量与"三废"排放量结合起来考虑，西部地区除了废水排放量处于较低水平外，废气、固体废物排放（产生）量都处于高位。特别是固体废物排放量，即使在工业企业数量远低于东部的情况下，其排放量仍处于第一。

　　从污染水平指标变化趋势看，在东部地区，"三废"排放量呈现出稳定下降的趋势，而中部地区的"三废"排放量呈波动式下降。但西部地区以及东北地区除工业废气指标在 2014 年出现明显下降趋势外，固体废物和废水排放量略有波动上升的趋势。

　　无论是从四大区域"三废"排放量的绝对值看，还是从排放趋势看，西部地区与东部发达地区都存在较大差异，属于高污染、高排放的区域。这对西部地区构建绿色制造体系提出了更迫切更具体的要求。

　　本书进一步分析了我国四大区域的污染物排放情况。从图 4-4～图 4-6 可以看出，2016～2019 年我国四大区域工业废气和废水的排放总量继续保持下降的趋势，特别是西部地区工业废气的排放量有明显的下降。但西部地区一般工业固体废物产生量有明显的上升趋势。近几年的工业"三废"情况依然反映出西部地区环境状况不容乐观，需要继续加快、加强西部地区绿色制造体系的构建进程。

　　2011～2015 年，西部地区各省（区、市）"三废"排放量的区域间差异逐渐拉大。关于工业废气排放，2011～2015 年内蒙古、新疆、陕西等地排放量较其他省（区、市）明显偏高，虽然 2014 年有明显下降趋势，但仍高于其他省（区、市）。内蒙古的排放量仍居首位，四川省的排放量也在 2013 年首超贵州，位列第四。而在 2014 年西部地区工业废气排放量整体呈下降趋势的背景下，青海省仍出现稳定上涨的趋势（图 4-7）。

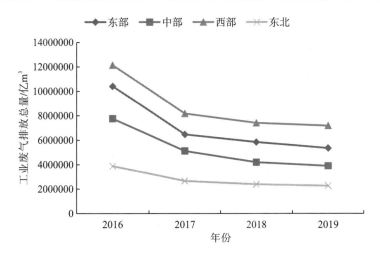

图 4-4　2016～2019 年四大区域工业废气排放总量

资料来源：根据 2017～2020 年《中国环境统计年鉴》整理。

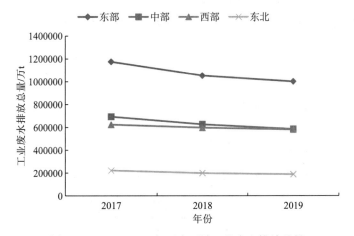

图 4-5　2017～2019 年四大区域工业废水排放总量

资料来源：根据 2018～2020 年《中国环境统计年鉴》整理。

注：2017 年统计年鉴未单独统计工业废水排放量。

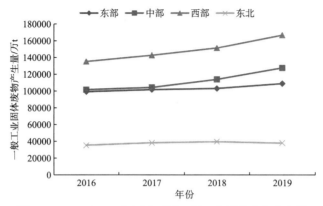

图 4-6　2016～2019 年四大区域一般工业固体废物产生量

资料来源：根据 2017～2020 年《中国环境统计年鉴》整理。

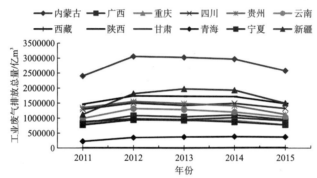

图 4-7　2011～2015 年西部各省份工业废气排放总量

资料来源：根据 2012～2016 年《中国环境统计年鉴》整理。

关于工业废水排放，2011～2015 年广西的废水排放量总体明显下降，而四川省呈现 U 形上升趋势，并在 2015 年首超广西，位列西部第一，且广西、四川两省份工业废水排放量远远高于其他省份。除贵州有波动上升趋势以外，其余省份处于稳定状态(图 4-8)。

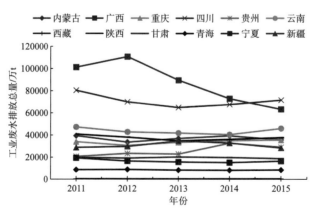

图 4-8　2011～2015 年西部各省份工业废水排放总量

资料来源：根据 2012～2016 年《中国环境统计年鉴》整理。

关于一般工业固体废物，2011～2015 年内蒙古、青海、陕西的产生量增长趋势明显。内蒙古不仅工业废气排放量居首位，一般工业固体废物产生量也位居第一，且明显高于其他省份。因为云南、四川两省固体废物产生量明显下降，在 2015 年，被青海省反超，青海成为西部固体废物产生量的第二大省。其余省份基本保持稳定(图 4-9)。

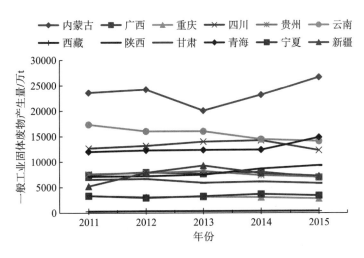

图 4-9　2011～2015 年西部各省份一般工业固体废物产生量

资料来源：根据 2012～2016 年《中国环境统计年鉴》整理。

本书也进一步分析了西部地区各省份的"三废"排放情况，以明晰近年来西部地区的区情。从图 4-10 可以看出，西部各省份的工业废气排放总量仍然呈现下降的趋势，总体趋势与 2011～2015 年差距不大。其中，值得注意的是，在 2016～2019 年，西藏的工业废气排放量呈现微涨的趋势，内蒙古 2016～2018 年的工业废气排放量有明显下降，但是在 2019 年出现了一定的反弹。

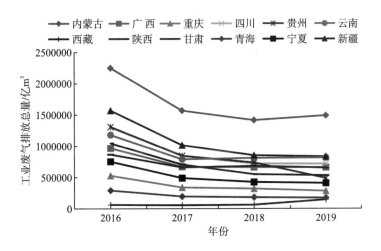

图 4-10　2016～2019 年西部各省份工业废气排放总量

资料来源：根据 2017～2020 年《中国环境统计年鉴》整理。

从图 4-11 可以看出，2017～2019 年我国西部地区各省份工业废水的排放总量变化趋势基本平稳。四川工业废水排放量从 2015 年首超广西后，一直位列西部第一，且与广西的差距拉大后保持平稳。

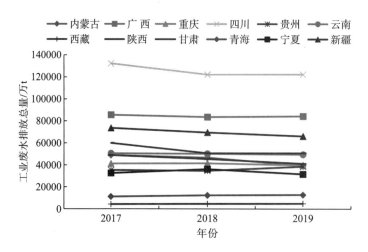

图 4-11　2017～2019 年西部各省份工业废水排放总量

资料来源：根据 2018～2020 年《中国环境统计年鉴》整理。

注：2017 年统计年鉴未单独统计工业废水排放量。

从图 4-12 可以看出，2016～2019 年西部地区各省份的一般工业固体废物产生量与2011～2015 年的一般工业固体废物产生量相比呈现出上升趋势，内蒙古不仅工业废气排放量居首位，一般工业固体废物产生量也位居第一，且明显多于其他省份。因为云南、四川两省固体废物产生量呈现出明显上升的趋势，因此在 2016 年，超过青海，成为西部固体废物产生量的第二大省份及第三大省份。其余省份基本保持稳定。

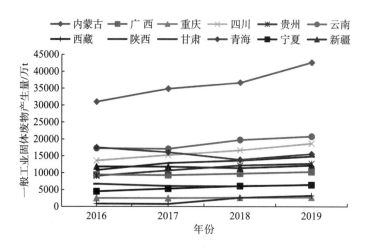

图 4-12　2016～2019 年西部各省份一般工业固体废物产生量

资料来源：根据 2017～2020 年《中国环境统计年鉴》整理。

4.1.4　西部地区产业结构与分布现状

我国西部地区目前正在工业化和城镇化的转型道路上探索，需要更多的产业发展为其提供支撑，对于东部地区和中部地区的转移产业有了更大的需求。目前，西部地区产业转移承接速度逐年加快，进一步促进了西部地区经济的发展和产业结构优化升级。

从全国层面看，西部制造业中金属和非金属、运输业、烟草加工、医药制造、石油加工、食品饮料和农副食品加工这些细分行业均显示出了极强的集聚优势。而近十年来，西部地区饮料制造、石油加工和食品制造业的集聚优势增强更为显著。

从西部地区制造业的整体分布看，四川省制造业发展较为领先；广西、重庆、陕西和内蒙古制造业发展则属于第二梯队；云南、甘肃、新疆稍低于平均水平；贵州、宁夏、青海等省（区）由于一些客观因素的制约导致其制造业发展相对落后。

从西部地区各制造业的地理集中度来看，化学纤维和通信设备行业的集中度均超过了80%，呈现出明显的行业集聚现象；而一些行业，如仪器设备、交通运输、烟草制造与食品加工的地理集中度超过70%，呈现出较高的地理集中度；造纸、饮料制造、专用设备、石油加工、与非金属等的地理集中度在60%左右，处于较低的发展水平，仍有较大的产业拓展空间；电气设备、医药制造、化学原料与金属制造的地理集中度至今不足60%，是最低的。从近几年的行业集中度变化程度看，通信设备、食品制造、化学纤维与金属加工等行业的地理集中度增速明显，地理集聚效应仍在增加。

从西部各制造业的集聚程度看（表 4-2），四川集聚效应最为明显，9 个产业有集聚优势，宁夏、内蒙古、陕西和新疆等地都有一定程度的产业集聚效应，按照地理优势和资源优势，因地制宜地依据产业适应性发展，最大限度地发挥集聚效应。

表 4-2　西部地区各省份集聚优势产业表

省份	集聚优势产业
四川	通信设备、金属和非金属、化学纤维、医药制造、化学原料、造纸、纺织业、饮料制造、农副食品加工
宁夏	仪电仪表、有色金属、非金属、化学原料、石油加工、造纸、纺织业、食品制造
广西	交通运输、仪器设备、造纸、农副食品加工、黑色金属、非金属制造
云南	金属制品、医药制造、化学原料、烟草制造
重庆	仪电仪表、电气设备、交通运输、通用设备、金属制品、造纸
内蒙古	有色金属、黑色金属、化学原料、纺织业、食品制造、农副食品加工
青海	有色金属、黑色金属、非金属、化学原料
甘肃	电气设备、有色金属、黑色金属、石油加工
陕西	仪电仪表、电气设备、交通设备、专用设备、通用设备、医药制造、石油加工
新疆	电气设备、黑色金属、化学纤维、化学原料、石油加工、纺织业、食品制造
贵州	黑色金属、非金属、医药制造、化学原料、烟草制造、饮料制造

资料来源：根据文献整理。

4.2　西部绿色制造体系构建理论依据

本节以循环经济为基础，考虑生态承载力，结合产业生态学，从产业协同、产业融合、产业关联等方面出发，系统梳理相关文献资料，为西部绿色制造体系的构建提供坚实的理论基础。

4.2.1　生态承载力

(1)概念及内涵。Park(1921)首先在有关人类生态学的杂志中提出了承载力的概念。他认为，承载力是指在某一种特定的环境条件下，即由特定的生存空间、营养物质、阳光等生态因子组合形成的环境条件下，某种生物个体所存在可能数量的最高极限。这个承载力的概念仅仅强调了承载力是一种特定条件下的最大极限容纳量，并没有考虑支撑容纳量的主体。Holling 和 Chambers(1973)界定了生态承载力的含义，提出生态承载力是作为主体的生态系统在外部干扰情况下维持原有生态结构和功能的能力。高吉喜(2002)认为生态承载力主要包括两层含义，一层是指生态系统的支持能力，即生态自我调节能力、生态自我维持能力以及生态环境与资源子系统的供容能力；另一层是指生态承载力的压力，即生态系统内社会经济子系统的发展能力。生态系统中，生态承载力是一个最重要的固有功能，它能够使生态系统抵抗外来的干扰和破坏，也能促进生态系统向多层次化发展。在景观、区域、地区以及生物圈等不同层次的生态系统中，生态承载力表现为不同的能力水平，这种能力水平在保持相对稳定的同时，会随外界条件的改变而缓慢地变化。因此，生态承载力具有客观存在性、层次差异性以及动态变化性。

(2)生态承载力的测度方法。生态承载力测度的方法主要有概念模型法、生态足迹法、灰色系统分析法、系统动力学法、指标体系法等。概念模型是对物理和社会系统及其环境某些方面抽象描述的形式化产品。概念模型法以资源为基础，强调从承载力理论的基本原理出发，只具备定量化的思想，作指导作用，较难验证具体的实例。其中以"人口-经济-资源模型"最具代表性。生态足迹是指具有持续性提供资源或消纳废物的能力，以及具有生物生产力的地域空间，即能够维持一个人、地区、国家生存所需要的资源，或能容纳其排放的废物，且具有生物生产力的地域面积。通过比较生态足迹需求和自然生态系统承载力(也称生态足迹供给)，可对某一国家或地区的可持续发展状态进行定量判断，进而对未来发展提出科学性的规划和建议。生态足迹模型是由加拿大学者 Wackernagel(1992)提出的一种依据人类社会对土地的连续依赖性，定量测度区域可持续发展状态的新理论和方法，其最大的不足是缺乏预测性和动态性。学者们在后来的研究中增加了时间序列来计算生态足迹。邓聚龙(1987)创建的灰色系统分析法，主要包括灰色关联分析法(根据因素之间发展趋势的相似或相异程度来衡量因素间的关联程度)、灰色系统建模理论、灰色决策(借用模糊数学、运筹学以及系统工程学中的一些高等数学模型来进行系统分辨决策的方法)、预测与规划方法等，但因其具有的不确定性较大，多应用于水资源的研究。系统动力学法由 Forrester(1970)创立，是根据社会经济系统中各变量之间的反馈结构来研究系统整体行为。该理论认为系统结构决定了系统行为，且系统的结构是动态反锁结构，可以通过控制论进行分析。系统动力学法主要用于研究信息反馈系统。通过对指标体系的调整，以及通过系统动力学模型模拟预测不同的发展模式，来对生态承载力进行研究，得出最佳发展模式。指标体系法应用较广，可以和模糊综合评价法、向量模法、单要素加权法、层次分析法等方法结合使用。高吉喜(2002)提出，资源承载力、生态弹性力和环境承载力决定了生态承载力所具有的支持能力。

4.2.2　循环经济

"循环经济"一词最早诞生于 20 世纪 60 年代的美国，30 年后才逐渐传到中国。学者们从多个角度对其进行界定，包括广义和狭义角度、资源综合利用角度、环境保护角度等。但在我国最为多数人所接受的是国家发展改革委提出的：循环经济是一种以资源的高效利用和循环利用为核心，以"减量化、再利用、资源化"为原则，以低消耗、低排放、高效率为基本特征，符合可持续发展理念的经济增长模式，是对"大量生产、大量消费、大量废弃"的传统增长模式的根本变革。该定义明确了循环经济的核心、原则、特征，同时针对中国资源相对短缺又大量消耗的主要问题，指出循环经济是符合我国可持续发展理念的经济增长模式，具有一定的现实意义。

循环经济是由生态经济发展而来。1996 年美国经济学家肯尼思·鲍尔丁在《一门科学——生态经济学》中界定了生态经济，同时提出了生态经济协调发展理论。表明了生态系统和经济系统之间的主要矛盾，是固定的资源供给与增长的经济需求之间的矛盾。解决这一矛盾，将在极大程度上推动现代文明进步，因此必须要走一条生态经济发展道路，使生态系统与经济系统互相协调、互相适应、互相促进。在此基础上，生态经济就是以经济与生态协调发展为指导思想，将经济发展与生态环境保护和建设有机结合，通过物质能量层级利用，将自然环境、社会进步、经济发展统筹规划。生态经济需要重视生态资本的投入效益，最终要实现生态与经济的有机统一和协调发展。

国外对循环经济的研究主要集中在三个层面。一是企业层面，主要侧重于研究在企业内部贯彻低消耗、高利用和低排放思想，推行清洁生产和资源循环利用，以美国杜邦化学公司为典型代表。二是区域层面，主要侧重于研究在企业之间推行的循环经济，通过废弃物交换在区域层面上建立生态产业链。代表性的理论有 Ehrenfeld 和 Gertler(1997)提出的产业共生理论。两位学者对丹麦卡伦堡工业园区进行了研究，该园区内拥有多家企业相互合作，被公认为典型的"产业生态系统"，通过研究，他们认为可以通过企业间互相利用废物，建立起循环产业共生系统，减少污染物的排放。三是社会层面，主要侧重于人类购买和消费后的废物流通和排放，如德国的包装物双元回收系统(Duals Dystem Deutschland，DSD)和日本的循环型社会体系。日本东京大学 1996 年提出的逆生产理论很具代表性。这一理论以产品在环境中能得到处理为前提，进行产品的设计及开发，从根本上解决废物循环利用问题，打破了传统环保对策上存在的局限性。

我国学术界对循环经济的研究主要集中在理论研究、循环经济评价指标(体系)的研究、循环经济在不同产业的具体实施和循环经济的制度建设等方面。解振华(2004)认为循环经济就是将环境作为一种资源要素来促进经济的发展，从而推动环境保护，而不是利用生态规律来指导经济。徐嵩龄(2004)认为过去的环境发展模式和生态战略不能从根本上治理中国的环境污染问题，不能同时获得生态效益和经济效益，需要进一步转变环境战略。冯之浚(2006)否认了循环经济是浅生态论的观点，提出循环经济是一种深生态论，他认为循环经济不仅要考虑技术进步这一因素，还必须考虑管理理念和文化制度，更加注重观念的转变、技术的创新和生产消费的变革。诸大建(2005)从循环经济的定义、发展模式和路径选择等方面进行了研究。李慧明等(2009)主要探索了我国现实情况下循环经济的发展路径问题。明庆忠和陈英(2009)从循环经济角度分析了旅游产业生态化过程。徐滨士(2014)研究了在循环经济发展要求下，我国再制造产业的发展策略。国家发展和改革委员会(2013)构建了侧重于资源产出、资源消耗、资源综合利用、废物排放四大维度的循环经济评价指标体系。

4.2.3　产业生态学

20世纪80年代，费罗施(Frosch)通过模拟生物新陈代谢和生态系统的循环，展开了工业代谢的研究，从此衍生了产业生态学。Gallopoulos(2006)等从生态系统角度明确了"产业生态学"以及"产业生态系统"的概念。学术界对产业生态学的概念及内涵的界定达20多种，主要从以下几个方面表述。1991年，美国国家科学院与贝尔实验室共同组织了产业生态学论坛，在论坛上各国学者全面探讨了产业生态学的研究范围、概念、内容、方法及应用发展前景。产业生态学是基于跨学科研究的一门科学，包括对产业活动的剖析及其产品与环境之间相互关系的研究。Kumar和Saxena(1992)从学科研究角度将产业生态学定义为一门研究产业生态化技术和方法实现的学科。Graedel和Allenby(2000)从系统思想重要性角度，提出产业生态学的核心是系统思想，并提出产业生态系统循环的三个主要阶段。Ehrenfeld(2000)等从可持续发展角度，提出产业生态学是实现可持续发展的一大重要手段。国内对于产业生态学的概念界定译自国外，杨建新和王如松(1998)对产业经济学进行了回顾与展望，并进行了理论探讨。仲平等(2003)对产业生态学进行了详细评述。

国内对产业生态学的内容和方法也进行了研究。郑东晖等(2004)主要从生态工业方面进行研究，并较多集中于生态工业园区规划。杨建新和王如松(1998)对生命周期评价进行评述。刘晶茹等(2007)运用综合生命周期分析方法对可持续消费进行分析。明庆忠等(2008)进行了旅游产业生态学研究。袁增伟和毕军(2007)分析了生态产业共生网络形成机理，并阐述了物质流分析方法。

随着学术理论研究的加深，生态产业园实践方面也取得了重大突破。始建于20世纪70年代的丹麦凯隆堡(Kalundborg)生态产业园是世界上第一个生态产业园；德国莱比锡(Leipzig)价值产业园是单一企业主导成功的生态产业园；美国布朗斯维尔(Brownsville)生态产业园是世界上第一个虚拟型生态产业园；加拿大伯恩赛德(Burnside)生态产业园是加拿大目前最大的生态产业园。总体来说，国外关于产业生态学的研究更加看重案例分析和规划实践，理论研究和应用研究并行分析。国内学术界关于生态产业园的研究方面，郑东晖等(2004)对不同地区的生态工业园区规划进行了研究；王震和王如松(2003)构建了日照生态产业园的设想；武春友和吴荻(2009)研究了生态型产业集群的运作模式；孔令丞等(2010)基于产业共生视角，研究了循环经济区域合作模式；陈林等(2008，2012)研究了产业生态园的相关政策支持，并且总结了我国的生态产业园建设实践，截至 2012 年末，国家级经济技术开发区共有 153 个，国家级高新技术开发区共有 105 个。

4.2.4 产业协同

产业协同的提出以哈肯的协同学理论为基础。协同学理论主要研究在一个远离平衡状态的开放系统中，发生外界物质或能量交换时，如何通过内部协同自发地实现空间、时间以及功能上的有序。协同学理论基于大量现代科学的最新成果，如系统论、信息论、控制论、突变论等，汲取结构耗散理论的大量思想，采用统计学和动力学相结合的方法，对不同领域进行分析，提出多维相空间理论，建立与之对应的一整套数学模型和处理方案，得出从微观到宏观的过渡中，各种系统和现象中从无序向有序转变的共同规律。哈肯在协同学理论中对临界点附近的行为进行了描述，详细解释了序参量概念以及慢变量支配原则，他提出事物的演化受控于序参量，最终达到有序结构的程度也取决于序参量。而产业协同实质上是产业内两个或两个以上成员间的协议关系，目的是保证某个目标的实现或某种程度的收益，通过信息共享，减少库存、降低成本、提高绩效。产业协同涉及产业集群、产业集聚、产业联盟等不同形式。Tsai 和 Wang(2009)的研究认为企业和竞争对手的合作、供应商和客户的合作、大学和科研院所的合作，能够在一定程度上促进社会的协同创新。杨耀武和张仁开(2009)认为协同创新是不同创新主体有机结合各自的创新要素的过程，通过将产业、技术、创新三者结合，最终打造出一个一体化的创新生态系统。唐丽艳等(2009)通过对科技型中小企业的研究，提出了科技中介与科技型中小企业间协同创新的一种网络模型。陈莞等(2007)基于元胞自动机(cellular automata，CA)扩展模型模拟不同关键控制参量变化对产业集群规模演化的影响；王静华(2012)提出产业集群在内部动力推动下沿着外部价值链向附加值高的环节攀升的路径。黄永春等(2012)提出了全球价值链(global value chain，GVC)下长三角出口导向型产业集群的升级路径。张宏娟和范如国(2014)认为低碳发展已成为全球各国的共识，传统产业集群的低碳化成为发展低碳经济必然的选择，也是当前国内外产业集群理论研究的科学前沿。潘文卿和刘庆(2012)分析了中国制造业产业集聚与地区经济增长的关系，发现中国地区制造业的产业集聚对经济增长具有显著的正向促进作用。

4.2.5 产业融合

Christensen 和 Rosenbloom(1997)将产业融合定义为"为了适应产业增长而发生的产业边界的收缩或消失"。植草益(2001)认为产业融合有利于产业结构优化升级。周振华(2003)提出产业融合是产业发展及经济增长的新动力。柳旭波(2006)指出产业融合对传统的产业结构理论提出了新的挑战。陈柳钦(2007)分析了产业融合的动因及其效应。唐昭霞和朱家德（2008）从微观层面对为什么产业融合能推动结构升级进行了解释。蔡艺和张春霞（2010）针对福建省的产业结构转型，从产业融合的角度提出了升级建议。吴义杰（2010）针对信息产业，分析了其中的产业融合过程及影响。喻学东和苗建军（2010）通过模仿经济学和应用技术经济理论方法，深入分析了产业升级中技术融合的作用机理。刘晶茹等（2011）提出虚拟生态产业园的概念，生态产业园的核心是产业共生网络。王征（2014）提出产业融合是信息化时代下的产业新范式。吴福象和朱蕾（2011）通过调查研究北京和上海的六大支柱产业数据，明确了产业融合在产业结构升级中的提升作用。单元媛和罗威（2013）对产业融合对产业结构优化升级的效应进行了实证研究，认为高新技术与传统产业的融合发展推动了产业变革，成为产业发展的新动力。

产业融合可分为三类，即产业交叉、产业渗透和产业重组。产业交叉即通过功能延伸与互补实现的产业融合，常见于高科技产业；产业渗透即在产业边界发生的融合，常见于传统产业与高科技产业之间；产业重组常常是某一大类产业内部子产业之间发生的融合。

4.2.6 产业关联

产业关联理论产生于17世纪古典经济学时期。早期学者们（如古典经济学家威廉·配第等）提出了一系列基础观念，如将生产活动看作循环流以及提出社会剩余论等观点。在此基础上，1758年，法国重农学派创始人魁奈在《经济表》中，从经济剩余的形成角度，开创性地用图示的办法描述了生产循环流中的再生产过程全貌。《经济表》得到了马克思的高度评价，其中详细阐释了"租地农场主""不生产阶级""土地所有者"之间的五次流通过程，最终全部生产产品售卖完成得以实现，货币流入出发点，第二年进行下一轮再生产。"生产是循环流与经济剩余"的理念在之后也得到了亚当·斯密和大卫·李嘉图的肯定，马克思在此基础上，批判吸收了古典经济学的部分思想，创立了著名的剩余价值学说，形成了社会再生产理论。

1936年里昂惕夫发表了美国产业关联表，标志着可进行现实计量分析的产业关联模型诞生。Conway和Nicoletti（2006）通过对经合组织（Organization for Economic Cooperation and Development，OECD）成员国的市场管制与制造业发展进行分析，研究了上游产品所受的市场管制对下游制造业的生产率有何影响；Francois和Woerz（2008）通过对1994~2004年OECD成员国商品和服务贸易的面板数据进行统计，分析了制造业中服务在商品出口中所占的比重，另外还分析了服务业开放程度对制造业出口水平的影响；Barone和Cingano（2011）的研究发现，服务业受管制的程度与使用服务的制造业的生产率成反比，即服务业管制程度越低，下游密集使用服务的制造业的生产率、出口增长率越高；Bas和Causa（2013）以中国为研究对象，基于上下游产业关联视角，探讨了上游行业的管制对下游制造业生产率的影响。

国内的研究主要关注特定产业的关联带动作用、产业间关联效应分析、基于区域及国家的研究以及产业关联与相关因素的关系等方面。从特定产业对产业经济关联带动作用的角度，魏悦和董元树（2010）分析了信息产业对国民经济的影响，认为信息产业的关联效应在不断增强但产业功能还比较弱；施卫东和朱俊彦（2010）分析了我国知识密集型服务业产业关联；崔峰和包娟（2010）分析了浙江省旅游产业关联与产业波及效应；吴三忙（2012）研究了我国旅游业产业关联与产业波及效应。从两个产业之间的关联效应分析角度，刘书瀚等（2010）以 1997 年、2002 年和 2007 年中国投入产出表数据为基础，运用投入产出分析法，对我国生产性服务业和制造业进行产业关联分析，研究发现其关联效应处于较低水平；李敏和张圣忠（2010）对陕西制造业与物流业的产业关联进行了分析；江曼琦和席强敏（2014）研究发现一些投入产出强度低附加值产业因产业关联不能产生强的聚集经济利益而呈现空间分散的状况。从区域或国家角度，吴福象和朱蓉（2010）、付荣和文娟（2014）等对中国东、中、西三大地区的产业关联进行了测度，研究表明我国东部地区对中西部的溢出效应不强，中部地区没有发挥出区域经济的纽带作用；汤晓莉等（2010）用影响力系数、感应度系数和部门产出比重相叠加，构建波及能力指数和感应能力指数，并以此对河南省产业关联变化的趋势进行了分析；王茂军和杨雪军（2011）分析了四川省制造产业关联网络的结构特征；顾颖和陈馨（2012）研究了中国产业结构升级的产业关联效应；赵明亮（2015）通过分析产业关联指标发现，三次产业内各主要行业对国民经济发展的需求及带动作用存在明显差异。从产业关联与创新、技术、碳排放量等因素的关系研究的角度，陈媛媛和王海宁（2010）发现外资企业的进入会通过产业链之间的联系影响其上下游行业的排放强度；彭皓玥和赵国浩（2010）认为应充分利用资源产业间的关联性，推进技术创新下的产业联动，以实现低碳经济下资源可持续利用；孙江永和冼国明（2011）从产业关联和技术差距的角度考察了外商直接投资对中国纺织业的技术溢出效应；宋文（2014）研究发现外商直接投资（foreign direct investment，FDI）主要通过竞争效应、示范效应降低东道国上、下游行业的碳排放量。

4.3　西部绿色制造体系构建

4.3.1　西部绿色制造体系的战略定位和战略意义

1. 战略定位

西部绿色制造体系的构建需牢固树立创新、协调、绿色、开放、共享的新发展理念，以实现全产业链循环绿色发展为目的，以资源信息公开与透明监督体系为基础，以企业为建设主体，保障绿色制造体系的规范建设。美国的"工业互联网"、德国的"工业 4.0"、日本的机器人战略等为我国西部绿色制造体系的构建提供了可借鉴的经验。力求将西部绿色制造体系打造成我国的示范标杆、参与国际竞争的领军力量。

西部制造业企业要重新定位绿色市场，建立绿色制造体系框架。随着绿色化的发展，国际市场也慢慢走向低碳节能路线。要在残酷的市场竞争中占据一席之地，必须及时调整企业发展的方向，高效率的发展不能以牺牲资源和环境为代价，应该进一步推广绿色技术，打造绿色管理创新模式。在战略实施上，要求西部地区制造企业在产品的研发和设计、生产过程、销售和回收利用等所有环节,都要避免环境污染。从此企业间合作形成绿色产业链,共同助力西部制造体系的绿色发展。

2. 战略意义

制造业对环境造成的影响往往是巨大的、超越空间的,制造业未来的发展,必须将环境纳入产品生命周期的考虑之中,以此进行转型和升级,最大限度地减少对环境的污染,兼顾经济效益和生态效益,实现绿色制造。对于西部地区来说,构建绿色制造体系的意义重大,是进一步推动西部大开发的必然要求,是提高生产效率发挥综合效能的重要途径,是促进技术创新和丰富绿色成果转化的战略部署,是西部人才引进和经济发展的有力支撑。

4.3.2 西部绿色制造体系构建困境

破解资源环境约束,需要提高资源能源利用效率和减少污染物排放,尽可能减少制造业发展对生态环境产生的不利影响。但是受制于西部制造业发展水平,西部绿色制造体系的构建还面临不少困难。

(1)技术水平不高。我国西部制造业之所以没有摆脱粗放的发展模式,与西部技术水平不高存在必然联系,技术水平不高导致对制造体系绿色化发展支撑不足。近年来,西部科技创新能力不断增强,其中,不乏大量与绿色制造相关的技术。但值得注意的是,我国西部专利申请数量近年来虽然有所上升,但是含金量不高,在与制造过程密不可分的绿色工艺及节能环保技术装备等领域,严重缺乏核心技术。与东部发达地区的技术创新能力仍然存在一定差距,由此导致我国西部制造业发展过程中,要素投入依旧过高,而知识、技术等投入过低,即使付出较高的资源环境成本,产出也很难尽如人意(毛涛,2017)。

(2)产业结构失衡。目前西部的制造体系中,生产技术水平处在上升的阶段,但仍体现出产业不均衡、结构低端化明显等问题,现有的制造业附加值较低,多为初级加工产业,技术含量较低,具有明显的资源依赖性,表现出低技术水平、低劳动生产率、低专业化程度、依靠能源加工等特征,缺乏比较成本优势以及产业间的相互融合(程钦良等,2017)。

(3)绿色转型动力不足。目前我国经济发展已经进入新常态,经济下行压力增大,企业经营面临困难。从产品全生命周期看,企业若优化生产工艺,购置先进的节能、节水、污染处理设施,或者对产品进行绿色回收和再加工制造,势必会产生巨大的额外开支。在当前市场中,在绿色消费成为主流消费理念之前,消费者的关注重点仍是产品价格,而并不看重企业的环保投入,绿色产品很难获得竞争优势。基于商业利益,很多制造企业绿色转型意愿并不强。由于监管不严,"违法成本低、守法成本高"的问题突出,不少企业从环境违法行为中获利,而守法企业即使付出额外成本也难以获得竞争优势,这种"劣币驱逐良币"现象会造成生态环境的持续恶化。为激励节能环保行为,国家出台了绿色债券、绿色信贷以及税收减免等财税金融支持政策。但是这些激励措施的设计较为复杂,一些机构过于强调投资回报率及资金安全问题,广大的中小企业很难享受到政策红利。即使一些企业从中受益,也很难补偿其相关环保投入。由此导致多数企业只追求最低标准,不愿积极承担社会责任，从而造成企业绿色转型停滞不前。

4.3.3　西部绿色制造体系构建思路及内容

1. 西部绿色制造体系构建的总体思路

西部绿色制造体系构建要建设良好的政策环境，加强政府引导，加大财政政策支持力度，发挥试点带动作用，完善绿色制造服务平台，充分发挥平台的服务和支撑作用，推动市场化机制的形成，实现清洁、低碳、高效、循环的绿色制造体系。

1）加强技术创新

建设绿色制造体系，要从产品的设计、生产、流通、回收等全生命周期的各个环节进行把控，在每一环节中都要重视减少污染物的排放，包括对生产工艺的控制以及节能环保设备的研发。在生产工艺方面，企业应重点设计研发高效智能的清洁技术，进一步开发生产低能耗、低污染、无害化、易回收的产品。在节能环保技术方面，提高各环节对节能环保的重视，发挥其在绿色转型中强大的支撑作用。在技术研发方面，要重点关注节能、节水、污染处理、再制造等方面的先进技术。在管理方面，加强保障机制建设，一方面，应提高知识产权保护意识，对知识产权拥有者进行全面完善的权益保障，对侵犯知识产权的行为加大打击力度，完善科技创新考评机制，调动科研人员的创新积极性；另一方面，企业通过并购获取国外先进技术的同时，应着力提高自身的创新能力和技术水平，对于具有重大影响力的技术应进行长期可持续的研发，切忌急功近利的研发心态，提高自身的研发创新能力。

2）优化产业结构

为减少资源无效消耗和污染物排放，确保制造业健康持续发展，优化产业结构是重要的一环，同时也要积极推动新兴产业的发展。对于化解产能过剩问题，应针对问题突出的行业(如钢铁行业、电解铝行业)，"消化一批、转移一批、整合一批、淘汰一批"，利用兼并重组等方式逐步解决；对于已经存在产能过剩问题的行业(如光伏行业)，应对其进行一定的引导，尽量避免低端同质化竞争问题。对于传统产业的转型升级，应重点针对能源资源消耗严重、污染排放量大的行业进行改造，如钢铁、有色金属、化工、建材等重点行业，加紧推广行业内生产工艺的优化，以及先进节能环保技术的应用，全面提升传统制造业的绿色化水平。对于新兴产业的发展，应加大对技术含量高、附加值大、环境污染小的产业的重视程度，如新材料、生物医药等行业，同时要重点发展制造业转型所需的节能环保产业，降低先进节能设备的生产成本及市场价格，强化其在传统产业转型升级中的支撑作用。

3）强化引导规范

绿色制造工程的顺利开展，需要政府的相关引导和规范。首先，应从政策方面，要求企业公开资源消耗与废物排放等方面的信息，完善各平台间的数据联网功能，做到全面高效审核与实时监测；其次，应加大执法力度，加大对环境违法犯罪行为的处罚，违法成本的增加，将有助于扭转"逆淘汰"现象，使环境守法成为常态；再次，应加大对绿色环保行为的支持力度，通过大幅度的税收减免、财政贴息等方式，对企业在环保方面的投入进行补贴；最后，应从需求侧出发，在积极宣传绿色消费理念的同时，完善绿色采购、绿色消费等方面的激励性措施，提高公众对绿色生产与消费的认可度，从而扩大绿色产品的市场空间。

2. 西部绿色制造体系构建的主要内容

构建西部绿色制造体系，需要将环境、清洁、节能、资源及新产品的开发结合起来统筹考虑，指导企业按照生态学规律切实落实环境治理，倡导发展循环经济、积极推行清洁生产、贯彻落实节能减排，从而提升西部制造企业的绿色竞争力，推动绿色制造体系模型的构建与应用。

(1)落实环境治理。20世纪60~70年代，企业生产排放造成污染严重，为保护生态环境，企业不得不对污染物进行治理，付出了高昂的费用，引起了政府和企业的高度重视。在随后的生产发展中，企业将污染后的"末端处理"与生产环节中的"清洁生产"结合，并逐步将重心由前者过渡到后者，尽量减少生产环节中污染物的产生与排放量，再对最终的污染物进行处理，一方面减少了企业污染治理费用，另一方面保护了生态环境。

(2)发展循环经济。循环经济是一种生态经济，传统经济在资源流动线上呈现单向流动的规律，经历了从资源利用到产品生产再到污染物的排放的环节，而循环经济呈现出可持续发展的动态闭环，从资源利用到产品之后，要求产品能形成再生资源，强调避免废弃物的产生，从而实现经济活动与环境的和谐发展。传统经济具有高开采、低利用、高排放的特征，循环经济则具有低开采、高利用、低排放的特征，并遵循"减量化、再使用、再循环"的原则。

(3)推行清洁生产。清洁生产是构建绿色制造体系的一大重要手段，是指在生产中的每一环节，都应利用环境保护技术与策略，综合预防污染物的产生，从源头上减少甚至消除其对环境造成的威胁，同时满足生产需求，实现经济效益和生态效益的最大化。具体可以通过对生产工艺技术的改进、对绿色能源的广泛利用、对产业链的管理优化等措施，提高资源利用效率。

(4)落实节能减排。节能减排包括节约能源和减少排放两大部分。节约能源要求在技术可行、经济合理、环境可接受的基础上，通过技术开发和规范管理，在生产到消费到排放的各个环节中进行能源的合理利用，避免浪费。减少排放，要在节能技术基础上进行，避免一味追求减排效果造成更大的能源消耗，要在经济效益和生态效益之间实现均衡。

4.4 西部绿色制造体系模型设计

西部地区绿色制造体系模型设计是一个复杂的过程，其需要政府、制造企业、社会的共同努力，涉及政策、技术、企业管理理念以及社会监管等方面。设计过程不仅要考虑环境保护、资源节约，也要考虑促进企业自身发展，并推动西部地区经济效益的提升。因此模型设计需针对其构建困境，遵循构建思路，并准确把握新动能系统的特征与作用机理。

4.4.1　以技术创新为主导的模型

以技术创新为原动力的西部绿色制造体系模型是以新动能技术创新为主要推动力，通过绿色评价、绿色设计、清洁生产、绿色营销以及循环利用最终实现绿色制造体系。

1. 以技术创新为主导的西部绿色制造体系的模型特征

循环经济是一项综合了经济、技术和社会的系统工程，其以传统工业经济技术为基础，同时将微观层面的反馈机制与宏观层面的技术纳入考虑，统筹寻找最优解，这一工程表现出了"减量化、再使用、再循环、重组化"的特征，即 4R 原则。

（1）减量化（reduce）原则。是针对生产源头进行控制的一种预防机制，在达到产品生产需求的条件下，要求在单位产品生产的每一环节减少所使用的原料、能源，以及最终污染物的产生量。其侧重于源头控制而非末端治理，是循环经济中最先考虑的环节。

（2）再使用（reuse）原则。是一种生产过程中材料选取的方法，旨在不用或少用一次性材料和制品，使用非一次性的材料或制品，提高重复使用率是减少废弃物、节省资源、降低回收利用成本的有效途径之一。

（3）再循环（recycle）原则。是针对输出末端废弃物的重复利用，要求将废弃物重新转换成资源投入新一轮生产，以减少废弃物的产生。

（4）重组化（reorganize）原则。是针对整个产业体系的宏观调整方法，要求对产业结构以及技术系统进行重新组合，以达到资源消耗到资源再生的反馈与循环，实现循环经济。

2. 以技术创新为原动力的西部绿色制造体系多目标构建过程

以技术创新为原动力的西部绿色制造体系多目标构建过程，将经济增长作为中心目标，在此基础上实现经济绿色化、社会绿色化和自然绿色化。经济绿色化是指通过技术创新，达成经济系统各要素的可持续发展目标；社会绿色化是指通过技术创新，达成社会和谐、整体素质提高、社会发展与经济发展协调统一的目标；自然绿色化是指通过技术创新，达成污染减少、资源利用率提高、生态稳定、人与自然和谐相处的目标。与传统技术创新相比，以技术创新为原动力的绿色制造体系建设的多目标系统，更加具备多样性。

区别于传统技术创新，绿色制造体系中的技术创新，将技术与环境结合起来，以环境作为开端和终端，形成了资源的循环模式，统筹兼顾经济效益与生态效益，有效推动了西部绿色制造体系的构建。

3. 以技术创新为原动力的西部绿色制造体系模型构建

结合绿色制造体系的特征及内容，借鉴"为环境而设计—面向环境的制造—面向环境的营销"思想，构建如图 4-13 所示的以技术创新为原动力的西部绿色制造体系模型。

根据时间顺序，将构建过程划分为四个阶段：创新决策、研究与开发、清洁生产、市场实现。

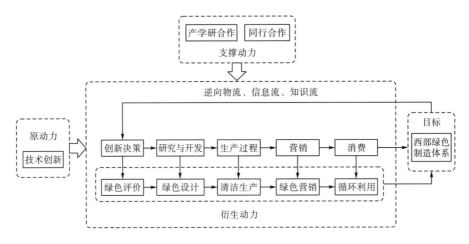

图 4-13 以技术创新为原动力的西部绿色制造体系模型

(1)创新决策。绿色技术创新对于企业和社会来说都是一项重要的经济活动。对于制造企业来说，环境问题日益严重使其不得不向绿色化方向发展，企业对绿色技术的研发与掌握，将关系到企业未来的存续发展与社会地位，进一步影响到企业的市场份额，绿色技术创新对制造企业来说尤为重要；对于社会来说，自然环境的恶化使得越来越多的人开始关注环境问题，绿色技术的创新将在极大程度上减少环境污染，缓解资源压力，改善自然环境。但绿色技术创新同时具有高投入、高风险特征，为了避免决策失误对企业造成的损失，企业应在绿色技术创新的每一环节都进行严谨、慎重、果断、正确的决策。这就要求企业认真对生产技术及生态环境进行评估，对创新过程进行严密把控，积极关注并适应政府的政策，实现经济与环境保护的综合效益最大化。

(2)研究与开发。该阶段是绿色制造体系构建的重要环节，绿色生态技术的创新与研发需要大量的人力、物力与财力，这就要求该阶段树立牢固的环境保护意识。由于生态技术的复杂性，该阶段对资金的需求较大，并呈现出大幅度阶段递增的特征：前期在技术设计过程中，较大程度上依靠人力，属于知识密集型的阶段，资金主要投入在研发人员的招聘、培训及鼓励上；进入后期技术设计落实阶段，则对资金需求较大，需要原材料及设备的购入与生产，属于资金密集型的阶段。

(3)清洁生产。这一阶段是指在已研发的绿色生态技术标准下，对生产过程中的每一环节进行严格把控。这一阶段要求重视生产活动与外部环境的交流，及时获取技术信息的更新、产品的各项参数要求以及外部环境对试制产品的反馈信息等。

(4)市场实现。指产品配套的绿色营销，保证产品与服务可以满足消费者需要，实现环境保护与企业经济效益的共赢。

以技术创新为主导的西部绿色制造体系构建过程突破了传统技术创新的线性模式，在经济效益、社会效益和生态效益三个方面实现了共赢。此外，西部绿色制造体系过程是一个开放的循环过程，在体系中的各个环节都不断地与外部环境进行物质流、信息流和知识流的交换，是多种合作方式的开放体系。

4.4.2　以"互联网+"为主导的模型

"互联网+"作为一种新的经济形态，给制造业的制造范式和运营方式带来了变化。随着新一代信息技术的发展，主要工业国家都把信息技术作为制造业转型升级发展的驱动力，发展智能制造成为提升制造业竞争力的必由之路。"互联网+"所带来的资源配置模式变革以及制造模式变革，会促进企业协同、产业融合、地域联动创新，最终形成绿色制造体系。

1. 以"互联网+"为主导的西部绿色制造体系的模式变革

1) 资源配置模式变革

随着科技高速发展，制造业的资源配置沿着"劳动密集—设备密集—信息密集—知识密集"的方向发展，"互联网+"背景下云计算技术的发展，为制造业提供了新的资源配置模式——制造资源云化。

制造资源云化是指将产品制造全生命周期的信息上传至网络平台，给用户提供实时、准确的产品制造信息。将各种网络化制造平台、物联网等平台的信息综合在一起，投入统一的制造资源信息池。与传统平台不同，这一云资源供所有用户查找信息，无须企业维护，只强调资源的融合与共享，具有分布性、多样性、异构性、独立性、异步协作性和共享性等特点。

"互联网+"背景下的制造业，数字化技术越来越成熟，在更广泛的领域和更深的层次中都得到了应用，各个业务环节中完整系统的数据，可以在制造业中进行系统关联设计，从而提升行业整体的业务洞察力。例如，可以集成各部门主体建设虚拟现实系统，各主体在虚拟现实情境下进行沟通交流、协调合作，实现多方用户在线同时工作，提升工作效率与协调度。利用该技术，也可以将任何一个系统的总体系统、子系统、机械系统进行数据关联，自动同步更新数据，缩短迭代周期，提高产业链效率。

2) 制造模式变革

与资源配置模式变革相适应，制造业的制造模式沿着"手工—机械化—单机自动化—刚性流水自动化—柔性自动化—智能自动化"的方向发展。"互联网+"时代，企业不再是简单生产产品、销售产品，还增加了与用户的沟通交流，将用户纳入生产制造的各个环节，掌握市场对产品需求、设计、制造等方面的看法，纳入外部环境的想法。利用"云""网""端"等平台，实现用户与产品之间的信息交互，促进智能化、协同化、绿色化水平的提升。

(1) 智能制造。其是一种先进的制造模式，利用网络技术、传感技术、拟人智能等先进手段，对制造业全产业链上的各个环节进行智能优化，提升设计、生产、管理等业务流程的效率，通过数据支撑智能决策，从而降低运行成本、优化资源配置。"互联网+"背景下的智能制造具备以下优势：通过互联网实现数据同步与共享，机器运行状况、车间配送进度、企业销售情况、市场需求量之间实现信息的实时互通，从而使制造业各个环节的协同更加精准，实现高效的产业链运行。云平台可以使工业生产要素得到高效的配置和资源整合，为生产经营活动提供支撑性服务。工业大数据的应用可以为每一环节的决策提供数据参考，成为生产环节中的一大要素。制造企业通过打造信息化的数字平台，将各个环节的需求与动态无缝对接，搭建智能化、自动化的生产线，使得产品与市场需求更加吻合，带来更高的效率与效益。

(2) 协同制造。目前我国的制造业大多分散经营，即使集中在同一个产业园区，企业间也缺乏沟通合作。整个行业缺乏紧密的区域性联系，集聚效益不强，导致闲置资源的浪费。在制造资源云化的基础上，制造业之间、制造业与其他组织之间可以进一步实现网络协同制造。协同制造是指各主体间通过资源共享、协同合作、相互学习，突破壁垒，充分实现彼此间人才、资本、信息、技术等要素的深度合作，形成生产制造网络。在"互联网+"支持下，网络协同各主体之间的合作关系更加紧密，形成网络化系统制造模式，实现生产要素与资源的最大限度整合和优化，使得制造过程在供应链空间配置上实现最优。协同制造突破了地域和组织限制，将各方资源整合共享在互联网平台上，实现多方的知识增值和价值创造，极大程度上推动了产学研协同创新。

(3) 绿色制造。通过"互联网+"的数据集聚作用，可以建设绿色制造数据库，将产品工艺设计需求与原材料数据系统对接、将用户需求与产品使用情况对接、将绿色制造过程与信息对接，为决策提供数据和知识支撑。同时，知识系统、模糊系统和神经网络等人工智能技术也能辅助绿色制造体系的建设，如应用专家系统识别产品设计对应的材料消耗，以及对环境的影响。"互联网+"能够为企业实施绿色制造提供大量的软件产品，如计算机绿色产品设计系统、绿色工艺规划系统、绿色创造决策系统、产品生产周期评估系统、ISO14000 国际认证支撑系统等，这将推动绿色制造的发展。"互联网+"背景下的制造业创新驱动发展动力系统，是指能够促使制造业产生创新驱动发展需求，并展开创新驱动发展活动的一系列与"互联网+"相关的因素和条件。本书通过深入剖析"互联网+"促进制造业创新驱动发展的作用方式，拟构建"互联网+"背景下的制造业创新驱动发展动力系统，包括原动力、衍生动力、支撑动力、作用路径和目标输出。原动力为"互联网+"，衍生动力为资源配置模式变革、制造模式变革，支撑动力为政策、人才和资金，目标输出为创新驱动力下制造业的转型升级。

2. 以"互联网+"为原动力的西部绿色制造体系模型构建

"互联网+"代表一种新的经济形态，是将互联网发展的创新成果与制造业进行深度融合，并对制造业各方面产生影响。随着新一代信息技术和互联网技术的迅猛发展和加速应用，技术工程规模越来越大，技术复杂性及相互渗透性不断增加，需要以多层面突破、交叉集成为特征的协同式创新取代单一的离散式创新；以多元主体参与互动协作为基础的协同创新逐渐取代单个企业完成的独立的链式创新。本书构建的以"互联网+"为原动力的西部绿色制造体系模型如图 4-14 所示。

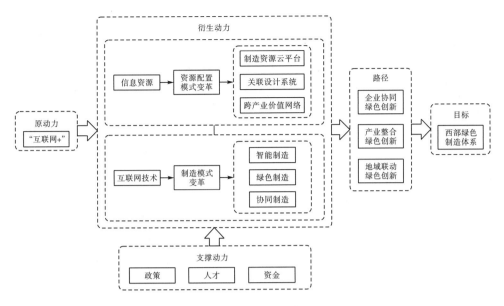

图 4-14　以"互联网+"为原动力的西部绿色制造体系模型

"互联网+"为企业打开了新的发展大门，企业可以将互联网思维与技术应用到战略规划、技术研发、商业模式等重大决策中，可以有效地提高企业对市场需求的敏锐度及技术研发的前瞻性，促进企业在生产、销售和资金回流等方面向绿色环保方向发展。"互联网+"可通过以下几个方面促进西部绿色制造体系的构建。

（1）市场需求层面。"互联网+"的普及，推动了社交网络、移动计算和传感器等新的渠道和技术的不断涌现和应用，企业可以通过购买或自建的方式建设消费者和企业的互动平台，进行零时滞的沟通，或通过社交网络、物联网、电子商务等非结构化数据，利用大数据技术挖掘用户绿色需求点，获取新的市场需求，并将其与已知业务的各个细节相融合，开发新市场。

（2）产品研究与开发层面。广泛将"互联网+"技术应用在产品的研发中，使产品的研发具有数字化的特征，将使产品的性能发生本质变化，具备智能、仿真等特性，极大地丰富产品种类，实现绿色产品的全数字化设计与生产。

（3）生产制造层面。对各车间机器进行性能和智能性的分析，利用软件技术搭建机器间的信息互通渠道，实现整体的协同合作；根据产品线各环节的动态运行情况，进行资源的实时调配，减少能源的消耗，提高产出的效率；围绕如何提升人的效率，对各个制造系统进行优化升级，加强各功能与人之间的关联，提高人与机器间的合作效率，实现智能互动。同时，通过信息监测，逐步对制造系统进行改进升级，降低损耗与污染排放，进而降低成本，提高产品附加值。

（4）销售层面。互联网技术的普及大大减少了企业的广告宣传成本，同时也扩大了企业的销售渠道。"互联网+"降低了制造企业与用户交互的成本，制造业企业可以通过建立自己的垂直网站或借助公共网络平台，如工业 App、移动社交营销、搜索比价等互联网服务，与众多分散的消费者实现广泛、实时、频繁的交流互动。面对"移动化、碎片化、场景化"的销售环境和"个性化、社交化、娱乐化"的消费主体，企业利用场景与网络融合技术，将传统业务的线下场景(产品、媒体、门店等)快速转变成互联网平台，从而提高企业整合绿色产品上下游供应链的能力。

(5)资金回流层面。企业可以通过互联网系统，将与企业资源计划(enterprise resource planning, ERP)相关的信息同步共享，在上下游层面与商业银行联网进行实时交互，建设具有完善金融体系的网络平台，打造智能型的资金结算机构，提高资金风险管理水平。

4.4.3 以制度与结构改革为主导的模型

1. 以制度与结构改革为主导的西部绿色制造体系的保障

1)环境保障

地方政府通过对西部制造企业的系统规划和指导，针对性地对公共物品和准公共物品进行相关投资，有助于生成驱动西部制造企业绿色发展的关键要素。同时发挥政府的引导作用，协助西部制造企业，加强绿色发展机制建设，建设绿色制造大环境。对于重要的绿色相关项目，政府要加大扶持力度，对节约资源和能源的重大技术研究与开发加大财政投入。

2)税收政策保障

构建西部绿色制造体系时，不仅需要环境支撑，而且需要有相关政策的保驾护航。在税收政策及其他政策上，都应有相应的激励措施。首先，在税收激励政策方面，政府应该关注研究与开发，从供应链的源头绿色化，是绿色产品的保证。其次，地方政府的税收优惠政策也起着决定性作用，完善对绿色制造工艺和技术的税收返还和优惠或者减免政策，鼓励企业使用可再生资源。最后，对于高污染、高耗能的产品提高出口关税税率，也是提高资源利用效率的方式。

3)金融政策保障

在金融政策方面，政府要对生态化建设的重要项目和绿色制造技术改进项目给予财政资金和信贷资金的支持，同时，要解决企业绿色制造承担的风险和新型技术企业的融资难问题。政府应考虑建设多层次的资本市场，帮助绿色制造企业拓宽融资渠道，鼓励绿色制造企业优先上市。

4)产学研政协同

产学研政分别代表企业、高校、科研院所和政府四大主体，通过"互联网+"资源共享、资本融合、风险共担、联合攻关、成果转化、利益共享、分工协作等方式发挥各自的长处，实现知识创新、技术创新、科技成果孵化及转移等创新协作。

2. 以制度与结构改革为原动力的西部绿色制造体系模型构建

完善产学研政协同创新与创新管理机制是提升制造业创新能力的新动能之一，其能有效破除束缚创新的桎梏，进而激发制造业企业的创造潜力。以制度与结构改革为原动力的西部绿色制造体系模型如图 4-15 所示。

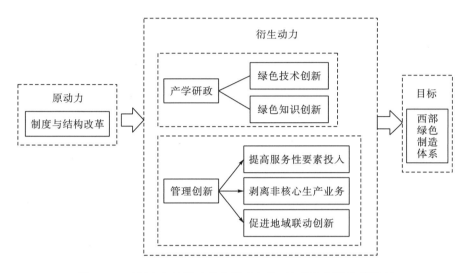

图 4-15　以制度与结构改革为原动力的西部绿色制造体系模型

1）产学研政协同西部绿色制造体系

产学研政协同为西部绿色制造体系提供了支撑，使得技术、人才等要素形成合力，通过大数据、云计算高效的数字信息化处理，极大地推动了产学研政多主体协同创新。"互联网+"利用信息优势和创新资源，强化对企业的宏观指导和顶层设计，攻克成果转化中的技术瓶颈问题，革新生产和工艺技术，对信息进行集成、共享、交换，形成大数据，加快科技成果的转化和产业的转型升级，极大地提高了知识的利用效率，成为产学研政协同创新重要的支撑平台。产学研政多主体协同创新主要通过促进绿色技术创新和绿色知识创新推动制造业绿色化发展。

（1）产学研政协同促进绿色技术创新。利用大型互联网企业和基础电信企业具有的技术资源优势和产业资源整合能力、超强的计算能力、较强的研发实力、良好的经营管理能力，建立产学研政创新合作平台。一方面运用产学研政创新平台在生产初期就掌握的市场信息，针对市场需求和国家战略拟定可行的生产策略；另一方面在技术成熟后，利用互联网平台进行宣传和推广。随着产学研政协同的深入，可基于互联网络建立产学研政创新合作平台，提供产学研政合作项目的协调服务等，使得产学研政多方的优势得到充分发挥，最终更好地促进技术创新。通过"互联网+"构建产学研政协同的众创空间，以市场化的方式，将国家自主创新示范区、商贸区、大学创新园、重点扶持小微企业等结合起来，融合各方知识、技术、资源，快速创新发展。

(2)产学研政协同促进绿色知识创新。通过产学研政的合作，能够将不同类型人员的知识进行共享，建立核心知识库，由各创新主体进行知识的共享传播，在不同主体间实现知识的螺旋上升，使得能编码的规范化的显性知识转化成更多主体内在的隐性知识，从而在知识融合交流中实现绿色知识的创新。

2)管理创新优化西部绿色制造体系

西部制造体系的绿色化，需要打通制造业所涵盖的细分行业之间的产品供需配套关系，从而形成新业态、新产业，促进绿色制造体系的构建。

(1)提高服务性要素投入。利用"互联网+"的跨领域协同平台，着重发展制造产业链中的设计、管理、人员、物流等服务性生产要素，综合各方面的信息与知识，提高其在制造业生产要素投入中的比重，减少实物性生产要素的投入，从而减少能源消耗与污染排放，加大产品所附带的服务价值，进而在一定程度上提高产品绿色化属性。

(2)剥离非核心生产业务。制造业中的服务业务可以剥离出来交由第三方专门打理，而制造企业可以专注于生产任务，避免制造企业普遍存在的"大而全、小而全"问题[1]，具体可以在众包、协同、物流等网络平台上发布需求，寻找第三方合作伙伴，进行产业分工，推动产业高效发展。

(3)促进地域联动创新。地域联动创新指产业不同的价值链之间进行产业集聚、产业集群和产业联盟，达成横向联动、纵向联动和混合联动，并在此基础上实现不同产业链在时间结构、空间结构和功能结构上管理协同效应和运营协同效应的提升，从而实现制造业创新发展。各区域资源的类型和分布各具特色，相互之间存在较强的互补性，将地域间的优势联动发展，可以充分发挥产业集群的作用，在现有资源条件下更大程度地发挥潜力，带来更大的经济效益，在"互联网+"基础上的制造业地域联动创新，可以带动区域内的产业集群发展，形成更加广阔的网络体系。

(4)重塑制造业上下游产业链。制造业细分行业内部、制造业与其他行业之间都存在上下游产业链的关系，而利用互联网可以实现跨地域跨组织的合作与创新。目前，企业的产品设计、制造过程除内部独立完成外，产业协同主要表现为区域性的产业集群模式，受地域限制较大，大部分协同发生在企业内部各部门间的合作，或大型企业各个工厂间的合作，基本是由产业链上分工不同而形成，缺乏积极主动的多样化合作形式。而依靠互联网平台，企业可以直接在网络平台上进行信息的交流和共享，对双方的生产进度、产品质量等进行关联与监督，各方需求可以得到及时响应，实现无限制的上下游产业链塑造。

4.4.4　混合动力模型

推动西部绿色制造体系构建的原动力不仅包括各个新动能，也包括由各个动能组合而成的混合动力。由上述三大新动能所形成的混合动力中，各个动能要素发挥的效用有所不同，即有的动能发挥主要作用而有的动能发挥辅助作用。不同的动能组合方式将形成不同

---

[1] 制造业普遍采取"大而全、小而全"的企业组织模式，指制造企业采用"自有自理自营"物流模式，自身承担原材料采购、产品制造、商品销售、运输仓储物流等所有活动。

的路径推动我国西部绿色制造体系构建。混合动能系统应当从以下四个方面出发构建西部绿色制造体系。

（1）产业由低端迈向中高端。即提高制造业的产业附加值，逐步调整产业中高端、中端、低端的分布，降低中低端产业所占的比例，注重发展能够起引领带动作用的、知识和技术密集型的新兴产业，如高端装备制造、新材料、生物医药等，实现制造业主要产业占据世界市场的较大份额，产业附加值水平达到或超过发达国家平均水平的中高端化目标。

（2）产业由高能耗、高污染转向低能耗、低污染。调整制造业内部的行业结构，淘汰高能耗、低增加值的落后生产能力，降低钢铁、水泥、炼焦、有色金属冶炼、化工等高能耗、高污染行业的比重，改善以煤为主的行业结构，积极开发风能、太阳能、生物能源等可再生能源，壮大固废处理行业、污水处理行业、烟气尾气治理行业、噪声及振动治理行业、生态保护等环保产业的规模。扶持以废弃资源综合利用业为主的再制造行业发展，修复、改造废旧产品，实现节能、节材和低污染的目标。

（3）协调发展产业结构与区域资源结构和区域发展战略。一方面充分考量本地生态状况、生态承载力、人口状况、现有开发等方面的情况，在此基础上进行资源的调配利用以及优势互补，提高区域产业竞争力；另一方面，大力建设与城市发展、人文生态等相关的基础设施，如在住房、医疗、养老等方面的制造业需求，推动城镇化建设，满足不断变化的社会消费需求。同时，鼓励不同地域的产业协同合作，实现绿色协同创新。

（4）对于产业内部、产业之间的产业链，要以减量化、再利用、资源化为基本原则。实行清洁生产，实现在企业、园区、行业、区域间链接共生和协同利用，大幅度提高资源利用效率，即能够按照"原料—产品—废弃物—原料"的循环过程，将一个产业的副产品或者废弃物作为另一个产业的原材料，形成一个链条，使资源得到循环利用、合理利用、综合利用。

依据西部绿色制造体系的构建思路提出以混合动能系统为原动力的西部绿色制造体系模型，如图 4-16 所示。

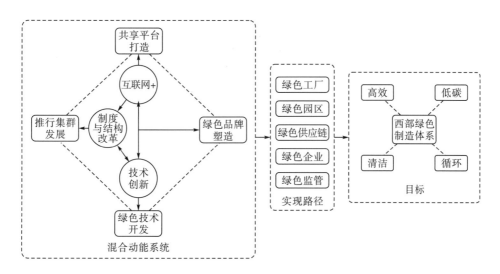

图 4-16　以混合动能系统为原动力的西部绿色制造体模型

4.5 小　　结

本章首先从西部地区的地理位置与地理结构、资源特色及分布、环境现状、产业布局等方面阐述了西部地区区情；其次，提出绿色制造体系构建的理论依据，然后根据西部绿色制造体系构建的困境，提出体系模型构建的主要思路及具体内容。再次，以新动能系统的作用机理为基础，进一步探索了以技术创新为主导的西部绿色制造体系模型、以"互联网+"为主导的西部绿色制造体系模型、以制度与结构改革为主导的西部绿色制造体系模型和以混合动能系统为主导的西部绿色制造体系模型。

以技术创新为主导的西部绿色制造体系模型主要是以技术创新为原动力，以产学研、同行合作作为支撑动力，以循环经济为指导思想，进一步推进西部制造企业实施绿色设计、推行清洁生产、倡导绿色消费、注重循环利用，最终形成西部绿色制造体系。

以"互联网+"为主导的西部绿色制造体系模型主要是以"互联网+"为原动力。本章准确剖析了"互联网+"与制造业绿色创新与实施的结合点，并从资源配置模式变革、制造模式变革两大维度探索了"互联网+"促进西部绿色制造体系构建的作用方式。在政府、市场、人才和资金等要素的作用下，这两大模式的变革又形成合力，促进企业协同创新、产业融合创新、地域联动创新。制造企业、政府、科研机构、社会公众通过企业协同创新、产业融合创新和地域联动创新三条路径，推动制造体系的转型升级，形成西部绿色制造体系。

以制度与结构改革为原动力的西部绿色制造体系模型，利用环境保障、税收政策保障、金融政策保障为支撑点，通过产学研政协同创新与创新管理机制来提升制造业创新能力，能有效破除束缚创新的桎梏，进而激发制造业企业的创造潜力。

以混合动能为原动力的西部绿色制造体系模型主要基于各个动能要素发挥的效用的差异，通过不同的动能组合方式形成不同的路径，推动我国西部绿色制造体系构建。主要涉及推行集群发展、绿色技术开发、共享平台打造及绿色品牌塑造等方式的助力，实现绿色工厂、绿色园区、绿色供应链、绿色企业以及绿色监管，最后达成高效、低碳、清洁、循环的西部绿色制造体系。

第5章 路径依赖与路径创造：新思路下西部绿色制造体系的实施路径

传统动能与新动能组合而成的新动能系统是构建西部绿色制造体系的动力源，但新动能系统的能效释放并不稳定，其作用方向具有不确定性，不能直接对绿色制造体系的构建与发展产生推动力。构建路径是一个动态的过程，其目标是将动能转化为动力，稳定能效，明确方向，具体包括剖析路径依赖、解决路径障碍、进行路径创造。

5.1 传统制造体系发展的路径依赖

1985 年，美国经济学家戴维（David）将起源于生物学的路径依赖引入社会科学领域。路径依赖强调初始的偶然选择或随机选择，外部偶然事件对系统产生影响之后，会确立自我强化机制，初始选择不断得到强化，形成特定的演化路径，未来的发展状态对其形成依赖，最终进入锁定状态，其他潜在的甚至更优的路径很难对它进行替代，具有自我强化的反馈环路性质，一旦进入锁定状态，要脱身而出必须借助外部效应。大量的研究显示，西部地区制造体系具有很强的路径依赖性，导致其转型升级较难进行。制造体系的路径依赖是由发展的初始条件与自我强化机制共同作用而成，具体表现如下。

制造体系发展的初始条件表现在资源、技术、需求三个方面。从资源条件看，西部地区具有资源丰富、劳动力成本低等优势，由此发展起来的资源密集型行业和劳动密集型行业形成了西部地区的制造体系。从技术条件看，科学技术是推动产业发展的重要因素，在制造体系建立的初期，西部地区的研发能力不足，技术落后，利用资源开发和出口加工行业来实现技术积累是必然选择，技术进步也是围绕资源开发实现。同时，国际产业转移给出口加工业的发展提供了机遇。因此，技术含量低的出口加工业成为西部制造体系的重要组成部分，资源开发技术与劳动力、资本的结合促进了西部低技术、资源型制造体系的形成。从需求条件看，西部初期的制造体系面临着国内、国外两个市场。由于经济状况的制约，国内市场需求主要是生活消费品等低端产品；在国际贸易中，西部制造体系处于全球供应链的低端，面对的需求主要是低端产品。低端产品的市场需求成为西部制造体系发展初期的主要动力之一。资源与技术是西部制造体系的必要条件，市场需求是西部制造体系形成的充分条件，资源、技术、市场的初始条件决定了西部制造体系必须走资源或劳动密集型、技术含量低、附加值低的发展路径。

自我强化机制是指一种经济体所拥有的自我繁殖、自我强化的机能和态势，但它可能会导致效率低下、路径锁定和路径依赖等问题，最终导致弱者更弱、强者更强的恶性循环。西部制造体系初期的发展路径具有明显的自我强化机制，表现为磁场效应、挤出效应、沉没效应三个方面。

(1) 磁场效应。是指西部地区技术含量低、附加值低的制造体系由于资源、技术和需求得到了发展，获得了一定速度的增长，形成规模经济与集聚效应后，产生很大的"磁性"。为了解决西部经济发展过程中的资本短缺、技术落后、人才不足、信息不对称等问题，会持续不断地吸引外界资本、人才、技术信息以及物质资源的投入，在原本赖以发展的优势逐步丧失后，仍依赖惯性向前发展，使得整个制造体系发生"倾斜"，如行业结构集中于劳动与资源密集型、空间结构集中于东南沿海发达地区等。

(2) 挤出效应。是指对劳动力、自然资源、低端产品的大量投入会造成对技术创新等战略性环节的挤压。在技术制约和利益驱动下，西部地区对自然资源的开发不可避免地会破坏生态环境。西部自然资源利用水平主要受价格和价值两个因素影响。一方面，受生产成本和定价的不确定性影响，西部制造企业的产品价格普遍不高，而且对于消费者和企业来说，由原材料和能源低价导致的产品低价，通常会降低产品的受重视程度，最终导致产品利用效率较低。另一方面，西部制造体系"低附加值"的特点导致西部制造产业教育、人力资本、R&D 投资不足。同时，低端高污染制造带来的溢价收入也会产生"惯性"，对制造体系的管理创新活动造成挤压，妨碍西部制造体系绿色化的正常推进，给西部地区经济发展带来负面影响。技术挤出效应导致西部地区制造产业技术创新和技术应用的动力不足，同时，资源的利用效率也受到技术因素的制约。区域主导产业属性及其发展规模也是影响资源利用水平的重要因素。西部地区制造业以低端制造为主，并在价格上升、利益驱动下，大量的企业和生产要素流向现有的低端制造产业，低端制造产业同时具有高耗能的特点，在经济发展(对资源需求的扩展)下，其不断扩大的规模和持续提升的地位，使低端制造产业对各种资源的消耗逐步加大，加剧资源的粗放利用，最终导致西部制造整体形成粗放的资源利用模式。而粗放地利用资源会增加排放产品制造过程中产生的污染物，污染环境并破坏生态。另外，增加资源消耗会加剧目前严重的资源问题。

(3) 沉没效应。是指经济上形成了大量的专用性资产，无法通过转移来获得补偿。沉淀成本有两层内涵：一是经济性沉淀成本，即承诺的投资成本无法通过价格转移或价格再出售得到完全补偿的那部分成本；二是社会性沉淀成本，即一旦停止履行契约要求的权利承诺，无法补偿的那部分利益。例如，钢铁行业大量的过剩产能得不到处理，社会上形成了大量低素质劳动力，转移成本大，无法符合产业升级的需要，如电子装备业中机器人对劳动力的挤压，环境上形成了大量的污染，生态治理成本大，如木材加工行业对森林资源的破坏。沉没效应和自我强化机制使得西部制造体系技术含量低、附加值低的发展路径得到了巩固并形成依赖。

制造体系发展的初始条件使依赖于自然资源与廉价劳动力的发展路径成为必然选择，自我强化机制使此路径得到了巩固，从而形成了路径依赖。在西部制造业发展的初期，路径依赖推动了制造体系的建立与发展。但随着经济的变化与资源环境压力的增大，绿色发展成为西部制造体系的主题，传统的路径依赖成了构建西部绿色制造体系的路径障碍。

5.2　构建西部绿色制造体系的路径障碍

受路径依赖的影响，如果没有其他外力的介入，西部制造体系会沿着原有轨迹持续发展，无法达到"绿色化"。路径依赖造成的"锁定效应"，形成了构建西部绿色制造体系的路径障碍。具体表现为思维障碍、市场障碍、技术障碍和组织障碍。

1. 思维障碍

思维障碍主要指"代际公平"与"代内公平"的缺失。"代际公平"是从时间维度出发，指经济发展不能以牺牲环境为代价，要在保证当代人福利增加的同时，不会减少后代人的福利，其理念不只指代与代之间资源与利益的公平分配，同时还为贯彻实行可持续发展战略打下了坚实基础。因此代际公平要求如今的社会、企业和消费者要用正确的价值观进行合理的消费，采用绿色的生活方式。合理利用资源、合理进行生产、合理消费是实现代际公平最主要的方式。虽然经济学家和企业已经明白可持续发展的重要性，但目前还有部分经济学家和企业不愿意牺牲现有利益，认为可以无限制消耗自然资源，之后用知识、技术和一些人造物质资源等来弥补对后代福利造成的损失，这些只不过是他们为了满足自身既得利益所找的借口。制造体系的路径依赖造成了企业和政府的短期行为，其中产能过剩与环境污染反映了"代际公平"的缺失。

"代内公平"是从空间维度出发，指经济发展要保持"区域协调"，不以牺牲其他地区的环境为代价，发展本地经济。我国的代内公平问题主要有两个：一是地理结构上存在的公平问题；二是社会含义上的区际公平问题。关于第二个问题，对于我国而言核心矛盾是东部与中西部在自然资源使用和环境责任承担上的不公平，具体来说，就是由于长期以来我国对中东部大力支持，特别是东部沿海区域，而对西部地区的支持相对不足，导致我国大部分经济资源长期流向中东部。从地理特点来说，西部是我国主要河流，特别是长江、黄河的发源地，再加上海拔由西向东逐渐降低的特点，如果我国西部的自然环境被严重污染破坏，东部环境必将受到负面影响，随之也会对社会和经济造成不好的影响。然而实际上，我国东部地区在没有向西部地区提供足够资源补偿的情况下享受着西部环境保护的优良成果，这违背了我国环境法中的一项基本原则：污染者付费，受益者补偿。东部沿海与西部区域发展不平衡与转嫁污染的行为反映了"代内公平"的缺失。

2. 市场障碍

市场障碍主要是指绿色产品往往处于市场劣势，制造企业缺乏积极性。目前，推动西部制造体系绿色化发展的动力主要来自政府，但要持续地推动西部绿色制造体系的构建，需要来自市场的根本动力。目前构建西部绿色制造体系的市场障碍主要来自三个方面。一是实施绿色制造，制造企业为了能够进行技术、设施设备和知识的不断创新优化，需要持续投入大量人力、物力以及财力资源，但由于低端制造的路径依赖，西部制造企业往往缺乏长远的眼光，只追求短期利润最大化，因此缺乏技术创新动力，加上生态环境具有公共财产性质，在缺乏相关机构有效监督的情况下，制造企业对经济效益的追求超过对生态效益的需求，最终结果就是制造企业选择粗放式的发展模式。二是西部制造体系缺乏设计能力，同时绿色消费的意识不强，导致绿色产品与消费者的需求不匹配。绿色产品与普通产品相比，处于功能上的劣势。三是西部尚处于弱效市场，消费者缺乏对绿色产品的认知鉴别能力，以及介于企业、供应商与产品消费者三者间的信息不对称问题，在这种情况下，为了避免信息不对称带来的风险，消费者往往只愿意以普通商品的价格购买绿色产品，但绿色产品的定价一般高于普通产品，处于价格上的劣势，而且绿色产品的利润水平普遍低于制造行业正常利润水平，后者又低于传统低技术含量产品的利润水平。绿色产品功能与价格都处于市场劣势，制造企业绿色化的积极性降低，将会使其逐渐退出市场，阻碍绿色制造体系的构建。

3. 技术障碍

技术障碍是指技术的绿色性与经济性之间存在矛盾。任何制造战略的实施均要求有足够的技术支持，对绿色制造来说，绿色技术是其发展的核心。一是研发绿色技术需要长期投入大量的人力和财力资源，但复制成本很低。传统制造体系的发展路径中鼓励技术模仿，缺乏对技术的产权保护，导致西部地区部分政府与制造企业将绿色技术的研发视为不经济的行为，绿色科技创新的投资水平低，进而影响了绿色科技创新产出，绿色研发制造专利数量少。二是绿色技术转换成本高于绿色技术带来的收益，大部分追求利益的企业不会选择改造绿色技术，因而不能有效提高企业对自然资源的利用效率，导致企业会持续地污染生态环境。传统制造体系的发展路径已经造成了资源浪费与环境污染，回收废弃物与治理污染技术的研发与实施都需耗费大量资金。同时，技术转换会引起专用性资产的转换，转换成本的压力进一步增加。技术研发和推广的环节都存在绿色性与经济性的矛盾。

4. 组织障碍

组织障碍是指绿色制造会造成组织利益相关者之间的矛盾，遭到既得利益方的抵制。传统的发展路径形成了稳定的利益分配关系，但绿色制造对不同利益相关者有着不同的影响，打破了原有的利益分配格局。绿色制造的实施符合股东的长期利益，但是与员工、债权人的短期利益存在冲突，导致组织内部矛盾加剧。绿色制造符合政府、环保组织的要求，但是需要消费者付出更大的经济代价，对上下游企业造成新的压力，导致组织外部矛盾加剧。既得利益者会阻碍绿色制造体系的构建，导致组织内部与组织之间的矛盾加剧，绿色制造体系缺乏稳定的组织载体。西部企业绿色制造的有效实施还需要组织内部提供强有力的支持，其主要对组织提出两个方面的要求。一是要求进行组织变革，可以激励和引导企业内部员工贯彻实施企业绿色制造战略，因为机制设计、制度引导和资源分配是组织的一个重要职能，可通过打造统一愿景来激励企业成员，使其依照企业总体战略来努力和执行。绿色制造的要求对长期以来基于利润最大化目标形成的组织制度与结构造成了一定程度的冲击，它要求企业活动在考虑资源合理配置的基础上，将生态环境等问题纳入考虑。二是要求企业内人才要素与资源要素的重新配置。绿色制造从人员安排组织、企业资源投入，到工艺流程设计均对制造企业提出了新的挑战。组织内人才与资源要素重新配置的组织阻力主要来源于两个方面：成员个体本身和组织结构的刚性。西部绿色制造体系的构建必须摆脱路径依赖的惯性，消除路径障碍的阻力，突破原有路径的极限，最终实现路径创造。

5.3　构建西部绿色制造体系的路径创造

建立西部绿色制造体系是一项庞大而复杂的系统工程，是一项长期的战略任务。路径依赖是一个被动的过程，路径创造与路径依赖的不同之处在于，它是一个主动的过程，着重强调行为主体的自发性行为对制度形成的作用以及行为主体与制度两者之间的相互作用，通过有意识的主动偏离进行解锁，最终创造出新的路径。新的路径必须满足两个基本条件：一是路径创造依赖于事先存在的技术条件，因此西部制造体系需要通过现有技术将动能能效转化为平稳、持续的动力，实现路径创造；二是动力方向必须保持"绿色化"，要实时不断地调整步骤与过程。本书结合西部制造体系新动能的发展现状，提出以下路径。

5.3.1　以资源环境承载力为基础，优化产业布局，解决内部结构性问题

长期以来，西部制造体系的产业布局优先考虑经济效益，较少考虑资源环境因素，造成产能过剩、区域发展不平衡、环境压力大等问题，违背了绿色发展的目标。优化产业布局是一项系统工程，西部地区 12 个省份之间的绿色发展水平不同，高绿色度的地区应发挥示范作用，带动低绿色度的地区发展，完成西部地区内部的结构性调整。生产效益与治污投资是绿色发展水平的决定性因素，生产效益反映了资源能源利用效率，是对污染来源的控制；治污投资反映了企业对环境管理的主动意识，是对已有污染的处理。

（1）绿色发展需解决经济发展与环境保护的矛盾，需进一步加大投资力度，利用制度和政策促进社会各方保护环境的积极性。统计资料数据表明，西部不同地区有着不同程度的环境问题。这种差异性体现了西部地区绿色发展的结构性问题。通过进一步分析发现，环境问题的差异性源于生产效益水平和治污投资水平的不同。生产效益、治污投资与污染水平的变化在区域间存在差异，这些指标在同一城市有着不同的发展水平，且相互之间存在一定的关联。由图 5-1 可知，生产效益之间的差异与污染水平有着较强的关联。例如，内蒙古、广西的经济利润与生产效益都处于中等偏下水平，因此造成的污染较大，经济利润的增长已受到环境的制约；重庆与四川相比，尽管前者经济利润低于后者，但生产效益高于四川，因此污染也较小；陕西虽然生产效益较高，但未实现同等水平的经济利润，污染水平相对较高。由图 5-2 可知，投资规模与环保投资污染治理效率之间是正相关关系，说明随着对环境管控要求的提升，需要不断投入环境污染治理费用，资源的投入可以显著提升环境污染的治理效率。

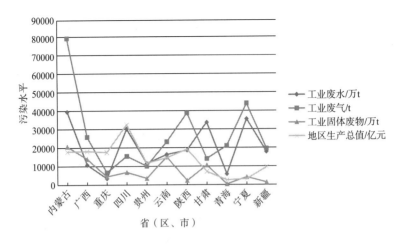

图 5-1　生产效益与污染水平的区域对比

资料来源：根据 2017 年《中国统计年鉴》《中国环境统计年鉴》整理为反映趋势对比情况，已对图中数据进行了相关处理。

由于西藏数据缺失，因此图中并未展示。

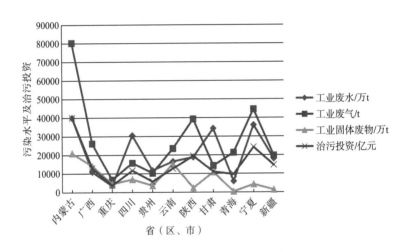

图 5-2　治污投资与污染水平的区域对比

资料来源：根据 2017 年《中国统计年鉴》《中国环境统计年鉴》整理为反映趋势对比情况，已对图中数据进行了相关处理。

由于西藏数据缺失，因此图中并未展示。

　　如今我国需要进一步加大对环境治理的投资力度，以满足环境治理的需求，可通过制定和实施相关制度和政策促进社会各主体保护环境的积极性。治污投资与污染水平具有一致性，污染水平较高的地区，治污投资也相对较高，说明目前企业主要是被动型的环境治理，缺乏主动型的绿色投资。因此，解决绿色发展的结构性问题应从提升生产效益水平、改善污染投资效率、增加主动型绿色投资方面入手。并且应该立足于生态功能区自身的要求，将循环经济理念融入区域发展的布局和行动之中。因此，我国西部制造企业要依托西部自然资源丰富的优势，围绕资源高效、低耗能、无污染的循环利用与发展理念，实行就地转化，优化园区布局，探索性地打造循环经济模式。同时，西部绿色制造体系的打造需要加快建设和整合分散独立的产业园区，通过产业耦合、产业聚集和产业链延伸等方式，使西部制造有效实现配套化、集群化和高端化发展，最终成为循环经济发展的有效载体。

另外，在西部制造体系绿色化的进程中，政府强制性制度要求的作用不容忽视，要创新配套政策，统筹配置公共资源、引进人才、支持创业、财政金融和开拓市场等方面的具体政策，为西部地区制造体系绿色转型创造良好的环境。并且有效的制度建设和制度创新，能够为实现经济转型和绿色经济发展提供可预期的、稳定的发展环境，使绿色经济发展的优势日益显现、发挥出来。为了推动西部制造业向绿色经济转型，必须对一些不合时宜的制度体系进行调整和完善，建立起有效的制度保障体系，把制度的引导、激励和限制作用充分发挥出来，推进形成资源节约、环境友好的绿色制造经济体系。首先要解决西部制造企业环保意识不强的问题，变企业追求自身利润最大化的目标为追求经济效益与生态效益协调统一的目标，明确西部制造企业的环境责任。其次，要在西部制造企业内部推行绿色制造和发展绿色技术，强调清洁生产，即以节能、降耗、减污为目标，对资源开发及产品加工利用的全过程进行污染防治，尽可能地减少甚至消除产品制造、产品销售及产品使用过程中对人类健康和生态环境产生的破坏，从而实现经济社会和自然环境双赢。绿色技术包括绿色开采技术、综合利用技术、污染防治技术以及生态修复技术等。绿色技术可以从根本上解决西部制造企业浪费资源和污染环境等问题。在西部制造企业内部倡导清洁生产、使用绿色技术，既可以为企业带来效益并增强竞争力，又可以破解制造生产的生态环境约束，是建设绿色企业的关键所在。

(2)优化环保产业技术，构建绿色制造机制及其预防性机制，在其发展过程中带动其他产业进行污染防护治理工作。近年来，我国一直致力于产业结构的优化，这为我国西部大力发展环保产业并改善西部生态环境提供了一个良好的契机。我国在对产业结构进行优化调整的过程中，由于优胜劣汰，一些产能落后或过剩的企业和行业自然而然地会退出市场，被市场淘汰；同时这个优化调整过程也会促进传统产业的改造和推动新兴产业的发展，这些均会增大市场对环保产业的需求，最终促进环保产业规模化发展。技术落后是导致当前自然环境污染严重的根本性原因之一，它在限制产业绿色化发展的同时，也造成长期以来我国制造产业能源使用效率持续低下，特别是电力、建材等作为国民经济支柱，是污染最大和能耗最大的行业。这说明仅仅优化调整产业结构并不能直接有效地提升我国环境污染治理的能力和效率，因此发展科学技术是不可或缺的必要条件。制定统一的绿色制造标准并且贯彻实施绿色认证工作，是建立与完善绿色制造机制的关键。在确定了科学的绿色制造生产标准的基础上，还需要对我国西部地区的制造生产行为进行严格的认证把控。除需要政府等相关部门参与绿色认证工作外，还需要利用好市场机制的作用，如充分发挥第三方认证的作用。并在制造前，要求西部制造企业预估生产行为可能会造成的生态环境污染与破坏，采取防范性措施降低污染破坏程度；在制造过程中以及制造后要进行实时跟踪，以绿色指标不断检测实施效果，对西部制造企业的制造行为实施绿色认证。

(3)承接我国东部雄厚的财务资金和先进的高新技术，在西部形成产业集聚。我国西部地区需要把握住国际国内进行产业分工调整这一重大机遇，在东部产业向西部转移的过程中，充分利用西部自然资源、资本和廉价劳动力资源优势，以产业结构优化调整为主线，以市场目标为导向，促进产业聚集，并提升相关的配套服务水平。在绿色承接过程中，西部地区制造企业还需要积极主动地提高创新能力，促进产业优化升级。然而，现阶段与东部相比，西部地区社会经济发展水平较低，且现有工业发展的基础薄弱、产业配套能力不足。因此，目前东部产业转移的过程中，在考虑资源与成本等要素的同时，还需要将产业链整合纳入考虑。如今，我国西部地区工业还没有整体规模化，绿色技术水平不高，产业结构设置还不合理，制造产业的绿色竞争力不强，产业配套能力低，这些都会对东部产业向西部的转移造成非常不利的影响。并且产业转移不仅是简单的某一产业或环节转移，而是产业的整体转移，如果局限于某一环节的转移，将对转移产业的长远发展造成非常不利的影响。而且西部地区要想顺利地承接来自东部地区的产业，就必须认真思考自身资源优势，在因地制宜的基础上承接发展绿色产业。因此，西部地区需要在承接产业的过程中，努力满足其所需要的配套条件，补齐短板，提高承接水平，主要从以下三个方向进行。一是通过提供工作岗位吸引劳动力就近转移，为了充分发挥绿色劳动密集型产业吸纳就业的功能，发展一批具有低污染、低能耗、低排放特点的绿色劳动密集型产业。二是重点吸引实力雄厚的企业，通过龙头企业带动配套产业整体发展，最终形成一条完整且高效的产业链。三是引进自主研发能力强并拥有先进科学技术工艺的企业，如生物、航空航天、电子信息、新能源和新材料等新兴产业。西部地区还应该鼓励条件相对不错的地区加强创新要素对接的能力，大力支持高新技术产业孵化园和产业化基地的建立，达到高效转化绿色创新成果的目的。总的来说，西部地区需要充分利用东部先进的专业技术能力和雄厚的资金实力，带动西部众多产业规模化发展，形成一批相关配套齐全、关联度高的，以绿色制造产业为核心的产业集群，最终推动整个西部制造产业的绿色化发展。

5.3.2　以技术创新为核心，开发绿色技术与产品，建设绿色工厂

技术创新的动能可以通过开发绿色技术、生产绿色产品转化为动力，优化产业结构，着力点是建设绿色工厂。技术创新能效包括技术开发与技术应用，技术开发是指生产过程中的创新，包括产品与工艺升级；技术应用是指技术开发成果的产业化。绿色工厂为绿色技术提供管理与组织上的支持，实现绿色技术与绿色产品的集成，绿色工厂是绿色技术与绿色产品的重要组织载体与发展方向。按国家统计局统计设计管理司最新发布的三次产业划分规定，工业是我国三次产业发展中的主要产业，指的是对农产品和采掘品进行加工和二次加工的生产活动。图 5-3 为西部各省份 2017 年三次产业增加值对比图，四川、陕西二次产业增加值表现较为突出。因此，为了充分发挥技术创新的能效，需要结合绿色技术来确定技术开发的方向，还需结合绿色产品来实现技术应用。具体路径如下。

(1)西部地区积极推动绿色产业发展，这不仅是西部产业结构优化与经济转型调整的产物，也是提高绿色产品性能与质量的基本要求。绿色产品、绿色科技、绿色工艺、绿色管理都是绿色产业的特色标签，绿色产业不仅是具有集约化、市场化特点的产业，也是绿色科技的先导型产业。目前对于绿色科技与其他科技的区分，主要依据科技活动后果对自然生态环境造成的是正面影响还是负面影响，凡是对人类健康和生态环境产生正面影响的科技就归属于绿色科技，反之则不属于绿色科技。如今产业绿色化发展已经是全球科学的必然趋势，也是技术进步的一种表现，绿色科技作为一种新兴的科学技术类型，也必然是通过各种科技创新活动而产生和发展进步的。西部绿色产业科技创新主要是为了形成区域

化产业结构的优势地位，最终实现西部地区绿色产品在国内外市场竞争力的提升。这个目标的实现不能只依靠某一技术的创新突破，而需要技术集成创新。另外，单项技术创新突破与技术集成创新两者相辅相成，缺一不可。西部绿色产业科技创新过程涉及众多科学技术类型，因此，西部地区应该立足地域特色，根据不同区域绿色产业的特点、绿色发展程度和绿色要求，把相互独立但有一定关联度的绿色创新技术进行合理组装，打造成全国的绿色产业科技创新典型示范区。

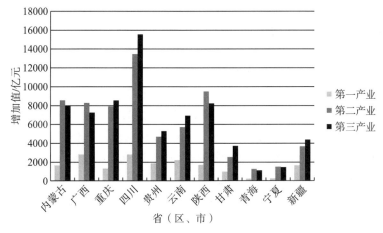

图 5-3　西部各省（区、市）2017 年三次产业增加值对比

资料来源：根据 2017 年《中国统计年鉴》整理。

（2）共同探索建立绿色市场，西部地区制造企业需要定位绿色市场，着重建立现代化绿色工业文明。西部制造企业要想适应国际市场发展的新趋势，就必须重新审视、调整发展方向，以绿色市场作为目标市场，不能以牺牲环境为代价发展经济。绿色市场以可持续发展理念为核心，依托现有市场体系，在现代企业生产中推广应用绿色技术，实施绿色管理，最终实现经济和环境的双赢，并提高人民生活质量。西部绿色制造体系的构建必须以开发培育绿色产品市场为基础，需要政府和企业两个方面作出努力。对政府来说，一是要制定和完善相关政策规范，如可以通过规范产品绿色质量标准凸显绿色产品标志的价值；二是发挥政府职能，组织引导西部制造龙头企业共同合作参与西部绿色市场的打造，努力实现和提高绿色产品的市场价值；三是通过引导、规范和激励等直接和间接手段逐渐提高制造商、渠道商和消费者对绿色产品和市场的接受程度，如财政和税收的优惠和减免政策等，通过各种行动来提倡绿色消费；四是发挥监督作用，保证绿色产品从制造、生产、销售到消费全过程的品质，并对会对环境和人类健康产生不利影响的生产、经营以及消费行为进行有力打击。除此之外，还应该积极调动和充分发挥市场的无形手段，让"绿色竞争"强有力地推动西部制造企业市场活动运行。对企业来说，绿色化发展的第一步是发展和创新绿色技术，这就要求绿色产品从最初设计到最后回收利用的每个环节都要尽力实现资源最大化利用并尽可能降低对环境的污染程度。这是对传统企业和新兴高科技企业的共同要求。最初设计环节，核心理念是在保证产品性能和质量的前提下，最大限度地降低产品生命周期对环境和人类健康的不利影响；生产制造环节，决心在绿色发展的道路上取得新突破，实现新跨越，提高资源利用率，追求做到以最少的能源和资源产出更优更多的绿色产品；销售经营环节快速地应对市场变化，加强同客户沟通，同时对绿色产品的包装物也有同样要求，在对环境没有损害的同时实现产品和包装物的高水准回收利用。在这个过程中，必然存在外资或者外来企业的投资项目，一定要保证引进的是环保产业，防止外来企业带来新的污染源。

(3)组建实施绿色管理配套成体系的机构来保障西部地区制造企业绿色管理工作顺利进行。管理活动贯穿于任何行业、任何企业的生产经营活动全过程。另外，还需要考虑到企业外部环境，绿色管理本质也是管理，具有同样的特性。因此，绿色管理需要全社会各方面的帮助与支持。首先，各级政府部门应顺应绿色发展趋势，在制定相关政策和措施时向绿色化发展倾斜，扶持产业绿色化发展，应当对进行绿色管理的制造企业从各个方面给予大力扶持。其次，相关部门需要结合《中华人民共和国环境保护法》等法律法规，对实施绿色管理的西部制造企业给予支持，保障其利益，为其绿色化发展保驾护航。同时，重新制定对环境造成污染的惩罚措施，惩处其污染行为。最后，建立配套的绿色认证机构，为推动企业绿色化发展打造便利的内外部环境。在宏观方面，国家应当建立统一的绿色认证机构体系，在 ISO14000 认证的基础上，加强其绿色认证工作，完成制造企业绿色管理的认证；在企业内部方面，也应建立专门的绿色监管机构，负责监管企业运营全过程的绿色管理工作。

5.3.3　以制度与结构改革为指导，推行集群式发展模式，打造绿色园区

推行西部地区产业集群式发展，打造绿色园区，就是将西部产业集群视为一种多维度、多种生态关系并存的生物群体，在相互作用下，产生多种动力源之间的组合，并达到内外生态平衡与动态关系彼此协调的可持续发展模式。西部绿色园区的整体打造和总体发展战略就是培育绿色化、专业化和集群化的企业园区，主要具有五个显著的优势特征：要素集聚优势、绿色市场竞争优势、高端品牌共享优势、招商引资区位优势和区域扩张优势。当传统粗放式的制造不能满足我国经济社会的发展需要时，调整区域产业结构、深化制度改革创新就成为发展新型制造业的动力源泉，也是构建西部地区绿色制造体系的驱动力量。图 5-4 为西部地区集群式发展模式图。

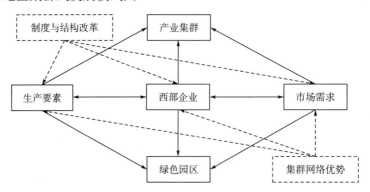

图 5-4　西部地区集群式发展模式图

（1）进一步完善西部基础设施建设，通过信息、交通等基础设施的建设，拓宽市场，吸纳财务资金、技术等要素的投入。虽然目前西部的基础设施建设可以满足西部地区发展的基本要求，但是与东部沿海地区相比，还存在一定的差距，而且这对于要大力发展绿色经济的西部地区来说，还存在一定的不足。在具体的操作层面上，首先，需要完善对西部吸引外来投资有着十分重要影响的交通、物流等基础设施，不仅包括西部内部的区际交通网络构架设计与建设，还包括连接区外的交通基础设施的规划建设。为了发展西部绿色市场，交通网络建设是首要的基础建设，能够显著提升西部地区承接投资和产业转移的能力，并保障西部制造企业的发展。其次，西部地区还需要持续投资地区内和与周边国家合作的通信、水利等基础设施。完善的基础设施将更有利于西部打造绿色产业园区。

（2）绿色园区的发展应建立在现有的产业集聚和已经成形的企业集群的基础上，不宜照搬某一成功的模式，以提高园区的竞争力。西部地区企业集群的形成方式是多样的。西部应该围绕各个地区的资源和优势，综合各方面情况，如现有产业配套水平、劳动力吸纳能力、绿色技术发展前景、技术的生态效益等因素，在能力范围内，选择性地承接合适、无污染甚至有利于环境保护的产业项目，优先支持和促进高新科技型、绿色环保型产业的发展，着力打造出能体现西部地区特色的产业集群。①在西部地区现有产业的基础上，重点引进供应链上其他产业和配套服务产业，核心理念就是基于自身资源条件，充分利用产业集群的优势来承接将要转移的产业；②直接引入西部地区目前缺乏的但是适合的，可以推动形成整条产业链的核心龙头企业，除对当地中小企业具有带动作用以外，还能新增就业岗位，解决就业问题；③努力承接转移产业，完成西部区域产业链延伸，实现西部地区产业升级和结构优化。特色绿色园区根据不同优势，主要有四种发展方式：以整体产业链为优势、以绿色市场为依托、以西部制造企业集群为基础和以集聚绿色化技术为核心。

（3）在打造绿色园区的目标下，西部的工业化和产业承接不能盲目引进，应注重生态化。同时，西部地区工业发展滞后以及政府在资金方面投入不足，都影响西部地区的绿色园区建设，导致现在仍然存在一些问题。西部地区应进一步推进标准化工业园区建设，改善工业园区基础设施和营商环境，围绕工业园区的发展定位，让工业园区更多地承接转移产业。建设标准化、规范化的产业园区，可以更好地促进产业发展，创造适合产业转移的政策环境，完善基础设施配套和服务体系。为生产性配套和生活性配套产业发展提供广阔的发展空间，创建宜居宜业的投资发展环境。西部地区应该更多地整合各地资源，结合产业发展前景、促进就业等因素，根据当地具体条件，促进一大批新兴产业有效发展。在将现有产业做大做强的同时，积极引进上下游产业和现代服务业，着重打造具有地域特色的现代化产业集群。以现代化的产业集群为平台，以区域资源优势和政策为推动，孵化和引进新兴产业，引入一批能够带动产业链发展的核心企业，进而带动上下游产业共同发展，孵化和培育新的产业集群。通过对深层次加工企业的引入，延伸现有产业链，形成新的产业集群，促进西部地区产业集群升级，产业结构进一步调整和优化。改革的动能可以通过推动集群式发展模式转化为动力，着力点是打造绿色园区。制度与结构改革的能效主要包括产业配套能力、公共基础设施和政策市场环境建设。集聚式发展模式通过优势产业集中布局、集聚发展，扩大规模经济范围和集聚效益，来发挥产业配套能力优势、公共基础设施优势、政策环境优势，从而释放制度与结构改革的能效。绿色园区是在资源环境承载力的基础上实现关联企业在空间上的集合，可以强化企业间的合作，这是集聚式发展模式的重要组织载体与发展方向。

5.3.4 以"互联网+产业"模式为主导，打造共享平台，构建绿色供应链

"互联网+"通过现代信息技术，如移动互联网、云计算、大数据等，为产业的发展提供新产品、新技术、新业态。"互联网+产业"是一种生产要素优化配置的模式，可提高制造体的创新力和生产力，其动能可以通过共享平台转化为动力，着力点是构建绿色供应链，是优化制造体系绿色供应链的必要途径和外在动力。"互联网+产业"模式的能效主要表现为效率提高、跨界合作、供需匹配。共享平台将能效转化为动力，具体表现为：资源平台减少重复投资，提升使用效率；技术平台构建技术创新协同网络，提升技术研发水平；管理平台培育企业生态圈，促进同一生态圈内不同行业之间的企业战略联盟发展；信息平台使得制造企业可以便捷地获取消费者需求信息，增强对市场需求的反应能力。随着共享平台范围的扩大，联系的加深，多个平台进行有机组合后，形成了线上化和数据化的绿色供应链。共享平台促进供应链企业之间的合作，实现制造体系全过程透明化和公开化的监督和管理，加强对污染的监控，实现绿色设计、采购、生产、加工、营销、回收及物流等各个环节的资源节约、环境友好，是一条完整的绿色供应链的重要组成部分(图5-5)。

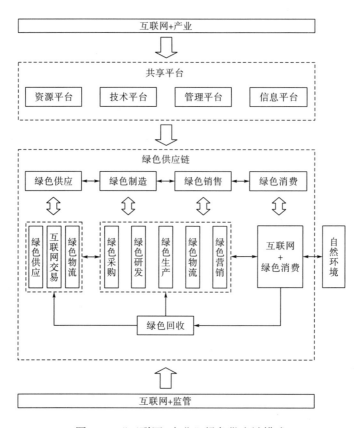

图 5-5   "互联网+产业"绿色供应链模式

（1）建设与优化绿色共享平台，建立西部制造体系绿色创新战略联盟。战略联盟的形成离不开平台的搭建和基地的建立，在平台方面，需要完成资源共享、技术研究开发、科研成果转化以及交流合作等众多平台的数据互通；在基地方面，联盟应当根据西部地区制造体系的能力基础和发展潜力，充分发挥西部地区龙头和骨干制造企业的带头作用，分别以绿色技术产业和绿色新兴产业为核心建立从事绿色技术创新研发和企业孵化的高科技产业基地。基本建成覆盖全西部地区优势制造产业的绿色自主创新平台体系。

以绿色制造、高新技术和绿色新兴产业为建设核心，组织西部地区、全国甚至国际化相关行业的龙头企业、高等教育学校和科研院所进行产学研合作，建立西部制造体系绿色创新战略联盟。联盟的主要目的是开展密切的技术合作，联合研究开发西部地区制造产业关键共性技术，突破技术绿色化瓶颈，形成绿色制造产业独特的技术标准，并完善相关配套，如扶持建设绿色技术孵化器、绿色制造行业协会、风险投资、咨询机构等第三方中介组织，构建功能完整的绿色科技中介服务体系。

（2）深度融合互联网与产业绿色供应链。"互联网+"技术的持续发展能够带动产业绿色供应链的优化升级，在这个过程中不断加深互联网与绿色产业供应链的融合程度。绿色供应链上的各个节点能够通过运用大数据以及云计算等众多互联网信息技术来完成资源的高效调动整合。借助"互联网+"构建的共享平台，通过拓宽信息沟通渠道，做到绿色产业链全过程透明化、公开市场化，强有力地吸纳新成员、资金、创新型的管理与技术，重新分配绿色产业链各主体之间的利益，实现"互联网+产业"的发展模式。

（3）实现"互联网+监管"模式。构建并顺利运行"互联网+监管"模式离不开完整的"互联网+产业"绿色供应链，因此，西部地区制造体系需要顺应和利用"互联网+"技术的发展潮流，构建针对产业绿色和产品质量安全的电子监管系统，并对其进行追根溯源式管理、全流程管理以及实时监管。这些都要求从原材料供应到绿色生产、产品流通直至绿色消费的全过程全区域的监管线路被打通。在"互联网+"技术的基础上，绿色供应链各节点主体、政府以及整个社会都可以对西部制造企业产品的绿色与质量安全进行适时控制和监管，从而推动产业有效实现绿色化制造、精确化和全程化监管质量安全。

5.3.5　以提升产品绿色价值为前提，塑造绿色品牌，建立绿色企业

绿色企业是一种推动资源节约型与环境友好型社会发展的新型企业，可以从设计生产制造绿色产品、创新运用绿色技术、开展绿色营销等环节入手，最大效率地利用自然资源并防止破坏环境，最终使西部地区制造企业可以有机地统一平衡经济、社会和环境效益。传统动能与新动能的综合能效可以通过提升产品绿色价值、打造绿色品牌转化为动力，着力点是建立绿色企业。提升后的传统动能能效包括资源利用率提高、劳动力素质提升、产品附加值增加；成长后的新动能能效包括绿色技术革新、信息不对称性降低、制度阻碍减小。提升产品绿色价值、建立绿色品牌可以促进绿色技术产业化，提升产品的附加值与市场竞争力，促使劳动力素质提升与制度变革，进而发挥综合能效。

绿色品牌是企业的一项无形资产，是企业长久发展的保障，其本质是提升消费者的绿色消费需求、降低消费者的选择成本。企业是绿色产品与绿色品牌的组织载体，是绿色产

品与绿色品牌的创造者与受益者。建立绿色企业，提升其竞争力，是绿色产品与绿色品牌的发展方向。

西部制造业企业既缺乏资金等硬实力，又缺乏人才、知识等软实力，导致其核心竞争力不强，无法塑造绿色品牌。因此，西部制造业企业应该转向学习创新(innovation)的对立面——挖掘(excavation)，也可称为"减法创新"。一是指对过去活动进行深入思考，去除糟粕和思维定式，为新的思想提供成长空间；二是指反向推理，利用原有经验来推理未知的世界，周而复始地探索。而"工匠精神"是"挖掘"在制造业领域的体现，指企业在以往熟悉的领域，通过精益生产的方式，不断提升产品品质，最终达到追求卓越的目标。品牌的核心是"品质"。"工匠精神"有助于西部制造业企业改变以往"低品质"的形象，提升产品的绿色价值，建立自身的绿色品牌。

(1)推动逐利者向绿色企业家转型，制定并实施绿色战略。创新活动离不开具有创新精神的企业家。在市场竞争中，往往只有逐利者，没有真正意义上的企业家，随着资源的枯竭，传统的西部制造企业经营者需要向企业家转型。企业家要树立现代企业经营与绿色环保理念，明晰绿色创新型企业的优劣，转变企业经营的思维方式。对企业家将资源收益用于投资绿色创新活动给予政策等方面的支持。由于外部环境压力和寻求新市场或新机遇企业内部需求的双向挤压，企业以及企业家逐渐重视绿色产品价值提升。企业转变成绿色企业容易，但能否盈利并不明晰。建立绿色企业和打造绿色品牌是一个系统性工程，对于西部地区制造企业来说，具有长远发展眼光和富有社会责任感的企业家是必不可少的，他们在制定并实施绿色战略的过程中发挥着举足轻重的作用。

(2)提升产品绿色价值。相比传统制造企业，创新型企业在实施绿色品牌战略时在技术、产品等方面表现出了显著优势，但是对于西部地区的传统制造企业来说，建设企业的绿色品牌需要投入大量资源，成本高昂。另外，绿色化行动具有多层次、多样化的特点，所以西部制造企业首先要根据自身情况和能力确定自身的绿色化程度，决定是选择企业所有生产机构和部门、生产线的全方位绿色化，还是部分生产机构和部门或者部分产品线的局部绿色化。企业需要从产品、体系或流程等方面进行绿色化，企业可以按照自身的绿色战略和绿色化程度对产品生产制造流程进行创新，建立适合自身的绿色管理体系。因为绿色管理体系为绿色产品的生产制造提供了稳固的基础保障，所以要保证生产出来的产品符合世界和国家相关绿色产品标准的要求，必须构建科学合理的绿色管理体系。绿色产品价值的提升与绿色品牌的提升主要依赖两点：一是创新性的绿色技术；二是明确详细的绿色运营原则。众所周知，企业的绿色品牌与绿色产品的特点密切相关，因此，打造绿色品牌是保证企业在绿色市场上占据绿色竞争优势必不可少的步骤。

(3)塑造企业绿色品牌。绿色品牌主要通过绿色化行动、绿色品牌信号等策略建设(图5-6)。绿色化行动策略是企业通过绿色化行动利用先动优势，比竞争者更早地将企业定位为"绿色"品牌企业；然后通过品牌声誉、第三方认证、保证、信息披露和战略联盟或纵向一体化的协调策略等绿色品牌信号策略，让消费者了解其绿色行动、绿色产品品质，以树立绿色品牌形象。企业声誉可以综合展现企业过去所有的行为及结果，可以反映出企业能向各利益相关者展现的能力和能提供的产出的价值。在此基础上，企业的绿色声誉是指企业所采取的各种绿色行为最后形成的社会绿色评价。企业对于绿色声誉的投资可以采

取绿色形象打造、绿色广告、绿色声明等方式。通过第三方认证，将复杂的绿色产品属性
转化为搜索类属性，有助于提高生态环境特性，改善消费者对产品的态度和增强购买意愿。
并且，在进行绿色营销过程中，为绿色产品提供质量保险或退换保证。环境信息披露是企
业打造绿色品牌的重要手段，企业可以通过主动公开产企业相关的环境信息，与利益相关
者进行有效互动，获得绿色竞争优势。例如，吸引投资者因为社会责任感而进行绿色投资，
引导越来越多的消费者进行绿色消费，减少关于环境问题的诉讼事件的发生率和受处罚的
风险，最终促进企业面向社会成功树立"绿色"品牌形象。协调策略通过供应链的紧密控
制和协调，实现质量控制的内部化，可与非政府环保组织形成战略联盟，其能提高宣传可
信度，减少非政府组织和社会的质疑，同时可以增强消费者的绿色消费信心。

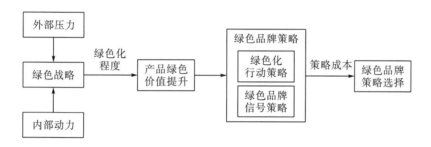

图 5-6　企业绿色品牌塑造

　　绿色企业离不开产品绿色价值和绿色品牌的塑造，绿色品牌塑造以绿色产品质量为基
础。总之，西部地区制造企业应根据自身的绿色化程度来制定绿色战略，在适合范围内提
升产品绿色价值，塑造绿色品牌，最终成为绿色企业。

5.3.6　以健全法律体系为保障，推行社会责任报告制度，强化绿色监管

　　健全相关法律体系，制定绿色标准，为企业社会责任报告制度的建立提供法律依据。
同时，完善的法律体系也为透明、便捷的信息平台提供了法律支持，这对实施企业社会责
任报告制度有很好的促进作用。另外，企业社会责任报告制度的建立与实施能进一步强化
绿色监管。因为健全法律体系是制度与结构改革新动能的重要组成部分，所以制度与结构
改革的新动能通过构建企业社会责任报告制度，转化成绿色制造体系的动力，着力点为绿
色监督。企业短期行为不会影响未来利益，长期环境投资无法得到利益相关者的认可，最
终导致其采取绿色行为的动机不足。

　　(1)建立环境信息评价体系。政府监管机构应通过健全的法律体系，建立环境信息评
价体系，将违反环境保护法的企业及法人列入"失信名单"，并向全社会公布，让违法企
业及法人在政府公开招标，以及乘坐高铁、飞机等方面受限。环境信息评价体系涉及多个
维度，是一个错综复杂的系统，其评价指标体系的构建应遵循系统性、可行性、可比性及
科学性的原则。基于新动能成长的西部地区绿色制造体系应从环境信息资源共享平台建
设、环境信息网络平台建设、环境信息资源服务平台建设、环境管理业务应用平台建设、

管理机构与人才队伍建设、环境信息化标准规范与安全建设六个方面进行科学系统的评价。环境评价指标体系内部各评价指标相互依存,具有反馈关系(图5-7)。

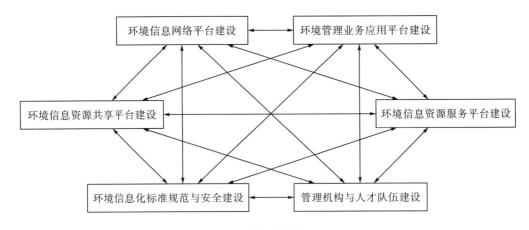

图 5-7　环境信息评价体系

现在,环境信息化已经成为绿色管理过程中必不可少的一个环节,提升西部地区环境信息化水平对建立西部地区绿色制造体系具有重大意义。

(2)完善企业社会责任报告制度。企业社会责任报告制度可以提升绿色企业的社会声誉,在绿色品牌建设中具有独特的作用,同等条件下应对绿色企业予以优先支持。首先,倡导企业间自发成立针对绿色生态环境保护的民间联盟组织,定期组织会议分析西部地区制造企业在设计、采购和生产过程中的绿色管理问题,对西部地区制造企业绿色生态经济进行系统化分析。同时,鼓励企业内部建立绿色运营管理机制,动员内部各职能部门全面参与、全过程参与、全员参与,提高企业的绿色管理水平,共同做好制造企业的绿色管理工作,引导企业高度重视生态环境保护,鼓励企业内部设立环保部门。倡导企业将生态环境保护目标与经营管理目标放在同等地位,将生态环境保护目标与企业经营管理目标一并考核。同时把企业生态环境目标与管理者的经济利益直接挂钩,以此作为业绩考核的一项重要内容;把企业生态环境目标作为评选先进单位的主要条件。最后,建立制造企业绿色经理制度,在企业管理制度改革过程中,逐步培养一批新时代市场经济下谋求绿色发展的企业家。吸收引进国内外先进的理念与做法,并结合现阶段西部地区制造业的具体特点,建立企业社会责任的定期发布机制。西部地区制造企业应实现社会效益与经济效益相统一;根据不同的战略定位、功能作用和业务范围,结合自身实际制定社会责任报告;应当坚持实事求是、客观全面的原则,兼顾行业数据对比。

(3)强化绿色监管。建立社会各级各类绿色监管机制。加强对政府环保部门行使公共权力的监督管理,西部地区政府部门应重点加强对下级政府部门在环保方面履职的监督管理;积极倡导公众、媒体、民间组织等社会力量监督企业在环保方面是否有违法违规行为,建立对环保违法行为的有奖举报制度,降低政府环保部门的监管成本;积极与各大高校合作,共同研究制定西部地区的绿色认证标准体系,防止政府环保监管流于形式;运用云计算、云服务、智能终端等现代技术,结合绿色监管思想,解决西部地区制造业生产中存在的问题，建立实时化、标准化、一体化的绿色监管平台。绿色监管最终要达到"守信者处处受益、失信者寸步难行"的效果，强化西部制造业企业的绿色行为动机。

5.4　小　　结

本章主要探讨了西部绿色制造体系的具体实施路径，剖析了绿色制造体系的路径依赖。根据西部绿色制造体系路径障碍，以西部制造体系现有技术为基础，将动能能效转化为平稳、持续的动力，同时实时调整转化过程，保持动力方向的"绿色化"，提出体系路径创造的主要思路以及具体实施内容。先以资源承载力为基础，解决西部地区内部结构性问题；再以绿色技术创新为核心，建设绿色工厂；在绿色工厂的基础上，推行集群式发展模式，打造绿色园区；联合园区内企业，构建互联网共享平台，与绿色供应链深度融合；协同提升产品绿色价值，品牌共享，塑造绿色企业。最后在政府宏观层面，完善法律法规体系，利用"互联网+监管"模式强化绿色监管，实现西部绿色制造体系的路径创造。

第6章 特征分类与典型样本：新视角下西部绿色制造体系典型案例分析

本章研究重点在于比较西部地区不同样本类型的绿色制造体系的发展情况。首先，根据第1章的产业划分，将制造业按劳动密集型制造业、资源密集型制造业和资本技术密集型制造业进行分类，选取西部制造业为样本进行研究。然后，根据城市群驱动核心差异进行典型地区选取与分析，具体选取双城市中心的成渝城市群、一正一副城市中心的关中平原城市群、一批城市形成的黔中城市群和西部唯一含海域的北部湾城市群进行深度分析。最后，针对不同行业驱动型城镇及其城镇化进程，分析讨论我国西部地区绿色制造体系的构建。

6.1 按投入生产要素的类型选取典型行业并分析

6.1.1 劳动密集型制造业

1. 绿色发展现状

劳动密集型制造业是指企业在生产运营过程中相对密集地使用劳动力作为投入要素的制造业。国家统计局没有单独对劳动密集型制造业的类型进行分类，本书依据国际贸易标准分类(Standard International Trade Classification，SITC)中对劳动密集型产品的划分并结合相关文献研究，将我国劳动密集型制造业的行业范围限定为农副食品加工业(C13)，食品制造业(C14)，纺织业(C17)，纺织服装、服饰业(C18)，皮革、毛皮、羽毛及其制品和制鞋业(C19)，家具制造业(C21)，印刷和记录媒介复制业(C23)，金属制品业(C33)，金属制品、机械和设备修理业(C43)共9个行业。

现阶段，人口红利的逐步消失造成劳动力成本越来越高，使得劳动密集型制造业的成本优势慢慢减小，但劳动密集型制造业的竞争优势并没有完全失去。张建华(2013)指出，美国"再工业化"计划中，不仅包括先进制造业(知识技术密集型制造业)和资源密集型制造业，还包括劳动密集型制造业。他认为廉价的能源、低技能的劳动力、自动化技术等条件为劳动密集型制造业回归提供了便利。丁平(2013)认为，我国劳动密集型制造业的成本优势并没有真正失去，其主要来源于生产集聚效应、网络效应、贴近消费市场的便利效应，以及由基础设施改善而带来的成本节约效应等。因此，低技术但并非高污染、高耗能的劳动密集型产业的存在具有重要意义，而且在未来很长一段时间里，劳动密集型制造业仍是具有较强竞争力的产业。从 2016 年我国对外制造业投资流向的主要二级类别中可以看出，劳动密集型制造业向国外投资的金额较小（图 6-1）。

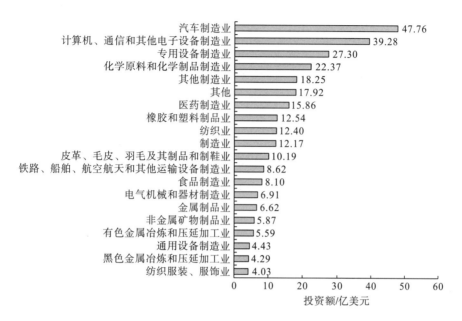

图 6-1 2016 年中国对外制造业投资流向的主要二级类别

资料来源：《2016 年度中国对外直接投资统计公报》。

西部地区正在承接东部地区劳动密集型制造业的产业转移。以食品制造业为例，其产业转移趋势非常明显，聚集份额在中西部从 2000 年的 27%上升到 2009 年的 41.3%。大部分东部地区的食品制造业向中西部迁移，特别是向河南、内蒙古、湖南和四川等地集聚。此外，农副食品加工业和非金属矿物制品业开始逐步向西部地区转移。

2. 绿色发展困境

（1）应对外部环境变化能力脆弱。我国劳动密集型制造业因分工细化、追求效率而导致其应对外部环境变化的能力脆弱，采用常规化生产而缺乏探索式或突破式创新，具有特殊的生产力困境，如图 6-2 所示。这种困境不利于产业绿色化进程的推进。我国西部地区劳动密集型制造业仍占较大比重，并且东部地区劳动密集型制造业正逐步向西部地区转移。

图 6-2 中国劳动密集型企业的生产力困境（李祥进等，2012）

(2)劳动力结构欠佳。根据每单位固定资本所需劳动力的相关测算，资本密集型部门仅需要劳动密集型部门所需劳动力的 1/4，劳动密集型小企业所需则是同类型大企业的 10 倍以上。而社会的发展和演变，使得传统的劳动密集型产业出现相当比例的市场萎缩，因此其对劳动力的需求也将大大减少。中国东部和中西部巨大的薪酬鸿沟带来的虹吸效应、中国城市化进程、交通便捷程度带来劳动力流动的便利性及成本的下降，导致逐渐成长起来、安土重迁思想淡薄的年轻劳动力和经验丰富或受教育程度较高的劳动力更倾向于迁往东部地区，这使得西部地区的劳动力结构欠佳，不利于传统劳动密集型制造业的绿色化发展。

(3)劳动密集型产品出口阻力加大。在国际市场上，我国的劳动力成本相对低廉，具有一定的竞争优势，但也因此容易导致贸易争端。国际上不仅设置了绿色技术壁垒、反倾销等手段限制我国劳动密集型产品出口，还设置了更加严苛的 SA8000 标准(社会责任标准)进行控制。SA8000 标准是首个用于第三方认证的社会责任国际标准，要求企业在获取利益的基础上，还要承担对社会环境、公益事业、员工权益等的相关责任。这一标准的初衷虽然很好，但也对劳动密集型产品的出口起到了一定的限制作用。目前，我国企业生产的服饰、家居、日杂产品都受到了 SA8000 标准的约束。

6.1.2　资源密集型制造业

1. 绿色发展现状

资源密集型制造业是指需要投入使用较多的土地等自然资源才能进行生产的产业。资源密集型制造业直接或间接地依赖自然资源的开采和开发，而随着自然资源的深度开采和开发，其成本往往呈递增的趋势，导致低成本的竞争优势逐渐消失。并且，由于资源产品的差异度较低，在达到低平均利润水平之后，难以通过技术创新和产品创新提高效益。这些均制约了资源密集型制造业绿色发展。

本书将酒、饮料和精制茶制造业(C15)，烟草制品业(C16)，木材加工和木、竹、藤、棕、草制品业(C20)，造纸和纸制品业(C22)，石油、煤炭及其他燃料加工业(C25)，橡胶和塑料制品业(C29)，非金属矿物制品业(C30)7 类对原材料依赖性较强的制造业归为资源密集型制造业。

资源密集型制造业的分布受自然资源的影响较为显著，因此大多集中在资源丰富的省份。其中，烟草加工业最为突出，烟草的生产对地区温度和湿度比较敏感、烟草加工的烤制过程对光照强度的要求也较为严格。这些因素直接影响着烟草的产量及烟草品质的好坏。该行业对自然资源的强烈依赖使得中国只有西部地区的云南、贵州等地生产的烟叶品质较好，因此烟草加工业的生产也主要集中在西部地区。除此之外，石油、煤炭及其他燃料加工业和非金属矿物制品业也较为类似，其地理分布与能源、矿产资源分布高度正相关，特别是运输成本高成为这些行业聚集在西部地区的主要原因。表 6-1 列出了西部地区矿产资源开采及加工基地，其主要矿产资源占全国总产量的 30%以上，西部地区已成为我国重要资源供应基地，矿业及其产业链后续相关产业在其经济发展中占有重要地位。并且，资源密集型制造业从 2005 年开始从东部地区逐渐转移至中西部地区，如山西、湖南、内蒙古、广西、重庆、四川和宁夏等地区。

表 6-1　西部地区优势矿产资源开采及加工基地

矿产资源种类	所在地区
有色金属	云南、新疆（铜）；广西、贵州、重庆、内蒙古（铅）；云南（铅、锌）；四川（钒、钛）；陕西（钼）；甘肃（镍）；青海（钠、镁、锂）；宁夏（钽、铌、铍）
稀土	内蒙古、四川、甘肃
钾肥	青海柴达木、新疆罗布泊
磷复肥	云南、贵州
钢铁	包钢、攀钢、酒钢、柳钢、昆钢、八一钢厂、水钢等

资料来源：《西部大开发"十一五"规划》，中国西部开发网。

西部地区应该充分利用自己的资源优势，以开发现有资源为主线，明确自己的区域分工定位。应将投资目标定位在资源集中型行业，这些行业有原材料的优势，在当地建立生产基地，可以减少产品的运输成本，同时，扩大行业规模后大量生产，也可将其供应给全国各地。

2. 绿色发展困境

(1) 资源利用率低。西部地区拥有丰富的自然资源，从某种程度上而言，属于资源开发型区域，但资源开发型区域往往因资源相对充足而忽视资源效率，产生一定程度的资源浪费。根据中国矿业网公开资料，西部地区的矿产资源采选回收率低于全国平均水平 10～20 个百分点，矿产资源的利用效率低，矿产加工深度低，大部分资源利用都集中在对矿产资源的初级开发上，生产的大多为低端产品。例如，青海柴达木盆地的钾盐资源丰富，但其 95% 以上的产品供给化肥厂用作原料；西部铝产量占全国铝产量的 43%，但其铝材加工量只占不到 3%，有些地方建筑耗材还依靠外地输入。对矿产资源的不合理使用，造成矿产的综合利用率低，导致西部地区部分优势矿产已经难以增产。

(2) 生态环境脆弱性较高。西部地区的资源开发历史较短，规模增长过快。一方面，西部大部分地区本身处于缺水、干旱区域，或山区、丘陵地带，生态环境较为脆弱。另一方面，传统的资源开发模式无法满足当前需求并且生态环境保护观念缺乏，严重影响了西部地区的生态环境，具体问题表现为环境污染、水土流失、沙漠化、草原退化等，最终制约地方经济以及社会的发展。以造纸和纸制品业为例，从图 6-3 可以看出西部地区造纸业单位产品的废水产生量明显高于全国平均水平、东部平均水平以及中部平均水平。其中，甘肃、陕西、内蒙古和宁夏等省（区、市）造纸业的单位产品废水产生量较高。在单位产品化学需氧量产生量的指标中，也存在相似的状况，如图 6-4 所示。

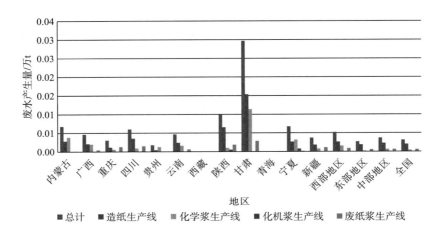

图 6-3 造纸业单位产品的废水产生量

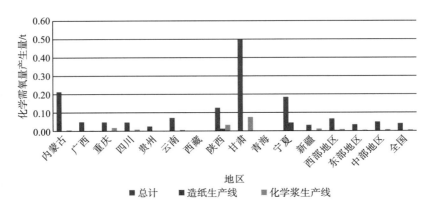

图 6-4 造纸业单位产品的化学需氧量产生量

(3)资源开发强度高。研究发现资源开发强度对制造业的发展有抑制作用(邵帅和杨莉莉,2010),这种抑制效应作为"资源诅咒",成为一个重要传导机制。本书选取 2011~2015 年西部地区各省(区、市)(除西藏外)资源工业产值与规模以上工业企业总产值的比率计算资源开发强度①(表 6-2)。从各省份资源开发强度年均值来看,新疆处于"资源诅咒"②,宁夏已经临近曲线拐点,若不及时采取措施,很有可能落入"资源诅咒"的陷阱之中。

表 6-2 西部各省(区、市)2011~2015 年资源开发强度(%)

省(区、市)	2011 年	2012 年	2013 年	2014 年	2015 年
内蒙古	36.929	36.985	36.280	37.139	34.545
广西	11.297	12.598	11.204	10.287	8.670
重庆	8.915	8.411	7.715	6.870	6.579

① 煤炭采选业,石油天然气开采业,石油加工、炼焦及核燃料加工业,燃气生产和供应业,电力和热力生产和供应业五大资源工业产值并进行加总求和,和值与工业总产值的比作为各省份的资源开发强度。
② "资源诅咒"临界值为 47.271。

省（区、市）	2011 年	2012 年	2013 年	2014 年	2015 年
四川	13.330	13.239	10.827	10.417	12.218
贵州	39.188	38.448	35.306	33.182	29.931
云南	19.894	19.843	21.582	19.111	18.642
陕西	46.003	42.777	39.225	37.522	31.898
甘肃	40.938	38.394	34.706	32.070	30.812
青海	35.839	37.003	33.939	31.223	22.662
宁夏	44.241	48.379	46.936	46.470	44.293
新疆	54.335	52.264	48.374	48.095	47.726

6.1.3　资本技术密集型制造业

1. 绿色发展现状

资本技术密集型制造业指单位产品成本中，对固定资本和流动资本、技术和智力要素要求较高，依赖程度超过对其他生产要素依赖程度的制造业。结合相关学者的研究，本书将制造业中除去劳动密集型制造业和资源密集型制造业之外的制造业界定为资本技术密集型制造业。其中，医药制造业（C27），黑色金属冶炼及压延加工业（C31），通用设备制造业（C34），专用设备制造业（C35），汽车制造业（C36），铁路、船舶、航空航天和其他运输设备制造业（C37），电气机械和器材制造业（C38），计算机、通信和其他电子设备制造业（C39），仪器仪表制造业（C40）的资本和技术要素密集程度更高。

经过多年的发展，我国资本技术密集型制造业规模不断扩大，以高技术制造业为例，国家统计局数据表明，2021 年全国高技术制造业增加值增长 18.2%，增速比规模以上工业快 8.6 个百分点，对规模以上工业增长的贡献率为 28.6%。但此类资本技术密集型制造业高度依赖于最终装配等低附加值活动，如大多数智能手机和电子产品生产所需的核心半导体元器件还是依赖国外企业供应，医药制造所需的主要先进生产设施也被发达国家所掌握。我国要不断加强技术创新能力，具体包括以下两个方面。一是在进一步加强企业创新主体地位的基础上，不断深化产学研协同创新。目前，我国已组建了一大批产学研协同创新的战略联盟，特别是在 3D 打印、纳米材料、生物医学工程等重点领域，开展意义重大的战略性研究，推进多产业的高效对接转移。二是集中力量在核心领域和关键技术上取得突破，有效提升成果的应用转化和产业化程度。我国集中发展载人航天、探月工程、新支线飞机、载人深潜、大型液化天然气（liquefied natural gas，LNG）船、高速轨道交通技术等核心领域，另外，注重特高压输变电设备、百万吨乙烯成套装备等部分领域装备产品技术的研究，此方面研究水平已处于世界前列。

在绿色制造方面，绿色创新能力不断积累。以家电制造业为例，应用绿色技术研发制造节能、对环境友好、便于回收利用的产品。为绿色制造体系提供绿色创新的基础能力。例如，现在家用的双级变频压缩空调以及双级变频无霜冰箱，都是在传统技术的基础上提高能效水平，同时有效减少其在制冷工作时对环境的负面影响，是绿色创新能力转化的产物。在石化装备制造业中，能源消耗大，泵、风机、压缩机等通用机械设备的运行效率还比较低，节能减排潜力较大。其原因一方面是机械装备故障较多，国内同类机组的连续运转周期只有国外领先水平的 50%～60%；另一方面是部分国内和进口的机组实际运行效率比设计效率低 20%～55%。表 6-3 为某制造业企业泵设备运行效率统计。

表 6-3　某制造业企业泵设备运行效率统计

项目	<51%	51%～70%	70%～83%	>83%	备注
装置 1	13	0	1	1	1963 年投产，2007 年改造
装置 2	16	5	1	0	1990 年投产
装置 3	10	5	2	3	1998 年投产

2. 绿色发展困境

(1)基础制造工艺耗能和污染高。资本技术密集型制造业中大部分行业涉及装备制造，而汽车、电力装备、造船、钢铁、石化装备、纺织、机床制造等产业的发展离不开基础制造的工艺和核心技术。但在装备制造生产过程中，基础制造工艺往往是耗能及污染物排放量占比最高的环节。据统计，仅铸造、锻造和热处理三项基础制造工艺每年的消耗量就占装备制造业规模以上企业总能耗的一半，即约 4000 万吨标准煤的能源量。而且，铸造行业具有排放物多、排放量大的特点，需要排放大量烟尘、废砂和废渣。锻造行业锻压时产生的巨大震动、噪声以及大量废弃物，容易削减精密装备的精度，累积于土壤、水体中的有机烃和毒害物，严重污染生态环境，从而影响产品的质量和性能。传统切削加工过程中大量使用切削液，污染严重，也不符合绿色制造体系清洁生产的要求。绿色制造体系清洁生产需要原辅料、能源具有无毒无害或低毒低害的特性，利用先进高效节能的制造工艺和设备，带动整个制造业进行绿色技术改进和产业结构优化，推动工业发展质量和效益的提升。总之，基础制造工艺的绿色化、精益化发展水平对工业绿色发展的基础能力有着显著影响。

(2)绿色工艺创新能力有待加强。西部资本技术密集型制造业整体创新能力经过多年的发展已有所提高，但受资源和环境等因素制约，绿色工艺技术水平还有待提高，对制造体系"绿色化"发展支撑不足。以家电制造业为例，国外企业在多年以前就开始研发替代工艺技术，而国内相关研究起步较晚，还处在低端市场的竞争之中，一旦国外技术成熟，对于我国家电市场将会造成工艺技术垄断，若想在市场中存活，必然要花费巨额专利费用。

(3)信息技术融合程度有待提高。相比全国其他地区，我国西部地区制造企业缺乏高科技人才，技术创新动力和绿色技术创新活动均有待加强。西部地区的地理位置和政策对高技术产业或产业高端企业缺乏强吸引力，目前主要承接技术含量低、产业带动力差以及升级动力不足的产业。所以，在全球产业梯度转移的过程中，西部处于产业价值链的低端，被动进入跨国公司生产体系参与全球竞争。例如，处在西部地区发展前列的成都、重庆等地，虽然着力快速推进并承接信息产业，但主要承接的仍是信息产业中的劳动密集型产业，无法支撑制造体系"绿色化"的持续发展。

6.2　按区域空间的分布选取典型城市群并分析

6.2.1　成渝城市群

1. 发展沿革

四川盆地素有"天府之国"的美誉，成都和重庆曾也是政治中心以及商业中心。西部地区的农业、手工业和商业颇为发达。鸦片战争后，重庆进一步发展，不仅有繁荣的商业体系作为支撑，还因地处长江流域，其工业、交通运输业经过长期发展愈加繁荣，在多种因素推动下，重庆在当时占据了全国的政治、经济和文化发展的中心地位。中华人民共和国成立后，国家在西部地区的成渝区域进行大规模的工业建设，大量修建基础设施，促进其城市化，带动了成渝地区的工业化进程。1997 年，重庆成为全国四大直辖市之一，政府部门着手研究如何促进重庆与四川经济协同发展，相互促进。2006 年，国家提出的"西部大开发"战略中明确强调建设成渝地区经济带。2010 年，《成渝经济区区域规划》经国家发展改革委审批通过上报国务院，2011 年，该规划由国务院批复同意。

2. 基本概况

成渝城市群是西部大开发的重要平台和国家推进新型城镇化的重要示范区，对长江经济带有着重要的战略支撑意义。具体包括重庆市的渝中、万州、黔江、江津、涪陵、大渡口、渝北、江北、北碚、沙坪坝、九龙坡、綦江、大足、长寿、合川、永川、南川、南岸、潼南、巴南、铜梁、梁平、荣昌、璧山、丰都、垫江、忠县 27 个区(县)，在此基础上还包括开县(现开州区)、云阳的部分地区；另一大板块四川省主要包括成都、自贡、泸州、绵阳(除北川、平武县)、德阳、遂宁、乐山、内江、南充、眉山、广安、宜宾、达州(除万源市)、雅安(除天全县、宝兴县)、资阳 15 个市，总面积为 18.5 万 km^2、截至 2021 年常住人口为 9758 万人，地区生产总值超过 7.3 万亿元，分别占全国的 1.92%、6.91%和 6.35%。

成渝城市群发展优势主要体现在以下四个方面。

(1)地理位置优越，自然资源丰富。成渝城市群区位优势明显，地处东西结合、南北交汇的中心，成都与重庆构成双核城市群，可开发性较高，第三产业资源丰富，可通过开发旅游业，带动地区经济发展。同时，由于国家政策的倾斜，西部大开发战略也会形成资源优势。

(2)成渝两地优势互补，自古交往密切。重庆直辖后，不但没有减少与四川的沟通，而且进一步促进了成渝两地的经济联系。成都和重庆经济优势互补明显，成都市的金融、商贸、科技、文化教育有着一定的优势，可辐射至周边其他城市及整个四川；重庆有着雄厚的制造业基础，工业水平比较发达，同时，重庆也是重要的交通运输枢纽和贸易口岸，连接华中和华南地区。四川可利用重庆的交通优势，将其资源运往全国各地。

(3)成渝地区水能、矿产等自然资源丰富。其水电可开发量居全国首位，也是我国最早发现、开发和利用天然气的地区，还是我国矿产资源最丰富的地区之一。不仅如此，成渝城市群有着极为丰富的自然和人文景观，多个景区被列入世界自然和文化遗产。

（4）成渝城市群交通发达，沟通便利。成渝地区有多条高速公路，对两地经济交流有着巨大的推动作用。铁路运输大大降低了两地之间人力运输和物资运输的成本，公路运输极大缩短了两地之间的地理距离，降低了时间成本。两地之间时空距离的缩短，使得物流、资本流、信息流快速融合，进一步加快两地发展（马景娜等，2009）。

3. 产业结构与特色

从表 6-4 可以看出，2015 年成都和重庆的生产总值都达到了 10000 亿元以上，产业规模大。成都产业结构以第二、三产业为主，正在形成高新产业为主的新兴工业及新兴服务业结构；重庆产业结构也以第二、三产业为主，但第一产业仍有一定比例，说明在解决农业发展问题方面仍有待提高。

表 6-4　2015 年成渝城市群各城市产业结构构成情况　　　　　　　　（单位：亿元）

城市	生产总值	按产业分			按行业分
		第一产业	第二产业	第三产业	工业
成都	10801.2	373.2	4723.5	5704.5	4056.2
重庆	15717.2	1150.15	7069.30	7497.75	5557.52

资料来源：《中国统计年鉴 2016》。

根据 2009 年《四川省产业集群发展报告》，成渝经济区产业集群多达 10 个以上，其中不乏具全球竞争力的产业（表 6-5）。以绵阳为中心形成了家电产业集群，以德阳为中心形成了技术装备产业集群，以泸州为中心形成了白酒产业集群，以广汉为中心形成了钻机产业集群，以成都为中心形成了生物制药产业集群、软件产业集群、家具产业集群等。这些产业集群在一定程度上对成渝经济起到了拉动作用。

表 6-5　成渝经济区部分产业集群及典型企业

城市	产业集群	典型企业
绵阳	家电产业集群	长虹集团
德阳	技术装备产业集群	中国第二重型机械集团
成都	生物制药产业集群	迪康股份
泸州	白酒产业集群	泸州老窖
成都	软件产业集群	天府软件园
成都	家具产业集群	全友家居
广汉	钻机产业集群	宏华集团

重庆市地理位置优越，资源丰富，产业集群更加具有竞争力，且规模较大（表 6-6）。产业集群大多利用当地资源优势，或者是国家早期建设工业基础，对振兴西部经济具有重

要意义。成都与重庆产业集群相互促进，共同发展。

表 6-6 成渝经济区部分产业集群及主要内容

产业集群	主要内容
摩托车制造产业集群	重庆已有成形、完整的摩托车价值增值产业链和行业服务体系，主要包括行业协调、销售运输、信息集散等，该产业集群在重庆的区域竞争力和优势非常强
汽车产业集群	重庆汽车的生产和销售规模居全国前列，除完整成熟的生产体系外，还组建了多所汽车研发机构、国家级重型汽车和客车质量检测中心，初步形成了汽车产业集群
仪器仪表产业集群	重庆仪器仪表产业是我国少有的产学研协同发展、西部地区最大的自控系统集成以及工业控制设备供应基地。可见，重庆地区正在形成仪器仪表产业集群
化工产业集群	重庆作为全国重要的化工生产基地，依托其丰富的天然气资源，不论是产品总量还是技术水平都处于国内市场前列
医药产业集群	在重点高校、国家级科研机构和医药生产企业的助力下，重庆以科研院所和企业为主体的医学创新集群初具雏形，并逐步形成以生物医药工业为主的较为完善的医药产业集群

4. 成渝城市群与绿色制造

成渝地区的重大装备、航空航天等制造业在全国处于领先水平，为处于制造业下游的资源加工型、劳动密集型和资本密集型产业向上游转移奠定了坚实基础，可布局战略性新兴产业集聚区和创新型产业集群。此外，可发展基于国际大通道建设的轨道交通装备制造业创新中心，促进成渝城市群的发育及新型城镇化的提质加速，改善西部地区向西开放的内外部交通条件。宜宾等地可与成渝城市群的周边地区（如贵州等）借助水资源和农作物资源，以五粮液和国酒茅台为重点品牌，壮大白酒制造业基地，辐射周边区域发展饮料和精制茶制造业、农副食品加工业等。

在我国大中小城市群与绿色制造业协调发展的同时，还需注重制造业与城镇化的协调发展。制造业与城镇化有着不可分割的关系，尽管我国城镇化进程已到中后期，但制造业仍是我国城镇化进程的主要推动力，城镇化的高质量是与制造业的高水平相对应的，而城镇化发展又是我国制造业巨大的内需潜力和拉动力。在城镇化进程中，各地要根据自身的资源禀赋、区位特点、人口结构、与周边地区的关系等，进行合理布局，转移大城市外延扩张的强劲力量，缓解中等城市发展空间的挤压，弥补小城市发展动力的不足，实现绿色城镇化。

6.2.2 关中平原城市群

1. 发展沿革

关中平原城市群规划范围包括陕西省西安、宝鸡、咸阳、铜川、渭南 5 个市，杨凌农业高新技术产业示范区，商洛市的商州区、洛南县、丹凤县、柞水县，山西省运城市（除平陆县、垣曲县）、临汾市尧都区、侯马市、襄汾县、霍州市、曲沃县、翼城县、洪洞县、浮山市，甘肃省天水市，平凉市的崆峒区、华亭县、泾川县、崇信县、灵台县，庆阳市，面积为 10.71 万 km²，2020 年关中平原常住人口达到 3887 万人，地区生产总值为 2.2 万亿元,分别占全国的 1.12%、2.75% 和 2.17%[①]。

西安是中华文明的重要发祥地,承载着中华民族的历史荣耀,也是古丝绸之路的起点,同时该城市群南依秦岭、东跨黄河,文化底蕴深厚。中华人民共和国成立后,经过建设开发,关中平原城市群已是高新技术产业开发带和星火科技产业带,在西北地区有一定的比较优势。2018 年 2 月,国务院批复同意《呼包鄂榆城市群发展规划》,该规划对于关中地区形成双极经济有极大的促进作用。

2. 区位优势

(1)地理位置优越,“一线两带”处于陇兰海新国家一级发展轴线上,位于我国内陆中心,是连接我国东部、中部、西部地区的重要门户,各地社会经济发展水平相对较高。

(2)有着显著的交通优势,也是亚欧大陆桥的重要支点和贯穿西部的南北通道,以西安为中心建设了米字形的高速公路网、高速铁路网、国际枢纽机场和互联网核心网络,网络具有衔接紧密、规模较大、线网覆盖面广等特点。

(3)创新综合实力雄厚,推进军民融合,在科教资源、军工科技等方面位列全国前茅,具有显著优势,通过大众创业、万众创新、军民深度融合发展推动创新优势、产业优势转化。

3. 产业结构与特色

关中平原城市群工业体系完整,产业聚集度较高,高新技术产业、加工制造业等产业基础雄厚(表 6-7)。

表 6-7　关中平原城市群部分产业集群及主要内容

产业集群	主要内容
航空产业集群	以西安阎良国家航空高技术产业基地为载体,依托西安飞机工业集团和相关高校研究院所,形成集航空产业研发、人才培养、装备生产制造加工等于一体的航空产业集群
汽车产业集群	西安依托陕西汽车集团有限责任公司、比亚迪汽车有限公司等龙头公司,引入其他汽车企业,带动汽车行业上下游发展,形成汽车产业集群
高新技术产业集群	关中地区具有一定的创新基础,中心城市西安地区的高等院校、科研机构实力位列全国前茅,以未来软件等为核心企业,打造西安高新区软件产业集群

4. 关中平原城市群与绿色制造

关中平原城市群生态本底相对脆弱、要素多元,需要转变产业发展方式,积极发展绿色经济。在能源化工方面重点提高技术经济性、稳定性和安全性。在航空航天方面需要重点突破新一代无污染、无毒、高性能以及低成本航空动力、航空新材料、运载火箭动力学关键技术,提升绿色制造与集群化水平等。

---

① 资料来源:中华人民共和国国家发展和改革委员会官网(https://www.ndrc.gov.cn/xxgk/zcfb/tz/201802/t20180207_962661.html? code=&state=123)。

6.2.3　黔中城市群

1. 发展沿革

黔中城市群由于历史原因和地理原因，交通条件较差，工业生产能力不足。2017 年，经贵州省政府批准，国家发展改革委同意印发《黔中城市群发展规划》。黔中城市群位于贵州省中部地区，城市网络较为稀疏，包括贵阳市、遵义市、安顺市、毕节市、黔东南州、黔南州 6 个市（州）及贵安新区共 33 个县（市、区）。该城市群区域总面积为 5.38 万 km²，截至 2020 年常住人口达到 1100 万人，地区生产总值为 1.26 万亿元①。

2. 区位优势

黔中城市群是国家深入建设西部地区新的经济增长极，是贵州省的核心经济区域，有着明显的区位优势，环境承载能力较强、发展空间和潜力大。2017 年，《黔中城市群发展规划》指出，要围绕黔中城市群发展的重点，按照"补短板、强长板、添动能"的思路，提出 743 个重大工程和项目，总投资近 3.5 万亿元。其中，特别提出了发展影响大、带动作用强的 78 个跨区域重点工程项目，总投资达 1.15 万亿元，为实施战略任务提供重要支撑。

3. 产业结构与特色

旅游业资源丰富，产业已基本成形。具体包括以"多彩贵州风"等为重点的演艺精品工程，以遵义、安顺三线建设等为代表的工业文化旅游产品，以遵义、瓮安等为代表的红色文化旅游产品，以国酒茅台为代表的酒文化旅游产品，以息烽、绥阳等为代表的温泉旅游产品，以贵阳、遵义等为代表的避暑旅游产品，以阳明文化、海龙屯、屯堡等为代表的历史文化遗产旅游产品，以都匀毛尖为代表的茶旅文化旅游产品等。

黔中城市群重点工业有大数据战略重点引领工程和电子商务示范工程。建立城市群后，手机制造从空白跃居全国第 4 位（2017 年）②，大数据综合试验区领跑全国，外向型经济从弱到逐步走强，对外贸易、投资表现良好。

4. 黔中城市群与绿色制造

为了全面推进绿色制造，进一步提高资源能源利用效率，减少对生态环境的负面影响，实现绿色增长，黔中城市群需要优化产业布局，增强贵阳产业配套和要素集聚能力，以贵阳—安顺为核心，以贵阳—遵义、都匀、凯里、毕节为轴线，推动节能环保装备制造业的集群化，重点发展新材料、新能源、资源深加工、特色轻工、能矿装备、航空、电子信息等优势产业和战略性新兴产业，严格控制制造项目环境风险。

---

① 资料来源：贵州贵安新区管理委员会官网（http://www.gaxq.gov.cn/xwdt/gayw/201812/t20181211_1968525.html）。
② 资料来源：新西部网（http://www.xxbcm.com/info/1050/2468.htm）。

6.2.4　北部湾城市群

1. 发展沿革

2017 年，国务院批复同意建设北部湾城市群。其规划范围包括广西壮族自治区南宁市、北海市、钦州市、防城港市、玉林市、崇左市，广东省湛江市、茂名市、阳江市，海南省海口市、儋州市、东方市、澄迈县、临高县、昌江县，陆域面积为 11.66 万 km²，海岸线为 4234km，还包括相应海域。2020 年末常住人口为 4401 万人，地区生产总值达到 2.2 万亿元，分别占全国总数的 3.12% 和 2.17%[①]。同时，北部湾城市群是西部地区唯一一个包含海域的城市群，与东盟海陆相邻，在中国－东盟战略发展中有着重要的意义，对于"一带一路"建设和全球经济体系也有重要的平台作用。

2. 区位优势

（1）地理位置具有战略意义，其居于南海西北部，东临雷州半岛和海南岛，北面靠近广西，西面与越南接壤，是一个半封闭的海湾，区位和战略地位优势显著，是我国与东盟实施经贸一体化的前沿阵地。

（2）综合的交通运输网络，空海航运体系完善，以南宁、海口机场为核心，以湛江、儋州、北海、玉林机场作支撑，其他若干通用机场补充，形成了分工明晰、合作密切的机场网络群。

3. 产业结构与特色

广东、海南、广西三省（区）由于各自省（区）情形成了具有各自特色的产业集群（表6-8）。

表6-8　北部湾城市群产业集群

省（区）	产业集群	主要内容
广东	电子信息电器机械产业集群	全国规模最大的电子电器产业集群，具体包括建筑材料、服装纺织、食品饮料三大传统行业，石油化工、电子信息、电气机械三大新兴行业，以及造纸、医药制造、汽车与摩托车三大潜力产业
海南	—	海南省目前产业布局较零散，但是着力对传统产业进行不断升级和持续稳定发展，主要包括低碳制造业、海洋渔业、现代物流业和现代金融服务业等产业
广西	重大工业产业集群	重点发展食品、汽车、石化、机械、有色金属、冶金、建材、轻纺、造纸与木材加工、海洋工程装备等 14 个产业，是亚洲重要的铝工业基地、全国机械装备生产及出口基地、区域性大型钢铁基地、汽车制造中心、西南地区最大的石油化工基地

4. 北部湾城市群与绿色制造

北部湾城市群以推动临港工业绿色化改造和培育绿色产业集群为目标，依托湛江、防城港、茂名、铁山、钦州、洋浦等港区和重点工业园区，实现产品、工厂、园区以及供应

---

① 资料来源：中华人民共和国国家发展和改革委员会官网（https://www.ndrc.gov.cn/xxgk/zcfb/ghwb/201702/t20170216_962229.html?code=&state=123）。

链等全方位绿色发展，打造在全国范围具有重要影响力的生态型工业集群。推进炼化一体化，发展中高端石化绿色清洁产品，形成竞争力较强的石化产业集群。同时，推进冶金产业的绿色转型，并以湛江钢铁为龙头基地来打造冶金精深加工产业集群。

在北部湾城市群发展中，以积极构建高端高效、智能化产业体系为导向，积极与东盟合作，全力推动新型城镇化发展，充分发挥北部湾开放的区位优势，以实现北部湾城市群升级发展，但在开发过程中，必须坚持生态优先，以区域主体功能定位优先不动摇。

6.3 按城镇化发展的区位优势选取典型城镇并分析

城镇是产业发展的载体和依托，产业是城镇发展的支柱和动力源泉，二者作为区域经济发展的重要推动力，相互促进、相互影响。城镇化的过程是人口聚集、产业非农化的过程，推进新型城镇化建设，必须以城镇空间体系设计、区域资源禀赋、区位优势为基础，本书结合绿色发展理念将城镇归纳为工业驱动型城镇、农业驱动型城镇、旅游-商贸驱动型城镇和综合发展型城镇四类。

制造业作为产业中的重要组成部分，其在产业结构调整、城镇建设布局、经济转型方面具有十分重要的地位和作用。制造业的集聚效应推动了城镇化的进程。在我国，工业制造业是地区经济增长和城市发展的重要动力，工业用地扩张是城镇化建设的重要途径之一（傅元海等，2014），制造业结构和布局的合理性直接影响着土地利用效率的提升、经济结构的调整、城市间的分工协作与功能互补、区域经济的协调发展。陈曦等（2015）指出，中国的城镇化水平与制造业空间分布之间存在倒 U 形关系，即当城镇化处于 36.26% 以下时，制造业份额与城镇化水平成正比，当城镇化水平处于 36.26% 以上时，二者成反比。此外，城镇化水平与三类制造业（劳动密集型、资本密集型和技术密集型）间均存在倒 U 形关系，并且存在一个基本规律，随着城镇化水平的持续稳定提升，劳动密集型制造业和资本密集型制造业会逐渐向中高端的技术密集型制造业转型升级。因此，我国必须高度重视城镇化水平与制造业发展的相互作用和关系，通过城镇建设，推动制造业结构调整与优化升级，反过来又进一步促进我国积极稳妥、扎实有序地推进城镇化，形成良性循环。

首先，制造业的发展推动了乡镇企业的发展，提供了就业机会，促进了人口的集聚。制造业生产是为了追求利润最大化，需要通过规模经济降低成本，提高生产效率。因此需要聚集生产要素，优化资源配置，尤其是劳动力的集聚和分工。低成本是制造业生产追求的目标，为降低成本需要实现规模经济，因此需要劳动力的集聚和分工。生产的集中最终会带来人口的集聚，因此制造业的发展带动了人口向城镇集聚，推动了城镇化的进程。制造业为小镇的稳定发展提供了产业支撑，在此基础上，城镇才能提供稳定的就业机会。其次，制造业创造了供给，城镇化创造了需求。随着收入的提高，消费需求增加，促进了小城镇市场的发育，与生活服务相关、为居民提供日用消费品的行业逐步壮大，此类产业的兴起，进一步推动要素资源向小城镇聚集。除此之外，乡镇企业的发展为城镇提供了资金积累，帮助城镇完善基础设施，改善居住条件与公共服务设施，扩大城市规模。例如，苏南地区的制造业与城镇化就是主要由乡镇企业的发展驱动的。乡镇企业创造了"离土不离乡，进厂不进城"的城镇化模式，促使农村剩余劳动力向非农产业集聚，提高其收入水平。制造业对农村剩余劳动力有显著的集聚作用，使其向城镇集聚。产业是城镇化的经济支撑，没有产业的发展就不会吸引劳动力，就无法支撑城镇化的发展；人口也应城镇化，建了很多城市却无人住就是空城，必须要有人转移过去。产业的聚集必然带来土地城镇化，须拿出更多的土地为城市运行、城市发展、城市人口服务，这将带动城镇的发展。

绿色制造是高效、清洁、低碳、循环的新型制造方式。而新型城镇化是在推进城镇化过程中贯彻生态文明理念，是一条集约、智能、绿色、低碳的道路。绿色制造与新型城镇化可以相互促进。绿色制造推动城镇经济摆脱以往粗放型的发展方式，走城镇密集、布局集中、用地节约的现代城镇化之路，向集约型的发展方式转变（袁业飞，2013）。培养以低能耗、低排放、低污染为典型特征的新型制造业，保证新型城镇化高起点驶入科学发展的轨道。综合考虑城镇区位优势、生态环境以及绿色发展理论，寻找与绿色制造业的契合点，因地制宜，为不同城镇选择适合自身发展的城镇化类型。

6.3.1 工业驱动型城镇与绿色制造业的契合

工业驱动型城镇是以工业为主导产业，工业产值占比较大，对城镇发展的贡献高于其他产业。为了满足工业发展的需要，城镇基础设施需较为完善；以工业发展带动城镇交通、信息传播、餐饮等第三产业的发展；大量工业企业聚集，吸纳了农村的剩余劳动力，造成城镇从事工业生产的劳动力比例较大。发展制造业是许多工业城镇经济的主要依托，也是工业驱动型城镇扩大经济总量、增加财政收入和就业机会的主要途径。但是，我国工业驱动型城镇发展过程中存在严重的"城市病"，相对于大中城市，除少数沿海地区的城镇以外，我国大多数工业驱动型城镇主要依靠低附加值的加工制造或消耗资源维持发展。这种粗放型发展模式资源消耗大、科技含量不高、经济效益低，且多以浪费资源和牺牲环境为代价，导致劳动力素质低端化、环境质量不断恶化，进一步影响了产业升级和城镇发展能力的稳步提升。但在四种城镇类型中，工业驱动型城镇与制造业契合度相对最高，绿色制造是推动新型城镇化的一个发展方向，有助于从根本上推进工业驱动型城镇向集约、智能、绿色、低碳的新型城镇转变，工业驱动型城镇绿色制造转型模式与路径应着力打造绿色工厂。

1. 以技术创新为核心，打造绿色工厂

技术创新包括技术开发与技术应用，技术开发是指生产过程中的创新，包括产品与工艺升级；技术应用强调技术开发成果的产业化。绿色技术确定了技术开发的方向，绿色产品实现了技术应用，从而发挥了技术创新的能效。因此，技术创新的动能可以通过开发绿色技术、生产绿色产品转化为动力，着力点是建设绿色工厂。绿色工厂为绿色技术提供管理与组织上的支持，实现了绿色技术与绿色产品的集成，是绿色技术与绿色产品的重要组织载体。

创建技术含量高、能耗低的绿色工厂是建设资源节约型、环境友好型工业城镇的必然选择。绿色工厂的建立与运行主要包括以下内容。首先，绿色工厂的设计概念是通过科学

的整体设计，集成生态景观、自然通风与采光、再生能源与资源、超低能耗、智能控制、舒适环境、人机工程等常规及高新技术。其次，绿色工厂需要借助能源管理系统，整合工业自动化和信息化技术，对企业生产全过程中各类能源数据进行实时采集和监测，建立能源消耗评价体系，实现在信息分析基础上的能源监控和能源管理的流程优化再造。最后，建设绿色工厂标准体系，形成国家标准、行业标准互为补充的标准体系，还要充分发挥第三方机构作用，开展绿色工厂宣传、培训、咨询、评价等服务。

2. 开发节能技术，发展循环经济

以制造业为主导产业的工业驱动型城镇可以通过开发节能和循环技术，打造绿色工厂，改变传统制造工艺，采用先进设备，优化生产流程。在设计环节实现数字化、在生产上实现自动化和信息化、在设备控制上实现数控化，带动传统制造流程更新改造（叶敏弦，2013）。在工厂推广运用高性能加工设备和网络系统，使得生产流程可以实现信息化和智能化控制。同时，鼓励制造业工厂实现清洁生产，采用先进的清洁生产工艺，推动传统制造工艺绿色化、智能化改造；提高原材料的使用效率，强化原料精细加工，推广循环生产方式，综合利用各类资源，加大废料多层次回收利用，按照厂房集约化、生产洁净化、废物资源化、能源低碳化原则，优化制造流程，应用绿色低碳技术建设改造厂房，集约利用厂区。

3. 推进建筑产业绿色化，打造绿色发展新格局

绿色建筑指充分利用当地的自然资源，在避免环境破坏和维持基本生态平衡的基础上，在建筑产品的全寿命周期内对环境无污染的建筑。绿色建造的推进离不开新型城镇化发展和建设，并且要以此为核心，加强并实现三个结合。一是要结合发展循环经济。建筑业循环经济主要遵循的是减量化（reduce）、再使用（reuse）以及再循环（recycle）的 3R 原则。减量化主要针对的是输入端，要求用较少的绿色无污染的资源投入来达到既定生产目的；再使用则属于过程性方法，其目的是延长产品和服务的使用寿命，能够在不被大规模改造的情况下反复使用；再循环针对输出端，要求产品具有循环使用的特性，在完成其使命后，能成为可重复使用的资源而非废弃物，生产者应在制造之初就考虑产品的循环利用，其责任应包括废弃制造产品的绿色处理。二是要结合建筑业信息化建设。当今时代，信息技术为建筑业的绿色化发展提供了强有力的支撑，有利于对工程项目进行全过程优化、动态控制项目实施进度和"智慧管理"。三是要提升工程总承包能力。综合考虑生态环境影响、资源消耗以及高端绿色创新技术应用，形成建筑设计、材料采购、现场施工、项目试运行一体化。

以制造业为主导产业的工业驱动型城镇在打造绿色工厂时，可参考福建龙岩的经验做法。在过去，福建龙岩的传统建材、能源企业较多，粗放型的发展方式导致资源被过度开采，资源拥有量变得越来越少，加之对环境的过度破坏，环境问题日益凸显，违背了可持续发展的理念。但近年来，福建龙岩致力于打造节能减排、循环利用的绿色产业链，龙岩工业集中区的坑口电厂主要负责向园区其他企业输送原材料与热气。与此同时，另一家企业龙能公司利用先进技术，将粉煤灰再次利用，实现废弃物的"资源化"再循环，既减少

了废气排放量，也提高了资源能源利用效率。通过资源的回收利用，循环再造使坑口电厂实现了零排放的清洁生产(温晓明，2015)。

6.3.2　农业驱动型城镇与绿色制造业的契合

农业驱动型城镇是产业结构以农业为基础，通过农业的产业化经营，将当地特色农产品的生产、加工与销售相结合，并有与之配套的产前服务、产中服务和产后服务。其主要通过改变传统农业生产方式、发展现代农业，引导农业人口聚集。此类城镇大多依托区域内丰富的农业自然资源，成为我国主要的农产品生产基地。农业驱动型城镇与绿色制造业的契合点在于绿色理念和技术在化肥、农机设备生产、使用和回收中的应用，虽然现有的农业机械化在一定程度上提高了农业生产力、降低了农业生产成本、增加了经济效益，但在化肥和农机设备使用过程中也造成了环境污染问题。因此，农业驱动型城镇绿色制造转型模式与路径应聚焦于绿色化肥、农机等产品的循环使用。

1. 夯实清洁生产理念，强化绿色产品全生命周期管理

农业驱动型城镇化要基于农业信息的发展，聚焦绿色环保新理念和农产品环境属性，即在城镇化发展过程中，结合农业仿生工程与先进技术，通过多学科的交叉学习与运用，进一步加强农业的绿色生态产品设计、绿色生产、绿色包装、绿色使用、绿色维修、绿色回收与处理，推动农业驱动型城镇的可持续发展。绿色新技术可以运用"互联网+"和虚拟样机技术，对农机进行生态设计和仿真分析，在明晰产权的基础上，建立健全乡村两级土地流转服务机构，配套完善运行规则、办法，进一步规范农村土地流转。可将农村分散的土地，特别是无力耕种的撂荒土地通过土地流转交易平台，向规模种植养殖大户、龙头企业适度集中，发展规模化的业主制、公司化农业，提高农牧业生产的规模化、集约化水平，推动地区现代农业的发展。可利用农机互助共享和农业托管等模式，减少农业生产过程中的污染气体排放量等。

2. 调整农业产业结构，发展农业新型业态

随着新型城镇化的推进，人民生活水平不断提高。人们不仅需要维持生存所必需的农产品，也有对生态、休闲的需求。因此，在注重农产品生产的同时，积极推进农业功能拓展，进一步调整农业产业结构。积极推进农业和农村经济结构调整，大力推进农业产业化，推进农民进社区，促进产业和人口集聚，加快农村城镇化进程。同时，在扩充、提升传统第三产业的基础上，大力发展为现代生活服务的高附加值的第三产业，如加快发展休闲农业与乡村旅游，延伸农业产业链，鼓励农民就地就近就业，为农民带来更多增加收入的机会(张桂玲，2010)。使农业不再局限于食品供给，还具有促进就业增收、生态涵养、观光休闲、文化传承等功能，推动农产品加工业、服务业、交通运输、民居建设、乡村文化等相关产业的发展，满足城乡居民新型消费需求，开展现代农业发展的新型业态。

3. 加快培养新型职业农民，为现代农业提供人才支撑

加快培育有科技素质、有职业技能、有经营能力的新型职业农民，是推进新农村建设和发展现代农业的必由之路。建立完善的农民教育培训、认定管理制度，加强教育培训保障机制。借助新型农民培训、农村劳动力转移培训阳光工程、创业农民培训、农业科技入户工程、农业实用技术培训等农民培训项目，帮助新型农民掌握现代农业的发展理念以及先进技术，为现代农业的发展提供充足的人力资源。

例如，德源镇隶属于四川省成都市郫都区，面积为 30.8km^2，辖 16 个村 1 个社区，共 108 社，人口 39231 人(截至 2017 年)，是四川省小城镇建设试点镇。随着德源镇经商环境的不断改善，一些技术含量高、附加值高、市场占有率高的项目纷纷落户德源，大力推动了镇域经济的发展，增加了当地农民的收入。除修建家禽养殖基地外，德源镇还大力开展绿色大蒜基地化建设，建成以东林村、义林村、平城村等为主，并辐射到友爱、红光等镇的大蒜标准化生产基地，目前拥有省内外闻名的万亩"红七星"优质大蒜生产基地。

6.3.3　旅游-商贸驱动型城镇与绿色制造业的契合

旅游-商贸驱动型城镇指的是旅游驱动型城镇和商贸驱动型城镇，二者具有不同的优势和发展侧重点，也具有与绿色制造业相似的契合点。旅游驱动型城镇是以旅游经济的增长与发展作为推动城镇化的主要动力，依托区域内丰富的旅游资源(包括自然风光或人文景观)带动城镇的发展。一方面通过旅游业促进交通、酒店、餐饮、购物、娱乐等多个产业的发展，为当地人口提供更多的就业机会与创业空间，促进当地人增收，引导人口向城镇聚集；另一方面带动城镇基础设施不断完善，为游客提供更便利的配套设施和公共服务。商贸驱动型城镇是以商业贸易活动为核心驱动力而产生的城镇化发展过程，是农副产品和小商品的批发地，以便利的交通条件和区位优势成为商品聚集地，商品的聚集与流通带动了市场繁荣，活跃的商贸市场又促进了城镇的发展。当前，随着信息技术等高新技术的快速发展，商业贸易活动繁荣，旅游业与农业和制造业逐渐融合发展。旅游-商贸驱动型城镇与绿色制造业的契合点主要在于旅游制造业，是制造旅游配套产品、工艺产品和小商品等相关产品的行业，虽然也涉及工业旅游购物等方面，但工业旅游目前仍是一个相对小众和新颖的旅游产品形式，且大部分旅游-商贸驱动型城镇的工业旅游产品并不具备吸引力，还需要较长时间的完善，因此，旅游-商贸驱动型城镇绿色制造的发展路径可围绕旅游配套产品、工艺产品、食品加工和小商品绿色制造等方面进行探索，需要注重以下三个要点。

1. 结合资源特点选择不同开发模式

通常情况下，区域旅游发展需建立在原有旅游资源的基础上。面对所拥有的旅游资源能否开发的问题对于以自然资源为发展基础的地区尤为重要。针对生态脆弱、对人的影响敏感以及原始自然保留较为完整的区域，应从国家层面严格保护，不宜发展大众旅游。在制定严格保护规划的前提下，围绕生态敏感地区的边缘区域可有限制地开发替代性旅游，减少商业活动，或旅游制造业通过科学研究建设少量低影响的旅游装备和服务设施，确保

资源核心区的生态环境不受干扰。城镇旅游业和商业的发展需要多方面的支撑，同时其发展能推动城镇多方面的发展。在推动旅游-商贸驱动型城镇发展方面，系统观的确立十分重要，应高度重视旅游业、商业、工业、服务业、金融业等产业部门的协同发展，增强旅游-商贸驱动型城镇体系的稳定性、多元性和抗风险能力。旅游-商贸驱动型城镇出于对集聚效应、溢出效应的追求，通过横向关联和纵向关联来实现业间互惠、业内互惠，当地政府和相关组织应积极搭建区域合作平台、完善区域合作机制，引导、鼓励各类旅游产品制造主体进行合作，共享市场，互惠互利，推动城镇旅游商业经济持续发展和壮大。城市功能决定城市兴衰。无论是工业化时代还是后工业化时代，商业一直是拉动城市产业结构升级、集聚城市发展优势的核心产业活动，"以市兴城"在许多地方已成为共识。在此背景下，旅游-商贸驱动型城镇应突破工业化时期的发展框架和思路，转变理念，重视新兴的、具增长潜力的旅游产品制造的培育和壮大，旅游-商贸驱动型城镇内生要素对城镇绿色制造发展具有关键意义，不同城市在竞争网络中具有不同的绝对优势，内生要素利用方式很大程度上又决定着城市的相对优势。但目前市场对具有当地特色的手工艺家居产品、旅游装备制造业等特色可持续发展产品的需求与日俱增，旅游-商贸驱动型城镇应把握这方面的机遇，统筹城市资源结构、发展阶段、区位交通、人口规模等多方面因素，遵照相关政策部署，合理确立重点，根据旅游商贸产业的需求进行旅游产品的绿色制造，形成突出的商业发展能力和独特的竞争优势。

　　2. 强化产品全生命周期的绿色化

　　旅游-商贸驱动型城镇中的企业多为中小型制造企业，旅游制造业专为旅游活动提供最终消费品支撑，当地应根据实际情况联合发展绿色中小企业，生产绿色手工艺产品，打造绿色品牌。绿色中小企业应贯彻绿色管理理念，利用当地自然物料、可持续资源和绿色技术，实施清洁工艺制造并销售环境友好型的产品，在生产过程实现资源利用减量化、"三废"排放低量化，并对产品进行回收、处理和再利用，提升企业绿色竞争力。产品生命周期的绿色管理是绿色发展的有效途径，促使企业在产品生命周期的各个阶段实现绿色化，包括绿色材料、绿色设计、绿色生产、绿色包装、绿色回收和处理等。其中，绿色材料源自当地的自然物料，具有可持续发展的特性；绿色设计需考虑产品对环境的影响，以环境友好型设计作为出发点，尽可能减少产品对生态的负面影响；绿色生产聚焦产品制造过程中清洁生产的实现，具体采用先进的清洁生产工艺，推动传统制造工艺绿色化、智能化改造；绿色包装强调在包装过程中遵循减量化、可重复利用、可回收再生和可降解原则；绿色回收和处理则侧重产品和废弃物的多层次回收利用，通过资源化再利用实现变废为宝。总之，企业作为绿色产品与绿色品牌的组织载体，是绿色产品与绿色品牌的创造者与受益者，要引导制造企业建立集资源、能源、环境、安全、职业卫生于一体的绿色管理体系，将绿色管理贯穿于企业研发、设计、采购、生产、营销、服务等全过程，实现生产经营管理全过程绿色化，努力提升产品的绿色价值，塑造绿色品牌，增强企业核心竞争力。

3. 协调城镇发展与本地居民利益分享的关系

城市发展的根本目的在于促进本地社会、经济、文化等全面发展，首先应考虑当地居民的意愿和需要。照顾当地人的利益、满足当地社区的发展需要是城镇化的重要基础。当地居民应积极参与当地旅游制造和贸易的过程，促进旅游发展政策制定的透明化和公开化，而旅游贸易的发展应促进当地居民增收，其成果与利益应与居民共享。同时，在旅游发展中应充分注意旅游移民对当地风貌与生活的影响，只有当地人和外地人共同努力、协同发展、互惠互利，旅游-商贸驱动型城镇化过程才会产生更积极的效果。

例如，西藏地区属于生态脆弱区，恢复能力弱，但旅游资源丰富，当地各方面资源供给无法满足旅藏游客的全部需求，外来要素对西藏地区生态环境逐渐带来难以逆转的负面影响。因此，拉萨主要以高原绿色食品为特色，建成了第一批国家新型工业化产业示范基地的拉萨国家级经济开发区，入驻了多个藏族地区特色绿色食品和藏药加工制造的企业，投入资金、先进绿色技术与设备、智力等，开创性研发和制造适合高原旅游的绿色无污染饮食产品，同时供藏族地区居民和藏族游客消费。

6.3.4　综合发展型城镇与绿色制造业的契合

综合发展型城镇是在发展过程中，以一种产业或多种产业为突破口，通过产业的关联性来推动城镇的发展。要求在区域内部各产业部门之间建立密切的经济联系，有效利用当地的自然资源和劳动力资源，推动当地经济全面协调发展。制造业是发展其他产业的基础，综合发展型城镇的绿色制造业应把握以下要点。

1. 以产业布局为主线，完善城镇功能

综合发展型城镇需要以绿色制造业为基础，统筹新型产业化和新型城镇化互动发展，不断增强自主创新能力，推动多种产业融合发展与转型升级，全面提高城镇发展水平和质量，走出一条创新驱动、绿色低碳、高端切入、开放合作、加速推进的新道路。综合发展型城镇要根据产业布局和发展情况，统筹推进市政基础设施和公共服务设施向产业园区延伸；规划布局水、电、气、通信、道路、机场、港口、污水及垃圾处理等基础设施建设，提高城镇综合承载能力；规划布局教育、科技、卫生、文化体育等公共服务设施建设，提升城镇公共服务功能，加快形成城镇与产业园区一体的基础设施和公共服务设施体系。通过推动集群式发展模式转化，着力打造绿色园区，以优势企业为龙头，以产业园区为依托，科学规划统筹，促进多产业和新型城镇化互动发展，强化协作配套，优化要素配置，引导相关产业向优势产业带集中、向特色产业园区集聚，形成专业化集群。其中，绿色园区是指积极采用清洁生产技术，利用无害或低害的新工艺、新技术，大力降低原材料和能源消耗，实现少投入、高产出、低污染的产业聚集园区。绿色园区的建设不仅能促进企业之间、产业之间的资源循环利用，实现资源使用的减量化和节能化，还可将绿色生产与绿色消费结合起来，打造具备城镇综合开发功能的生态绿色新园区，加快城乡统筹发展(叶敏弦，2013)。例如，山东省烟台市就将各类园区打造为城镇反哺乡村的平台，推动城镇化发展。

烟台经济技术开发区打造了多个小城镇经济集中区,通过山东半岛海洋蓝色经济、黄三角高效生态经济和胶东半岛高端产业经济的发展,为周边的龙口、莱州、莱阳、招远、栖霞、海阳等县(市)带来了发展配套产业的机会,推动了包括机械制造、现代化工、电子信息等多个产业集群的形成。通过工业开发区、高新技术产业区、经济开发区的建设,整合小城镇经济集中区建设的叠加优势,通过功能区的发展加快生活区配套设施的完善,带动城乡一体化的发展(王金虎,2013)。

2. 以城镇体系为脉络,强化产业支撑

产业支撑是否坚实是影响城镇规模、结构、功能和层次的根本因素,是避免新城成为"空城""睡城""赌城"的关键。综合发展型城镇要根据城镇布局和建设情况,促进新城以产业园区为依托,推动生产要素集聚,重点发展新兴产业和先进制造业,以及以生产性服务业为主的现代服务业。积极支持二、三圈层区(市)县的县城、区域中心镇加快完善乡镇产业发展规划,按照宜工则工、宜商则商、宜农则农、宜旅游则旅游的原则,发展特色优势产业,不断壮大镇域经济实力,提高公共服务能力,打造一批工业兴镇、商贸兴镇、旅游兴镇、农业兴镇、生态兴镇等特色经济强镇,切实增强新城、县城和区域中心镇的集聚能力和辐射带动能力。

强力推进工业高质量发展,实现劳动力的最大转移。以重点优势企业为纽带,加大招商力度,引进配套产业,延伸产业链,促进工业向园区集中,提高工业集中度。以项目带动产业升级,加快企业技术改造步伐,增强企业核心竞争力。建立绿色园区,要建立相应的公共服务设施支撑企业产业的发展,构建服务平台,促进技术创新、产业联盟、企业与高校合作,设立服务机构,加强技术评估、检测认证、产权交易、成果转化等。严格企业产业入园的标准,将资源节约和利用、生态环境承载能力与环境保护作为衡量标准,鼓励园区企业推进绿色发展、循环发展与低碳发展。支持产业链前端设计企业和具有发展潜力的园区开辟其他配套服务,鼓励园区企业将绿色制造的发展与移动互联网、云计算、大数据、物联网的运用融合,加快推进电子商务,建立现代流通体系,应用工业智能化,注重发展包括生物医药、纳米技术应用、云计算在内的新兴产业。绿色园区是在资源环境承载力的基础上实现关联企业在空间上的集合,可以强化企业间的合作,是集聚式发展模式的重要组织载体与发展方向。集聚式发展模式通过优势产业集中布局、集聚发展,扩大规模经济范围和集聚效益,发挥产业配套能力优势、公共基础设施优势、政策环境优势。福建省的尤溪县、云霄县、连城县、南靖县等就是走绿色工业集成优化的路子,通过开展绿色投资、完善产业配套能力和公共基础设施,打造绿色低碳循环发展的产业园区;通过对产业链进行配套引资、填平补齐,培育发展绿色制造业集群,让城镇制造业走向集约化、专业化、低碳化的绿色发展道路。

3. 以"互联网+产业"模式为主导,打造共享平台

"互联网+产业"利用移动互联网、云计算、大数据等现代信息技术,为产业发展提供新产品、新技术和新业态。作为一种生产要素优化配置模式,"互联网+产业"的动能可以通过共享平台转化为动力,其着力点是构建绿色生态链,以有效提高效率、展开跨界

合作、实现供需匹配。其中，共享平台中的技术平台通过构建技术创新协同网络，提升技术研发水平；管理平台培育企业生态圈，促进同一生态圈中不同企业间的战略联盟发展；信息平台使制造企业能够采用便捷、及时、高效的方式获得消费者的相关信息，增强对市场的洞察与反应能力。随着共享平台范围的扩大、联系的加深，企业间、行业间高效合作，进一步通过多平台的有机组合推动绿色生态链的构建，从而在采购、生产、营销、回收与污染监控、物流等各个环节实现资源节约与环境友好。

宁海智能汽车小镇是一个典型的例子。宁海智能汽车小镇的定位是发展高端装备制造业，以工业4.0为制造标准，以"互联网+"为发展模式，打造智能汽车小镇。智能化首先体现在产业发展上，以知豆为代表的电动车公司集智能制造和"互联网+"于一体，以德国工业4.0的标准设计生产线，以机器换人的方式实现了生产过程的智能化。智能化也体现在小镇管理上。积极推进智能化小镇建设，成立智能化社区。推动物联网、云计算、大数据等新一代信息技术的创新应用，实现与城镇经济社会发展的深度融合。广东东莞以"互联网+"为基础发展智慧城市，实现城镇化、工业化和信息化的深度融合。通过建立大数据共享中心，以智能化的方式建设公共设施、提供公共服务、确保公共安全。通过将新能源汽车研发、规模化生产、产业配套、休闲旅游融合发展，打造生态链有效循环的"创新智镇、生活天堂、文化家园、生态绿岛"。

总的来说，不同地区资源禀赋不同，各地区应结合其城镇定位、区位特征、产业基础、资源优势、政策导向、环境承载力等因素，科学规划产业布局，合理设定与城镇发展相匹配的产业，因地制宜、分型发展、产城适配，构建我国就近城镇化的产业支撑体系。无论是哪种类型的城镇，都需要健全的法律体系作保障。

推行企业社会责任报告制度，强化绿色监管。通过相关法律体系，制定绿色标准，为企业社会责任报告制度的建立提供法律依据。同时，完善的法律体系也为建立透明、便捷的信息平台提供了法律保障，有利于企业社会责任报告制度的实施。优化政策保障体系，按照绿色法律和法规，检测企业节能减排的进度，加大对能耗、排污的动态监管，并完善评估审查制度。首先，需要完善绿色标准与管理规范。按照绿色制造原则，全面清查和评估现行标准，对已有标准进行补充修订，加快推进新技术、新产品的标准制定，并严格实行标准管理。加快制定包括绿色技术、绿色设计、绿色产品等在内的行业标准，并对其进行规范管理（黄群慧和杨丹辉，2015）。其次，做到"正向激励"与"负向激励"结合，建立公正透明的奖惩机制。不仅要通过法律法规对污染行为进行惩罚，也要通过补贴等优惠政策对绿色企业实施奖励。利用现代的网络平台，建立公正、透明、及时的奖惩机制。此外，还要保护知识产权，促进绿色技术产业化。企业是绿色技术研发的主体，但绿色技术往往无法带来经济利益，导致企业进行技术研发的积极性下降。提升企业研发与使用绿色技术的积极性，不仅在于保护知识产权，还在于促进绿色技术产业化，彻底消除绿色技术的市场障碍。

培养和创建制造业特色小镇，既要明确产业定位，也要注意产业融合与产镇融合。立足城镇产业的发展特色，做好产业规划。在确定制造业为特色小镇主导产业之后，要结合当地产业特色、人文环境、生态禀赋等发展配套产业，注重产业、文化、旅游、休闲等功能的叠加，整合产业间和产业内的发展。同时，突出产业融合，即不同产业之间相互渗透、相互交叉，最终融为一体，逐步形成新产业的动态发展过程。促进制造业与其他产业的整合有助于促进传统制造业提高产业竞争力，推进制造业结构优化升级，是小镇传统制造业向中高端发展的助推器。其一，有利于促进产业间技术的更新与替代，从而实现产业间供给技术的融合创新。这不仅有助于促进传统制造业由高耗能低技术向绿色化技术过渡，也有助于产生融合型新兴市场，催生新兴业态。其二，产业融合催生了多种新产品、新服务、新生产模式等，不仅丰富了消费者的选择范围，也极大地拓展了小镇产业发展空间，逐步形成新的业态。小镇特色制造业不仅可以与其他产业协同发展，突出产业间的相互支撑与互补，也要在特色产业内部将各种要素与创新要素渗透融合，实现信息化、高端化和系列化。除了产业间与产业内部的融合，也要突出产镇融合。建设制造业特色小镇要符合城镇建设的要求，实现产城融合。要按照产业发展和空间布局协同发展的原则，运用创新资源，打造创业创新的生态系统，促进制造业转型升级与小镇空间布局的协调融合，使特色小镇同时具备产业、旅游、文化、社区等功能，实现"生产、生活、生态"的融合。

6.4　小　　结

本章比较了西部地区不同样本类型的绿色制造体系的发展情况，并选取典型案例进行分析。首先，按投入生产要素的不同，将制造业分为劳动密集型制造业、资源密集型制造业和资本技术密集型制造业，选取西部制造业为样本进行研究，分析其绿色发展现状与发展困境。其中，劳动密集型制造业应对外部环境变化能力脆弱、劳动力结构欠佳以及产品出口阻力大；资源密集型制造业资源利用率低、开发强度高以及生态环境脆弱；资本技术密集型制造业工艺耗能污染高、缺乏绿色创新能力以及信息技术融合程度不够。其次，按区域空间分布的不同，选取典型地区进行分析，包括成渝城市群、关中平原城市群、北部湾城市群和黔中城市群四类，具体分析其发展中心、区位优势、产业结构及特色。在此基础上，研究各城市群城市绿色制造发展的着力点。最后，结合城镇化发展区位优势的不同，选取工业驱动型城镇、农业驱动型城镇、旅游-商贸驱动型城镇和综合发展型城镇四个类型，分类讨论不同城镇与绿色制造业的契合点，探索推进绿色制造的适宜路径。通过比较不同样本类型的西部绿色制造体系的发展情况，分类型、有针对性地讨论我国西部地区绿色制造体系的构建过程。

第7章 制造体系与动能系统：新指标下西部绿色制造体系发展水平与新动能能效评估

西部地区地域广阔，各省份的经济发展水平、资源禀赋以及产业结构不同，其绿色制造体系发展水平并不一致，且基础设施、发展理念的不同也导致了新动能所释放的能效不同。因此构建指标体系评估西部各省份绿色制造体系发展水平以及新动能能效释放强度，有利于更加科学、精准地对西部绿色制造体系构建路径进行优化。

7.1 西部绿色制造体系发展水平评价

对西部绿色制造体系的发展水平进行科学有效的评价，可促使西部制造业适应"高效、清洁、低碳、循环"的战略趋向，为实现国家现代化提供坚实的产业基础。一套科学、规范、适宜的能够反映西部绿色制造体系发展水平的指标体系是实施绿色发展的前提和基础，本书结合系统理论思想，运用熵值法和层次分析法等方法，通过对绿色制造体系运行过程的目标进行分解，实现对西部绿色制造体系的有效评价。

7.1.1 建立绿色制造体系评价指标体系

在以高生态效益、高经济效益和高社会效益为目标的基础上，本书以高效发展、低碳发展、清洁生产和循环发展四个层面为核心，建立绿色制造体系评价的框架和思路，遵循科学性、系统性、可操作性和可比性等原则进行绿色制造体系评价指标设计。

1. 基于绿色发展的评价指标体系研究现状

国外学者主要探讨绿色发展内涵和评估行业绿色发展水平两个方面。例如，Eiadat 等(2008)和 Nagesha(2008)选择绿色工艺专利数、二氧化碳排放量等指标评估绿色发展水平；Honma 和 Hu(2014)运用随机前沿模型对工业绿色发展水平进行了评价。还有学者对具体行业绿色发展的影响因素进行了研究，如 Vasauskaite 和 Streimikiene(2016)提出研发投入、节能技术或能源管理系统能促进立陶宛家具行业的可持续发展；Fleiter 等(2012)对德国制浆和造纸行业的 17 种工艺技术进行评估，认为热回收系统中造纸厂和纸张干燥技术的创新是其能源节约和绿色发展最具影响力的技术。

国内学者王晨和黄贤金(2006)根据产业及社会发展、循环利用、资源减量、污染减排、资源与环境安全五类指标，运用层次分析法对 1985～2003 年江苏省的工业循环经济发展状况进行了评价，并引进"障碍度"概念，对江苏省工业循环经济发展的不同阶段进行定量的障碍诊断。涂正革和肖耿(2009)利用方向性距离函数建立环境生产前沿函数模型，考虑了能源消耗和环境污染，对 1998～2005 年我国 30 个省(区、市)的规模以上工业绿色全要素生产率进行测算，其中污染物考虑了工业二氧化硫的排放，研究发现东部沿海地区工业发展与环境较为和谐，中西部地区环境技术效率普遍偏低。李晓西和潘建成(2011)通过经济增长绿化度、资源环境承载力和政府政策支持 3 个一级指标和 58 个三级指标构建了《2010 中国绿色发展指数年度报告——省际比较》的评价指标体系。张江雪和王溪薇(2013)采用地区生产总值、重工业总产值占工业总产值的比重、技术市场成交额和环境污染治理投资总额分别表征地区经济发展水平、地区工业结构、地区科技创新能力和地区政府对环境保护的支持力度，对我国 30 个省(区、市)的工业绿色增长指数进行测量，从资源减量、污染减排、循环利用、经济和社会发展、生态环境五个层面对我国区域工业循环经济发展水平进行评价。

综上可见，目前考虑了资源环境因素的行业生产率研究基本上都是从省际区域的角度展开，较少从区域角度对制造业发展效率进行度量，或者大多集中于我国东部地区，如珠三角城市群、山东半岛城市群等，对西部地区制造业的研究较少，对其绿色制造体系评价的研究更少。

2. 评价指标体系构建原则

评价绿色制造体系主要借助计量统计方法，合理有效地衡量绿色制造体系发展的各层面要求。因此评价指标体系的构建需遵循以下原则。

(1)科学性。设计和构建评价指标必须以科学性为原则，做到客观、真实地反映绿色制造体系发展的实际状况；各指标不能太过烦琐或过于简单，应避免反映的指标信息重叠和遗漏；指标评价方法应结合研究对象和研究目的进行恰当的选择。

(2)系统性。评价指标需要从不同角度反映评价对象的主要特征及各角度之间的内在逻辑关系水平，形成有机统一的体系；需要水平指标和速度指标相结合，不仅能够反映区域水平发展状态，还要体现其动态变化过程。

(3)可操作性和可比性。因绿色制造体系发展必须落实到具体区域或产业发展领域，因此选取的指标应便于数据的收集；同一指标层次的指标具有相关性和可比性，选取基本的、具有相对意义的、能够反映发展差异性的指标。

7.1.2 绿色制造体系评价指标选取

绿色制造体系涉及多学科的知识，内容较为复杂，因此对绿色制造体系的评价需要对多个层面进行综合测量。根据绿色制造体系的内涵及体系构建应满足的条件，在遵循科学性、系统性、可操作性和可比性等原则的基础上，从高效发展、低碳发展、清洁生产和循环发展四个层面，衡量绿色制造体系的发展程度。其中，高效发展准则层包括资源效率、生产效率和运输效率指标；低碳发展准则层包括低碳排放和低碳能耗指标；清洁生产准则层包括废水污染强度、废气污染强度和固废污染强度指标；循环发展准则层包括污染治理水平和环保投资水平指标（表 7-1）。

表 7-1　绿色制造体系评价指标体系

目标层	准则层	指标层
绿色制造体系发展指数	高效发展	资源效率、生产效率、运输效率
	低碳发展	低碳排放、低碳能耗
	清洁生产	废水污染强度、废气污染强度、固废污染强度
	循环发展	污染治理水平、环保投资水平

根据指标的可操作性和数据的可获得性，采用 21 个指标来代表上述 4 个维度，分别是工业全社会固定资产投资额、工业从业人员人均销售产值、工业销售产值增长率、产品质量优等品率、客运周转量、货物周转量、工业碳排放强度、工业碳排放总量、工业能源消费总量、能源自给率、工业化学需氧量排放强度、工业氨氮排放强度、工业二氧化硫排放强度、工业粉尘排放强度、工业固废产生量、工业危险废物产生量、工业废水治理设施处理能力、工业废气治理设施处理能力、工业固体废弃物综合利用率、财政环保预算支出占比和工业污染治理投资占比。指标层中各指标的具体单位、指标属性见表 7-2。

表 7-2　绿色制造体系发展指数具体评价指标

子目标层 B	准则层 C	指标层 D	单位	指标属性
高效发展 B1	资源效率 C1	工业全社会固定资产投资额 D1	亿元	正向
		工业从业人员人均销售产值 D2	亿元/万人	正向
	生产效率 C2	工业销售产值增长率 D3	%	正向
		产品质量优等品率 D4	%	正向
	运输效率 C3	客运周转量 D5	亿人·公里	正向
		货物周转量 D6	亿吨·公里	正向
低碳发展 B2	低碳排放 C4	工业碳排放强度 D7	吨/元	负向
		工业碳排放总量 D8	万吨	负向
	低碳能耗 C5	工业能源消费总量 D9	万吨标准煤	负向
		能源自给率 D10	%	正向
清洁生产 B3	废水污染强度 C6	工业化学需氧量排放强度 D11	万吨/元	负向
		工业氨氮排放强度 D12	万吨/元	负向
	废气污染强度 C7	工业二氧化硫排放强度 D13	万吨/元	负向
		工业粉尘排放强度 D14	万吨/元	负向
	固废污染强度 C8	工业固废产生量 D15	万吨/元	负向
		工业危险废物产生量 D16	万吨/元	负向

子目标层 B	准则层 C	指标层 D	单位	指标属性
		工业废水治理设施处理能力 D17	万吨/日	正向
	污染治理水平 C9	工业废气治理设施处理能力 D18	万立方米/小时	正向
循环发展 B4		工业固体废弃物综合利用率 D19	%	正向
	环保投资水平 C10	财政环保预算支出占比 D20	%	正向
		工业污染治理投资占比 D21	%	正向

1. 高效发展

(1) 资源效率。工业全社会固定资产投资额代表工业行业固定资产投资规模。该指标是正向指标，指标值越大，表明该地区工业的固定资产投入规模越大，对工业发展的贡献越大。工业从业人员人均销售产值反映工业行业从业人员数量，体现工业的劳动投入状况。该指标是正向指标，指标值越大表明该地区劳动资源利用率越高。

(2) 生产效率。工业销售产值增长率，即当期工业销售产值与上期工业销售产值的差值除以上期工业销售产值，体现其工业销售产值的变化程度。该指标是正向指标，指标值越大表明该地区工业增长速度越快，增长潜力越大。产品质量优等品率，是工业产品质量指标体系中的一个主导指标，能够反映出企业工业产品的质量水平及变化情况，在行业、地区和企业之间具有横向和纵向的可比性，有利于促进企业技术进步，采用国际先进标准，有利于国家宏观调控、综合治理和对资源的优化配置。

(3) 运输效率。客运周转量是指在一定时期内运送旅客数量与平均运输距离的乘积，是分析客运劳动生产率和运输成本的主要依据。货物周转量是指各种运输工具实现货物运送的实际数量与平均运输距离的乘积，因此能够较为全面地反映运输的成果。该两项指标是正向指标，指标值越大表明该地区运输效率越高。

2. 低碳发展

(1) 低碳排放。工业碳排放强度是指每单位工业生产总值的增长所带来的二氧化碳排放量。该指标用于衡量地区工业经济增长同碳排放量增长之间的关系，如果某地区在工业经济增长的同时，每单位工业生产总值所带来的二氧化碳排放量在下降，那么说明该地区就实现了低碳经济发展模式。其中，工业二氧化碳排放量主要是基于联合国政府间气候变化专门委员会(Intergovernmental Panel on Climate Change，IPCC)《2006 年 IPCC 国家温室气体排放清单指南》中提出的方法来进行估算。影响我国碳排放总量的主要能源包括煤炭、焦炭、原油和天然气，因此本书在计算碳排放总量的过程中，主要采用这三类能源的数据，碳排放系数基于《2006 年 IPCC 国家温室气体排放清单指南》，碳排放计算公式为碳排放 $=\sum$ 能源 i 的消耗×能源 i 的排放系数(其中，i 为能源种类)。

(2) 低碳能耗。工业能源消费总量反映工业发展对能源的消耗。该指标是负向指标，指标值越低，说明该地区工业的能源利用率越高，越具有可持续发展的潜力。能源自给率 $=$ 一次能源生产总量÷能源消费总量，表示该地区自身拥有的能源生产满足能源消费的程度。其中，一次能源生产总量根据标准煤折算系数进行计算。

3. 清洁生产

(1)废水污染强度。工业化学需氧量排放强度和工业氨氮排放强度表示工业废水的非期望产出。该两项指标均是负向指标，指标值越小，说明该地区工业废气污染程度越低，清洁生产水平越高。

(2)废气污染强度。工业二氧化硫排放强度和工业粉尘排放强度表示工业废气的非期望产出。之所以选择这两项指标，是因为它们是国家五年规划中的主要约束性指标，且具有可得性。该两项指标均是负向指标，指标值越小，说明该地区工业废气污染程度越低，清洁生产水平越高。

(3)固废污染强度。工业固废产生量和工业危险废物产生量是工业在生产过程中产生的对环境的污染量。该两项指标均是负向指标，指标值越小，说明该地区工业清洁生产水平越高。

4. 循环发展

(1)污染治理水平。工业废水治理设施处理能力和工业废气治理设施处理能力反映了对污染物的处理能力。工业固体废弃物综合利用率是指工业固体废物综合利用量占工业固体废物产生量的百分比。工业废水集中处理率指污水集中处理量与整个污水处理量的比率。其中，工业固体废物综合利用率=工业固体废物综合利用量÷(工业固体废物产生量+综合利用往年贮存量)×100%。该三项指标均是正向指标，指标值越大，说明该地区的污染治理水平越高。

(2)环保投资水平。财政环保预算支出占比为环境污染治理投资额占财政支出额的比重，工业污染治理投资占比为工业污染治理投资额占工业生产总值的比重，表示政府和企业对工业环境治理的投资力度。该两项指标均是正向指标，指标数值越大，表明该地区环保投资水平越高。

7.1.3　评价模型与方法

1. 评价模型

根据上述研究选择的绿色制造体系发展指数由高效发展指标、低碳发展指标、清洁生产指标、循环发展指标四个层面构成的系统效应所确定，从而建立四个层面的发展指数，即高效发展指数、低碳发展指数、清洁生产指数和循环发展指数。最后通过综合加权法对各发展指数求和，从而得出总目标参数，即绿色制造体系发展指数，代表绿色制造体系发展水平。

1)高效发展指数

根据高效发展的内涵，高效发展指数(efficient development index，EDI)的大小主要由资源效率、生产效率和运输效率等表征制造业发展效率的因子所决定，表达式为

$$EDI = \sum_{i=1}^{n} F_{1i} \times W_{1i}$$

式中，F_{1i} 为各效率因子；W_{1i} 为因子 i 对应的权重数值。

2）低碳发展指数

根据低碳发展的内涵，低碳发展指数（low-carbon development index，LDI）的大小主要由低碳排放水平和低碳能耗水平等表征制造业低碳发展的因子所决定，表达式为

$$LDI = \sum_{i=1}^{n} F_{2i} \times W_{2i}$$

式中，F_{2i} 为各低碳因子；W_{2i} 为因子 i 对应的权重数值。

3）清洁生产指数

根据清洁生产的内涵，清洁生产指数（clean production index，CPI）的大小主要由污染强度、教育与技术水平等表征制造业清洁生产的因子所决定，表达式为

$$CPI = \sum_{i=1}^{n} F_{3i} \times W_{3i}$$

式中，F_{3i} 为各清洁生产因子；W_{3i} 为因子 i 对应的权重数值。

4）循环发展指数

根据循环发展的内涵，循环发展指数（cyclic development index，CDI）的大小主要由再利用水平、再治理水平等表征制造业循环发展的因子所决定，表达式为

$$CDI = \sum_{i=1}^{n} F_{4i} \times W_{4i}$$

式中，F_{4i} 为各循环分发展因子；W_{4i} 为因子 i 对应的权重数值。

5）绿色制造体系发展指数

根据绿色制造体系发展的内涵，绿色制造体系发展指数（green manufacturing system development index，GMSDI）的大小由高效发展、低碳发展、清洁生产和循环发展水平所决定，表达式为

$$GMSDI = \sum_{i=1}^{n} A_i \times W_i$$

式中，A_i 为各子目标层评价结果；W_i 为各子目标层对应的权重数值（$i=1,2,3,4$）。

绿色制造体系具有开放性，需要从外界环境中不断地吸收物质和能量进入体系内部进行交换和更新。在自然资源和能源的承载下发挥其物质交换的作用，并为制造业的发展提供原始资本。制造业在获得一定积累后逐渐向外不断地扩张，在为社会提供产品和服务的同时，输出一定的废弃物和可再利用物。随着制造业的不断扩大，制造业体系的系统结构和功能逐渐趋于稳定。

2. 评价方法

本书选择熵值法和层次分析法(analytic hierarchy process，AHP)确定权重。首先利用熵值法确定指标层的权重，然后利用层次分析法确定准则层和子目标层的权重，既避免了指标赋权的主观随意性，又减小了熵值法对指标差异的二次放大，增加了权重获取的科学性和可信度。

1) 指标层权重确定

使用熵权法计算指标层所含指标权重，对于非期望产出最后取倒数。依据熵权法进行计算，过程如下。

(1) 对指标层各指标进行标准化处理。其中 r_{ij} 表示第 i 个样本第 j 项指标在标准化后的数值。

(2) 计算各指标的信息熵值，m 为评价样本个数。

$$H_j = -\frac{1}{\ln_m}\sum_{i=1}^{m}\frac{r_{ij}}{\sum_{i=1}^{m}r_{ij}}\times \ln\frac{r_{ij}}{\sum_{i=1}^{m}r_{ij}}\left(\text{当}\frac{r_{ij}}{\sum_{i=1}^{m}r_{ij}}=0,\ \ln\frac{r_{ij}}{\sum_{i=1}^{m}r_{ij}}=0\text{时}\right)$$

(3) 得出各指标的信息效用值 D_j，为 1 与 H_j 之间的差值，差值越大，则对评价指标体系的贡献度越大，重要性越大，权重也就越大。

$$D_j = 1 - H_j$$

(4) 利用熵值法估计各指标值的权重，即熵权。当多个样本进行比较时，为了避免各年度熵权的差异影响，保持动态综合评价结果的纵向可比性，可按照张目和周宗放(2010)的方法，取年熵权的平均值作为最终熵权。n 表示指标个数，第 j 项指标的权重为

$$W_j = \frac{D_j}{n - \sum_{j=1}^{n}H_j}$$

2) 准则层和子目标层权重确定

使用层次分析法，对建立的绿色制造体系发展指数的各准则层和子目标层进行权重确定，方法如下。

(1) 建立评价问题的递阶层次结构。本章通过绿色制造体系的总目标确定其范围和包含的因素，并将各因素按照其相互关系和性质聚集成子目标层。并依据此方式，构成子目标层的各准则层，从而确定上下元素间的隶属关系。

(2) 构造比较判断矩阵。选择两两比较法，首先确定比较准则，用比较标度 a_{ij} 来表达下一层次中第 i 个因素与第 j 个因素的相对重要性。a_{ij} 的取值一般为 1~9 及其倒数。并由 a_{ij} 构成比较判断矩阵 $A=(a_{ij})$。a_{ij} 的取值规则见表 7-3。

表 7-3 元素 a_{ij} 取值的规则

标度	规则
1	本层次因素 i 与因素 j 相比，相同重要
3	本层次因素 i 与因素 j 相比，i 比 j 稍微重要
5	本层次因素 i 与因素 j 相比，i 比 j 明显重要
7	本层次因素 i 与因素 j 相比，i 比 j 强烈重要
9	本层次因素 i 与因素 j 相比，i 比 j 极端重要

(3)在单准则下的排序及一致性检验。通过上述两两比较后构建的判断矩阵，运用矩阵求解原理计算出权重后，需对每个层次的判断矩阵做一致性检验。Saaty 等（1997）将一致性指标定义为 $CI=(\lambda-n)/(n-1)$。其中，λ 表示特征值；n 表示矩阵阶数。CI 值越大，不一致程度越大。为了确定不一致程度的允许范围，Saaty 又定义了一个一致性比率 $CR=CI/RI$，当 CR 值小于 0.1 时，认为其不一致性可以被接受，不会影响排序的定性结果。

(4)总的排序选优。根据已知的上一层次相对于总目标的排序向量与下一层次相对于总目标的排序向量构建矩阵乘积，求出向量值，即为上一层次的权重值。

3. 数据来源与处理

本书选取 2011～2017 年各项数据进行评价，数据来源主要有《中国统计年鉴》《中国工业统计年鉴》《中国环境统计年鉴》《中国能源统计年鉴》，以及西部地区各省份生态环境部门官方网站公布的环境状况公报。由于西藏部分数据整体缺失，故只统计分析西部地区其余 11 个省份的数据。其中部分数据由计算所得，如工业从业人员人均销售产值数、工业二氧化硫排放强度、工业粉尘排放强度、财政环保预算支出占比、工业污染治理投资占比等。对于个别年份的缺失数据通过缺失值统计处理方法计算。

由于原始数据的指标量纲不同，需进行无量纲化处理，本书选择极差标准化法以消除量纲差异和由此产生的对分析结果的影响。

对于正向指标，无量纲化公式为

$$X_{ij} = \frac{x_{ij} - x_{\min}}{x_{\max} - x_{\min}}$$

对于负向指标，无量纲化公式为

$$X_{ij} = \frac{x_{\max} - x_{ij}}{x_{\max} - x_{\min}}$$

式中，x_{ij} 表示第 i 个指标在 j 年份的指标值，$i=1,2,\cdots,21$，$j=1,2,\cdots,7$；X_{ij} 为无量纲化后的指标数据；$x_{\min}$ 和 $x_{\max}$ 分别表示第 i 个指标的最小值和最大值。

对于碳排放量的计算，根据《2006 年 IPCC 国家温室气体排放清单指南》中指出的采用 IPCC-1996-LUCF 的基本方法，根据各种能源的碳排放系数(表 7-4)计算碳排放量。

表 7-4 各种能源的碳排放系数

能源种类	碳排放系数/(吨/吨标准煤)	能源种类	碳排放系数/(吨/吨标准煤)
原煤	0.7559	燃料油	0.6185
洗精煤	0.7559	其他石油制品	0.5857
焦炭	0.8550	液化石油气	0.5042
其他焦化产品	0.6449	天然气	0.4483
原油	0.5857	焦炉煤气	0.3548
汽油	0.5538	炼厂干气	0.4602
煤油	0.5714	其他煤气	0.3548
柴油	0.5921	水电、核电	0

注：数据来自《2006 年 IPCC 国家温室气体排放清单指南》。

4. 指标权重的确定

本书利用熵值法，确定出西部地区各省份绿色制造体系各指标层 D 的熵值权重，见表 7-5。

表 7-5 指标层熵值权重

指标层 D	内蒙古	广西	重庆	四川	贵州	云南	陕西	甘肃	青海	宁夏	新疆
工业全社会固定资产投资额	0.383	0.534	0.601	0.493	0.652	0.384	0.474	0.379	0.372	0.512	0.218
工业从业人员人均销售产值	0.615	0.466	0.399	0.507	0.348	0.616	0.526	0.621	0.628	0.488	0.782
工业销售产值增长率	0.520	0.589	0.624	0.586	0.390	0.526	0.380	0.311	0.221	0.509	0.409
产品质量优等品率	0.480	0.411	0.376	0.414	0.610	0.474	0.620	0.689	0.799	0.491	0.591
客运周转量	0.611	0.645	0.481	0.695	0.478	0.683	0.727	0.585	0.486	0.427	0.490
货物周转量	0.611	0.645	0.481	0.695	0.478	0.683	0.273	0.415	0.514	0.573	0.510
工业碳排放强度	0.389	0.355	0.519	0.305	0.522	0.317	0.491	0.553	0.435	0.518	0.572
工业碳排放总量	0.416	0.645	0.518	0.328	0.570	0.342	0.509	0.447	0.565	0.482	0.428
工业能源消费总量	0.594	0.746	0.428	0.610	0.373	0.705	0.428	0.550	0.610	0.655	0.419
能源自给率	0.406	0.254	0.572	0.390	0.627	0.295	0.572	0.450	0.390	0.345	0.581
工业化学需氧量排放强度	0.498	0.478	0.384	0.482	0.475	0.519	0.490	0.455	0.500	0.544	0.620
工业氨氮排放强度	0.502	0.522	0.616	0.518	0.525	0.481	0.510	0.545	0.500	0.456	0.380
工业二氧化硫排放强度	0.494	0.515	0.521	0.402	0.453	0.443	0.320	0.307	0.555	0.470	0.403
工业粉尘排放强度	0.506	0.485	0.479	0.598	0.547	0.557	0.680	0.693	0.455	0.530	0.597
工业固废产生量	0.403	0.340	0.426	0.330	0.557	0.333	0.320	0.720	0.580	0.541	0.505
工业危险废物产生量	0.597	0.660	0.574	0.670	0.443	0.667	0.574	0.280	0.420	0.459	0.495
工业废水治理设施处理能力	0.398	0.278	0.530	0.231	0.254	0.232	0.375	0.488	0.411	0.361	0.472
工业废气治理设施处理能力	0.391	0.463	0.179	0.255	0.486	0.299	0.354	0.283	0.339	0.303	0.237
工业固体废弃物综合利用率	0.211	0.259	0.291	0.514	0.261	0.469	0.271	0.229	0.250	0.335	0.291
财政环保预算支出占比	0.464	0.379	0.449	0.227	0.442	0.583	0.676	0.722	0.451	0.381	0.381
工业污染治理投资占比	0.536	0.621	0.551	0.773	0.558	0.417	0.324	0.278	0.549	0.619	0.619

根据层次分析法步骤，计算绿色制造体系发展指数子目标层和准则层的权重。为了保证测算结果的科学性与准确性，本书课题组邀请了来自高校、研究机构、企业生产运营、能源低碳管理等领域的 8 位专家，通过专家组对各层要素相对重要性的判断，运用专家打分法测算指标的重要性，综合各专家的评分，对应判断比重表，得出判断矩阵中 B_{ij} 的具体数值见表 7-6～表 7-10。

表 7-6　子目标层指标判断矩阵

A	高效发展 B1	低碳发展 B2	清洁发展 B3	循环发展 B4
高效发展 B1	1	2	2	2
低碳发展 B2	1/2	1	2	3
清洁发展 B3	1/2	1/2	1	3
循环发展 B4	1/2	1/3	1/3	1

表 7-7　高效发展指标判断矩阵

B1	资源效率 C1	生产效率 C2	运输效率 C3
资源效率 C1	1	2	3
生产效率 C2	1/2	1	4
运输效率 C3	1/3	1/4	1

表 7-8　低碳发展指标判断矩阵

B2	低碳排放 C4	低碳能耗 C5
低碳排放 C4	1	1
低碳能耗 C5	1	1

表 7-9　清洁发展指标判断矩阵

B3	废水污染强度 C6	废气污染强度 C7	固废污染强度 C8
废水污染强度 C6	1	1/2	3
废气污染强度 C7	2	1	2
固废污染强度 C8	1/3	1/2	1

表 7-10　循环发展指标判断矩阵

B4	污染治理水平 C9	环保投资水平 C10
污染治理水平 C9	1	1
环保投资水平 C10	1	1

在判断矩阵的最大特征向量时，运用方根法，以行相乘的方式处理子目标层 B 的元素从而得到新向量；并通过对新向量中涉及的每一个分量开 n 次方，最后权重向量 W_i 由所得向量归一化得出，即

$$W_i = \frac{\left(\prod\limits_{j=1}^{n} b_{ij}\right)^{\frac{1}{n}}}{\left(\sum\limits_{i=1}^{n}\prod\limits_{j=1}^{n} b_{ij}\right)^{\frac{1}{n}}} \qquad (i=1,2,\cdots,n)$$

将表 7-6～表 7-10 的判断矩阵根据上述公式计算，得到最大特征向量及一致性检验指标如下。

$W = \{W_{B1}, W_{B2}, W_{B3}, W_{B4}\} = \{0.381, 0.299, 0.211, 0.110\}$，CR=0.08＜0.10，一致性能够得到有效支持。

$W_1 = \{W_{C1}, W_{C2}, W_{C3}\} = \{0.517, 0.358, 0.124\}$，CR=0.09＜0.10，一致性能够得到有效支持。

$W_2 = \{W_{C4}, W_{C5}\} = \{0.500, 0.500\}$，当 $n<3$ 时，判断矩阵永远具有完全一致性。

$W_3 = \{W_{C6}, W_{C7}, W_{C8}\} = \{0.349, 0.483, 0.168\}$，CR=0.09＜0.10，一致性能够得到有效支持。

$W_4 = \{W_{C9}, W_{C10}\} = \{0.500, 0.500\}$，当 $n<3$ 时，判断矩阵永远具有完全一致性。

其中，W 为子目标层指标权重，W_1、W_2、W_3 和 W_4 分别为各个准则层指标的权重。根据计算结果，得出绿色制造体系子目标层及准则层权重见表 7-11。

表 7-11 绿色制造体系子目标层及准则层权重

总目标层	子目标层	AHP 权重	准则层	AHP 权重
绿色制造体系发展指数	高效发展	0.381	资源效率	0.517
			生产效率	0.358
			运输效率	0.124
	低碳发展	0.299	低碳排放	0.500
			低碳能耗	0.500
	清洁生产	0.211	废水污染强度	0.349
			废气污染强度	0.483
			固废污染强度	0.168
	循环发展	0.110	污染治理水平	0.500
			环保投资水平	0.500

7.1.4 评价结果与分析

1. 评价结果的动态比较

根据绿色制造体系的评价方法和评价指标体系，利用评价模型，得到西部地区 11 省(区、市)2011～2017 年的绿色制造体系发展指数(表 7-12)，其动态发展趋势如图 7-1 所示。

表 7-12　2011～2017 年西部地区 11 省（区、市）绿色制造体系发展指数

省(区、市)	2011 年	2012 年	2013 年	2014 年	2015 年	2016 年	2017 年
内蒙古	0.487	0.729	0.550	0.559	0.426	0.498	0.255
广西	0.454	0.353	0.379	0.408	0.657	0.635	0.476
重庆	0.355	0.303	0.357	0.501	0.583	0.621	0.731
四川	0.327	0.365	0.480	0.602	0.507	0.489	0.561
贵州	0.233	0.358	0.591	0.630	0.571	0.689	0.732
云南	0.309	0.439	0.631	0.404	0.498	0.535	0.574
陕西	0.347	0.407	0.618	0.589	0.569	0.589	0.737
甘肃	0.520	0.619	0.525	0.432	0.254	0.299	0.265
青海	0.451	0.517	0.420	0.476	0.429	0.586	0.358
宁夏	0.310	0.595	0.448	0.527	0.470	0.622	0.590
新疆	0.518	0.335	0.420	0.582	0.517	0.324	0.516

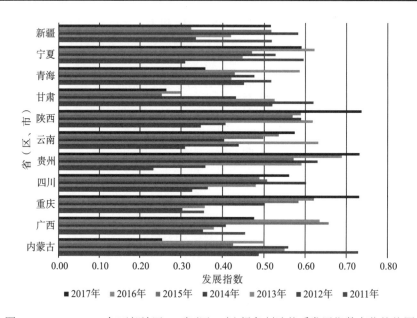

图 7-1　2011～2017 年西部地区 11 省(区、市)绿色制造体系发展指数变化趋势图

结合表 7-12 和图 7-1 可以看出，2011～2017 年贵州、重庆和陕西绿色制造体系发展指数较高，发展速度较快；内蒙古、广西、宁夏、青海和甘肃绿色制造体系发展指数虽然近年来有小幅上涨，但在 2017 年出现下降趋势；其他省份的绿色制造体系发展指数变化趋势并不突出。

利用标准差法确定分级标准，即 V 为平均值、B 为标准差，对绿色发展指数进行分级（郭永杰等，2015）。根据西部地区 11 省（区、市）2011～2017 年绿色制造体系发展指数，将评价结果取值范围划分为四级标准，即Ⅰ低水平、Ⅱ中水平、Ⅲ较高水平和Ⅳ高水平（表 7-13）。等级越高，表明绿色制造体系发展水平越高。

表 7-13 2011～2017 年西部地区绿色制造体系发展分级标准

年份	I 低水平	II 中水平	III 较高水平	IV 高水平
	$(0, V-B]$	$(V-B, V]$	$(V, V+B]$	$(V+B, 1]$
2011	$(0, 0.299]$	$(0.299, 0.392]$	$(0.392, 0.485]$	$(0.485, 1]$
2012	$(0, 0.324]$	$(0.324, 0.456]$	$(0.456, 0.589]$	$(0.589, 1]$
2013	$(0, 0.401]$	$(0.401, 0.493]$	$(0.493, 0.584]$	$(0.584, 1]$
2014	$(0, 0.442]$	$(0.442, 0.519]$	$(0.519, 0.596]$	$(0.596, 1]$
2015	$(0, 0.396]$	$(0.396, 0.498]$	$(0.498, 0.600]$	$(0.600, 1]$
2016	$(0, 0.415]$	$(0.415, 0.535]$	$(0.535, 0.655]$	$(0.655, 1]$
2017	$(0, 0.359]$	$(0.359, 0.527]$	$(0.527, 0.694]$	$(0.694, 1]$

从 2011～2017 年西部地区绿色制造体系发展分级标准可以看出，西部地区的绿色制造体系发展水平逐年提高。2017 年的低水平区间阈值与 2011 年的低水平区间阈值相比，上升 20.01%；2017 年的高水平区间低值与 2011 年的高水平区间低值相比，上升 43.09%。

2. 评价结果的静态比较

1）目标层

根据 2017 年绿色制造体系发展指数的评价结果，得到 2017 年西部地区 11 省（区、市）绿色制造体系发展水平（表 7-14）。从表 7-14 中可以看出，2017 年西部地区绿色制造体系发展水平处于高水平的省（区、市）有陕西、贵州和重庆，处于较高水平的省（区、市）有宁夏、云南和四川，处于中水平的省（区、市）有新疆和广西，处于低水平的省（区、市）有青海、甘肃和内蒙古。从地区分布上看，西北地区绿色制造体系发展水平普遍偏低，西南地区绿色制造体系发展水平普遍偏高。

表 7-14 2017 年西部地区 11 省（区、市）绿色制造体系发展水平

省（区、市）	高效发展指数	低碳发展指数	清洁生产指数	循环发展指数	绿色制造体系发展指数	绿色制造体系发展水平
陕西	0.200	0.174	0.267	0.096	0.737	IV
贵州	0.216	0.167	0.277	0.072	0.732	IV
重庆	0.244	0.142	0.277	0.068	0.731	IV
宁夏	0.153	0.109	0.262	0.066	0.590	III
云南	0.181	0.081	0.235	0.077	0.574	III
四川	0.191	0.129	0.204	0.037	0.561	III
新疆	0.091	0.143	0.237	0.045	0.516	II
广西	0.232	0.059	0.153	0.032	0.476	II
青海	0.191	0.070	0.044	0.053	0.358	I
甘肃	0.120	0.054	0.041	0.050	0.265	I
内蒙古	0.085	0.097	0.032	0.073	0.287	I

为了进一步解释近年来西部各省份绿色制造体系发展指数的变化趋势，本书对 2017 年高效发展、低碳发展、清洁生产和循环发展四大子目标层得分和所占绿色制造体系发展指数的比重进行了测算。首先，2017 年贵州、重庆、陕西、宁夏、新疆和云南的绿色制造体系发展的主要贡献来自清洁生产指数，在绿色制造体系发展指数中贡献占比分别为 37.84%、37.89%、36.23%、44.41%、45.93%和 40.94%。其次，2017 年重庆、广西和贵州的绿色制造体系发展的主要贡献来自高效发展指数，在绿色制造体系发展指数中贡献占比分别为 33.38%、48.74%和 29.51%。整体而言，西部地区低碳发展指数和循环发展指数的贡献均较低，低碳发展指数中仅陕西、贵州、新疆和重庆四个省(区、市)相对较高，分别为 23.61%、22.81%、22.71%和 19.43%，循环发展指数最高的陕西贡献占比为 13.02%。2017 年西部地区 11 省(区、市)绿色制造体系发展的子目标层贡献度占比如图 7-2 所示。

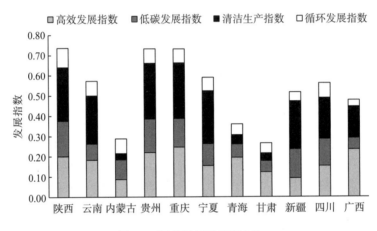

图 7-2　子目标层贡献度占比

2) 准则层

为了进一步确定并分析西部地区 11 省(区、市)2017 年绿色制造体系子目标层指数的主导因素，分析准则层的发展水平如下。

(1)高效发展。由图 7-3 可以看出，2017 年西部地区高效发展指数中，资源效率由高到低依次为广西＞重庆＞四川＞陕西＞贵州＞宁夏＞青海＞云南＞内蒙古＞甘肃＞新疆。整体来说资源效率呈现西南地区高于西北地区的趋势，其中广西的资源效率相对最为理想，是新疆的 8.22 倍。生产效率由高到低依次为重庆＞青海＞陕西＞云南＞甘肃＞广西＞宁夏＞贵州＞新疆＞四川＞内蒙古。整体来说西北地区和西南地区的生产效率差距并不明显，其中重庆的生产效率相对较为理想，是内蒙古的 1.97 倍。运输效率由高到低依次为贵州＞青海＞重庆＞广西＞甘肃＞新疆＞云南＞陕西＞四川＞内蒙古＞宁夏。整体来说运输效率呈现西南地区高于西北地区的趋势，其中贵州的运输效率相对较为理想，是宁夏的 11.04 倍。综合来看，2017 年四川、重庆、广西、陕西和贵州的资源效率对其高效发展水平贡献较大。

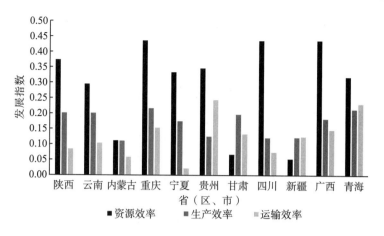

图 7-3　高效发展各准则层发展水平

　　(2)低碳发展。由图 7-4 可以看出，2017 年西部地区低碳发展指数中，低碳排放水平由高到低依次为贵州＞新疆＞陕西＞重庆＞四川＞宁夏＞云南＞内蒙古＞青海＞广西＞甘肃。整体来说低碳排放水平呈现西南地区高于西北地区的趋势，其中贵州的低碳排放水平相对最为理想，是甘肃的 8.68 倍。低碳能耗水平由高到低依次为陕西＞贵州＞内蒙古＞重庆＞宁夏＞四川＞新疆＞青海＞云南＞广西＞甘肃。整体来说低碳能耗水平没有明显的地区差异，其中陕西的低碳能耗水平相对较为理想，是甘肃的 2.12 倍。综合来看，2017年西部地区甘肃的低碳排放水平和低碳能耗水平均较低。这与甘肃的能源消费结构有关，《甘肃统计年鉴 2017》公布的数据显示，在常规能源的生产结构中原煤和天然气占的比重逐渐增大。可以看出，以煤为主的能源消费结构仍然是甘肃节能减排所面临的巨大阻力。甘肃高比例的煤炭消费表明，碳排放强度较高致使其在经济发展过程中"高碳"特征非常明显，这对甘肃绿色制造体系减少环境污染、实现低碳发展方式的转变带来了较大的阻力，能源消耗结构需要尽快改变。

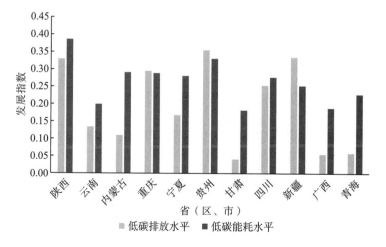

图 7-4　低碳发展各准则层发展水平

(3)清洁生产。由图 7-5 可以看出,2017 年西部地区清洁生产指数中,废水污染强度由高到低依次为重庆>陕西>贵州>新疆>云南>四川>宁夏>广西>内蒙古>甘肃>青海。整体来说废水污染强度呈现西南地区高于西北地区的趋势,其中重庆的废水污染强度相对最为理想,青海降低废水污染的空间还很大。废气污染强度由高到低依次为重庆>陕西>贵州>宁夏>云南>新疆>四川>广西>甘肃>青海>内蒙古。整体来说废气污染强度呈现西南地区高于西北地区的趋势,其中重庆的废气污染强度相对最为理想,内蒙古降低废气污染的空间还很大。固废污染强度由高到低依次为重庆>贵州>宁夏>陕西>新疆>云南>四川>广西>内蒙古>甘肃>青海。整体来说固废污染强度呈现西南地区高于西北地区的趋势,其中重庆固废污染强度相对最为理想,青海降低固废污染的空间还很大。综合来看,青海的废水污染强度、废气污染强度和固废污染强度均处于西部地区最低水平。

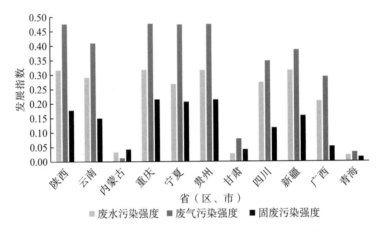

图 7-5　清洁生产各准则层发展水平

(4)循环发展。由图 7-6 可以看出,2017 年西部地区循环发展指数中,污染治理水平由高到低依次为陕西>青海>贵州>重庆>宁夏>内蒙古>云南>甘肃>新疆>广西>

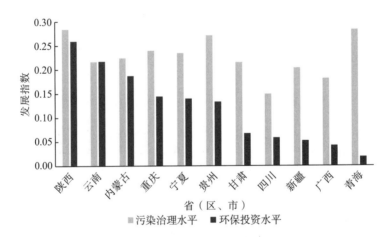

图 7-6　循环发展各准则层发展水平

四川。整体来说污染治理水平没有明显的地区差异，其中陕西的低碳排放水平相对最为理想，是四川的 1.91 倍。环保投资水平由高到低依次为陕西＞云南＞内蒙古＞重庆＞宁夏＞贵州＞甘肃＞四川＞新疆＞广西＞青海。整体来说环保投资水平西北地区和西南地区没有明显差异，其中陕西的环保投资水平相对较为理想，青海的环保投资力度较小，仍需要加大。

7.2　新动能释放能效评估

本节根据新动能系统的内涵与构成要素，在遵循目的性、科学性、系统性和可操作性原则的基础上，系统梳理相关文献，结合《工业企业科技活动统计年鉴》《中国统计年鉴》及各地区统计年鉴与相关政策，多维度构建新动能指标评价体系，并采用因子分析法测算西部地区新动能各个指标释放的能效大小，为探索新动能成长与绿色制造体系的关系及其相互作用奠定基础。

7.2.1　指标体系构建

新动能能效包括技术创新、以"互联网+"为代表的信息化发展与变革、制度与结构变革三个方面。

1. 技术创新

关于工业企业技术创新能力指标评价体系的构建，学者们主要从创新能力构成要素视角、投入-过程-产出视角、技术创新能力系统视角对其进行了有益探讨。例如，傅家骥（1998）从创新资源投入能力、创新决策和管理能力、创新倾向、研究开发能力、产品制造能力、市场营销能力六个要素研究了企业技术创新能力；Wang 等（2008）从研发能力、创新决策能力、营销能力、制造能力、资本能力五个方面出发，构建了企业技术创新能力评估的层次结构；宁连举和李萌（2011）考虑了技术创新活动中投入-开展-产出的一系列活动，为大中型工业企业技术创新能力构建了评价体系；谷炜等（2015）从企业技术创新人力投入、企业技术创新经费投入、企业技术创新机构与项目活动、企业技术创新产出四个方面构建了规模以上工业企业技术创新能力评价指标体系；齐秀辉和武志勇（2015）从投入能力、发明专利数、新产品产值、市场开拓能力、创新环境水平五个维度共 20 个指标构建了大中型工业企业创新能力评价指标体系；梁双陆和张梅（2017）认为，技术创新的衡量主要通过专利数量反映，具体选取发明专利、实用新型、外观设计作为测评指标，等等。

在遵循科学性、重要性、可行性、导向性原则的基础上，本书总结、借鉴贺正楚（2005）等的研究成果，构建了我国西部制造产业技术创新能力评价指标体系。该指标体系划分为技术创新投入、技术创新开展、技术获取、技术创新产出四个维度。根据四大维度所涉及的具体内容，分别选取了 R&D 人员折合全时当量、R&D 经费内部支出、R&D 项目数、开展科技活动的企业数、引进技术经费支出、消化吸收经费支出、新产品销售收入、有效发明专利数等三级指标。指标体系详见表 7-15。

表 7-15　技术创新指标评价体系

一级指标	二级指标	三级指标
技术创新 TI	技术创新投入 TI_1	R&D 人员折合全时当量(人/年) TI_{11}
		R&D 经费内部支出(万元) TI_{12}
	技术创新开展 TI_2	R&D 项目数(项) TI_{21}
		开展科技活动的企业数(个) TI_{22}
	技术获取 TI_3	引进技术经费支出(万元) TI_{31}
		消化吸收经费支出(万元) TI_{32}
	技术创新产出 TI_4	新产品销售收入(万元) TI_{41}
		有效发明专利数(件) TI_{42}

2. 以"互联网+"为代表的信息化发展与变革

本书构建的以"互联网+"为代表的信息化发展与变革评价体系包括 3 个二级指标，即企业信息化及电子商务情况、互联网主要指标发展情况、电信通信服务水平。选取每百人使用计算机数、每百家企业拥有网站数、有电子商务交易活动的企业占比、电子商务销售额、电子商务采购额 5 个指标，作为企业信息化及电子商务情况的三级指标；选取互联网上网人数、域名数、网站数 3 个指标，作为互联网主要指标发展情况的三级指标；选取互联网普及率、移动电话普及率、开通互联网宽带业务的行政村比重 3 个指标，作为电信通信服务水平的三级指标。3 个二级指标共含 11 个三级指标，具体指标体系见表 7-16。

表 7-16　以"互联网+"为代表的信息化发展与变革指标评价体系

一级指标	二级指标	三级指标
以"互联网+"为代表的信息化发展与变革 In	企业信息化及电子商务情况 In_1	每百人使用计算机数(台) In_{11}
		每百家企业拥有网站数(个) In_{12}
		有电子商务交易活动的企业占比(%) In_{13}
		电子商务销售额(亿元) In_{14}
		电子商务采购额(亿元) In_{15}
	互联网主要指标发展情况 In_2	互联网上网人数(万人) In_{21}
		域名数(万个) In_{22}
		网站数(万个) In_{23}
	电信通信服务水平 In_3	互联网普及率(%) In_{31}
		移动电话普及率(%) In_{32}
		开通互联网宽带业务的行政村比重(%) In_{33}

3. 制度与结构改革

本书构建的制度与结构改革评价体系包括两个二级指标，即工业企业落实政府相关政策的情况、地方一般公共预算支出。具体选取使用来自政府部门的研发资金、研究开发费用加计扣除减免税、高新技术企业减免税 3 个指标，作为工业企业落实政府相关政策的情况的三级指标；选取节能环保支出和资源勘探信息等支出两个指标，作为地方一般公共预算支出的三级指标。数据主要来源于《工业企业科技活动统计年鉴》和《中国统计年鉴》。两个二级指标共含 5 个三级指标，具体指标体系见表 7-17。

表 7-17　制度与结构改革评价指标体系

一级指标	二级指标	三级指标
制度与结构改革 SR	工业企业落实政府相关政策的情况 SR_1	使用来自政府部门的研发资金(万元) SR_{11}
		研究开发费用加计扣除减免税(万元) SR_{12}
		高新技术企业减免税(万元) SR_{13}
	地方一般公共预算支出 SR_2	节能环保支出(亿元) SR_{21}
		资源勘探信息等支出(亿元) SR_{22}

7.2.2　评价模型

国内外学者已从多重角度出发探讨了技术创新能力的评价方法，但仍存在需要完善的地方。为了解决大部分方法所涉及的指标信息部分重叠及主观赋权等问题，本书采取主成分分析法进行测算。该方法以各个候选指标在各样本之间的相对差距作为指标选择的依据，并将各样本之间差距较大的指标提取出来作为评估指标体系的要素，达到将多种变量转变为数量较少且互不相关的综合变量的目的。它能够在保证原有信息不缺失或缺失量很少的前提下，准确反映并解释多种实测变量之间的依存关系。综上，运用因子分析法来进行综合评价，就是以降维的思想处理相关的创新能力指标向量，从而获得较少的综合因子，将综合因子的方差贡献率作为权重，以此构成评判技术创新能力大小的标准。构建的综合评价函数为

$$F_{综} = \sum_{i=1}^{m} \alpha_i F_i$$

式中，α_i 代表 $F_{综}$ 的权数，由 F_i 的贡献率决定，即根据 F_i 的方差占全部总方差的比重来确定。因为各个指标权重是由多重线性变换和数据运算得出，因此可以避免指标信息重叠及主观赋权的问题，并且由于综合因子的提取使得总体指标减少，也有助于瞄准评价结果及过程的重要部分，提升综合评价结果的客观性与合理性。

7.2.3　实证分析

技术创新能力的评价主要分为三个步骤：首先，运用 Z-score 法 $\left(Z_i = \dfrac{x_i - \bar{x}}{s} \right)$ 标准化

相关数据。其中，x_i 表示变量 x 的第 i 个观测值；$\bar{x}$ 代表变量 x 的平均值；s 为变量 x 的标准差；Z_i 代表 x_i 这一变量值与其平均值之差的倍数。其次，确定因子分析数学模型（$X=AF+\varepsilon$）。其中，$X=(X_1, X_2, X_3, \cdots, X_n)$ 为未处理的指标；$F=(F_1, F_2, F_3, \cdots, F_m)$ 是提取 X 的公因子；A 代表因子载荷矩阵；ε 为特殊因子。最后，运用因子分析法来进行综合评价，$F_{\text{综}}=\sum_{i=1}^{m}\alpha_i F_i$ 为综合评价函数，其中，α_i 代表 $F_{\text{综}}$ 的权数，它是通过计算 F_i 的贡献率而获得。

1. 技术创新能力评价

1）数据处理与检验

本书在遵循目的性原则、科学性原则、系统性原则、可操作性原则的基础上，系统梳理相关文献，以我国工业企业数据为样本，对其创新能力进行评价，所需数据来源于 2010～2017 年《工业企业科技活动统计年鉴》《中国科技统计年鉴》[①]。由于西藏、青海部分数据缺失，故此处只统计分析西部其余 10 个省份的技术创新能力。

为了避免由于指标的单位及数量级方面的差异对研究结果造成影响，并保证变量转换前后重要程度的一致性，本书首先通过 SPSS 20.0 软件的 Z-score 法对所有样本数据进行标准化处理（被标准化变量的均值为 0、方差为 1），再对标准化后的数据进行因子分析。根据吴明隆（2010）的研究，当 KMO 值大于 0.70 时，尚可进行因子分析，因子分析适切性适中。表 7-18 即为 KMO 和 Bartlett 检验情况，结果表明，KMO 的值为 0.721（大于 0.70），因此本书所选取的 8 个指标之间（表 7-15）的相关关系确立，证明该样本适合因子分析；同时 Bartlett 检验值的显著性为 0.000，表明所选指标的相关系数矩阵与单位矩阵之间存在显著性差异，再次证实该样本适合因子分析。

表 7-18　KMO 与 Bartlett 检验（技术创新）

Kaiser-Meyer-Olkin 抽样充分性测度		0.721
球形检验	Approx. Chi-Square	867.138
	df	28
	Sig.	0.000

2）数据分析

以相关系数矩阵所计算出的特征值方差贡献率与累积贡献率为基础，择定公共因子。表 7-19 显示了所选指标的初始特征值、方差贡献率，以及提取两个公共因子后的特征值、方差贡献率与旋转两个公共因子后的特征值和方差贡献率。第一成分的初始特征值为 5.342（>1），方差贡献率为 65.279%；第二成分的初始特征值为 1.336（>1），方差贡献率为 18.194%；从第三成分开始，其初始特征值均小于 1。择定两个公因子便可以累计解释 83.473% 的总方差，因此确保大部分信息得到保留，即这两个主因子能够较为全面地反映

[①]　数据说明：截至 2018 年 12 月 31 日，国家统计局公布的《中国科技统计年鉴》最新为 2016 年的数据。因此，此处的数据分析时间段为 2009～2016 年。

模型所涉及的所有信息。因此，本书择定两个公共因子评价我国西部制造体系的技术创新能力。

表 7- 19 解释总变异量（技术创新）

成分	初始特征值			平方和负荷量萃取			转轴平方和负荷量		
	总和	方差贡献率/%	累积贡献率/%	总和	方差贡献率/%	累积贡献率/%	总和	方差贡献率/%	累积贡献率/%
1	5.342	66.772	66.772	5.342	66.772	66.772	5.222	65.279	65.279
2	1.336	16.701	83.473	1.336	16.701	83.473	1.456	18.194	83.473
3	0.720	8.998	92.471						
4	0.292	3.648	96.119						
5	0.155	1.934	98.052						
6	0.091	1.139	99.192						
7	0.056	0.699	99.891						
8	0.009	0.109	100.000						

萃取法：主成分分析。

但是，SPSS 抽取默认值为保留特征值大于或等于 1 的共同因子，此种方法虽然很容易得出共同因子，但在实际应用上有限制，缺乏严谨性，使用者还需参考陡坡图等综合判断共同因素是否该被保留（吴明隆，2010）。图 7-7 为技术创新能力评价结果的因子陡坡图，其中，从第三个因子开始，坡度的斜率逐渐平缓，表明没有特殊因子可以抽取。综合两种评价方式，表明提取两个公因子较为适宜。

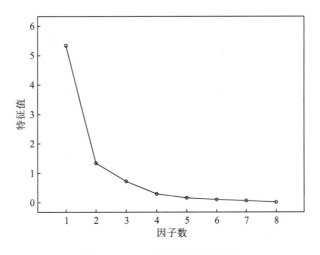

图 7-7 因子陡坡图（技术创新）

在因子负荷矩阵中存在许多指标的因子负荷数都比较高的问题，所以很难合理解释每个因子。因此本书采用最大变异法（varimax）进行直交转轴，使因子负荷量向两个极端分化,从而突出主导变量的作用。表 7-20 表示了旋转后的因子负荷矩阵。可以看出,R&D 人员折合全时当量、R&D 经费内部支出、R&D 项目数、开展科技活动的企业数、新产品销售收入、有效发明专利数六个指标归属于第一个因子,涵盖了技术创新开展、技术创新投入和技术创新产出三个方面,能有效反映我国西部制造体系技术创新能力的综合情况,因此将该因子命名为技术创新整体运作(F_1);消化吸收经费支出、引进技术经费支出两个指标属于第二个因子,主要涉及技术创新获取方面,因此将该因子命名为技术创新获取情况(F_2)。

表 7-20　旋转后的因子负荷矩阵和因子得分系数矩阵(技术创新)

指标	旋转后的因子负荷矩阵		因子得分系数矩阵	
	F_1	F_2	F_1	F_2
Zscore(TI_{11}):R&D 人员折合全时当量	0.936	0.144	0.177	0.016
Zscore(TI_{12}):R&D 经费内部支出	0.958	0.154	0.181	0.021
Zscore(TI_{21}):R&D 项目数	0.923	0.126	0.176	0.004
Zscore(TI_{22}):开展科技活动的企业数	0.941	−0.023	0.194	−0.106
Zscore(TI_{31}):引进技术经费支出	0.379	0.789	0.002	0.541
Zscore(TI_{32}):消化吸收经费支出	−0.139	0.803	−0.105	0.601
Zscore(TI_{41}):新产品销售收入	0.840	0.316	0.141	0.151
Zscore(TI_{42}):有效发明专利数	0.908	−0.164	0.201	−0.207

　　本书通过回归法测算因子得分系数的方式,综合评价并分析了我国西部各省份制造体系 2009～2016 年的技术创新能力。从表 7-20 可以得到因子得分系数矩阵,并获得因子得分函数 F_1、F_2。在 F_1 和 F_2 中,TI_{11}、TI_{12}、TI_{21}、TI_{22}、TI_{31}、TI_{32}、TI_{41}、TI_{42} 均代表标准化后的数据。

$$F_1=0.177TI_{11}+0.181TI_{12}+0.176TI_{21}+0.194TI_{22}+0.002TI_{31}-0.105TI_{32}+0.141TI_{41}+0.201TI_{42}$$
$$F_2=0.016TI_{11}+0.021TI_{12}+0.004TI_{21}-0.106TI_{22}+0.541TI_{31}+0.601TI_{32}+0.151TI_{41}-0.207TI_{42}$$

　　根据上述因子得分函数,将两个因子的累积贡献率 83.473%设定为 1,则第一因子与第二因子的权重分别为 0.7999 和 0.2001,从而建立我国西部各省份制造体系技术创新能力评估函数:

$$F=0.7999F_1+0.2001F_2$$

3)结果评价

　　根据上述因子得分函数的结果,以及我国西部制造体系技术创新能力评估函数,可以得出 2009～2016 年西部 10 省(区、市)制造业技术创新能力因子得分、综合得分与年度排名(表 7-21)。

表 7-21　2009～2016 年我国西部各省(区、市)制造业技术创新能力因子得分、综合得分与年度排名

年份	省(区、市)	因子得分		综合得分 F	年度排名
		F_1	F_2		
2016	内蒙古	0.2183	0.0235	0.1793	4
	广西	0.4050	-0.7430	0.1753	5
	重庆	2.5123	1.8676	2.3833	2
	四川	3.5428	-1.3418	2.5654	1
	贵州	0.0964	-1.0019	-0.1234	7
	云南	0.4124	-0.9732	0.1351	6
	陕西	1.5755	-0.9384	1.0725	3
	甘肃	-0.3058	-0.7647	-0.3976	8
	宁夏	-0.6526	-0.7597	-0.6740	10
	新疆	-0.5082	-0.7100	-0.5486	9
2015	内蒙古	0.0102	0.3745	0.0831	4
	广西	0.1736	-0.6448	0.0098	5
	重庆	1.9872	2.2034	2.0305	1
	四川	2.6245	-0.9520	1.9088	2
	贵州	-0.2730	-0.7847	-0.3754	8
	云南	0.1207	-0.5973	-0.0230	6
	陕西	1.1518	-0.5999	0.8013	3
	甘肃	-0.4733	0.4323	-0.2921	7
	宁夏	-0.7438	0.7382	-0.4473	9
	新疆	-0.5512	-0.6907	-0.5791	10
2014	内蒙古	-0.0932	0.7830	0.0821	4
	广西	0.1997	-0.5215	0.0554	5
	重庆	1.6862	1.9673	1.7424	2
	四川	2.7738	-0.7999	2.0587	1
	贵州	-0.3391	-0.7173	-0.4148	8
	云南	-0.1810	-0.6237	-0.2696	6
	陕西	1.2824	-0.3732	0.9511	3
	甘肃	-0.4303	0.1615	-0.3119	7
	宁夏	-0.7575	-0.4518	-0.6963	10
	新疆	-0.6592	-0.5198	-0.6313	9
2013	内蒙古	-0.2176	1.4136	0.1088	4
	广西	0.1440	-0.5513	0.0049	5
	重庆	1.0124	1.5833	1.1266	2
	四川	1.9868	-0.3069	1.5278	1
	贵州	-0.4530	-0.6683	-0.4961	8
	云南	-0.3433	-0.5761	-0.3899	7
	陕西	0.9544	-0.4380	0.6758	3

续表

年份	省(区、市)	因子得分		综合得分 F	年度排名
		F_1	F_2		
	甘肃	-0.5881	0.5034	-0.3697	6
	宁夏	-0.7926	-0.6346	-0.7610	10
	新疆	-0.7090	-0.3860	-0.6444	9
2012	内蒙古	-0.2574	-0.2886	-0.2636	5
	广西	0.0937	-0.5583	-0.0368	4
	重庆	0.6906	1.0721	0.7669	2
	四川	1.5254	0.8535	1.3910	1
	贵州	-0.6045	-0.3047	-0.5445	8
	云南	-0.4758	-0.2281	-0.4262	7
	陕西	0.5757	-0.4578	0.3689	3
	甘肃	-0.7001	0.6881	-0.4223	6
	宁夏	-0.8279	-0.5887	-0.7800	10
	新疆	-0.7795	-0.4923	-0.7220	9
2011	内蒙古	-1.1768	5.1435	0.0879	4
	广西	-0.0488	-0.3517	-0.1094	5
	重庆	0.5483	1.0227	0.6432	2
	四川	0.8554	-0.0924	0.6657	1
	贵州	-0.6347	-0.5642	-0.6206	8
	云南	-0.5262	-0.4852	-0.5180	7
	陕西	-0.0059	1.3996	0.2753	3
	甘肃	-1.0164	1.7043	-0.4720	6
	宁夏	-0.9501	-0.1435	-0.7887	10
	新疆	-0.8166	-0.5356	-0.7604	9
2010	内蒙古	-0.6351	-0.0747	-0.5230	5
	广西	-0.4854	-0.4878	-0.4859	4
	重庆	0.0903	0.8023	0.2328	2
	四川	0.1660	0.5430	0.2414	1
	贵州	-0.7486	-0.5505	-0.7090	8
	云南	-0.7781	-0.2069	-0.6638	7
	陕西	-0.0621	-0.2296	-0.0956	3
	甘肃	-1.0981	1.6582	-0.5466	6
	宁夏	-0.9911	-0.4658	-0.8860	10
	新疆	-0.8570	-0.6176	-0.8091	9
2009	内蒙古	-0.7695	-0.1171	-0.6390	6
	广西	-0.5473	-0.5392	-0.5457	4
	重庆	-0.0934	0.6993	0.0652	2
	四川	0.3447	0.5750	0.3908	1
	贵州	-0.7866	-0.6564	-0.7605	8

续表

年份	省(区、市)	因子得分		综合得分 F	年度排名
		F_1	F_2		
	云南	-0.8399	-0.3337	-0.7386	7
	陕西	-0.1902	-0.2575	-0.2037	3
2009	甘肃	-1.0949	1.4115	-0.5934	5
	宁夏	-0.9749	-0.3882	-0.8575	10
	新疆	-0.9159	-0.5381	-0.8403	9

为了更直观地反映西部各省(区、市)制造业技术创新能力的整体情况，特单独列出综合因子年度排名情况，具体见表7-22。可以看出，四川、重庆、陕西在制造业技术创新能力方面位居西部前列，贵州、新疆、宁夏等地排名靠后。

表 7-22　2009～2016 年我国西部各省(区、市)制造业技术创新能力综合因子年度排名

省(区、市)	2016 年	2015 年	2014 年	2013 年	2012 年	2011 年	2010 年	2009 年
内蒙古	4	4	4	4	5	4	5	6
广西	5	5	5	5	4	5	4	4
重庆	2	1	2	2	2	2	2	2
四川	1	2	1	1	1	1	1	1
贵州	7	8	8	8	8	8	8	8
云南	6	6	6	7	7	7	7	7
陕西	3	3	3	3	3	3	3	3
甘肃	8	7	7	6	6	6	6	5
宁夏	10	9	10	10	10	10	10	10
新疆	9	10	9	9	9	9	9	9

为了更直观地反映西部各省(区、市)制造业技术创新能力近年来的变化，特画出每个省(区、市)制造业技术创新能力综合因子得分增加值条形图，具体如图7-8～图7-17所示。

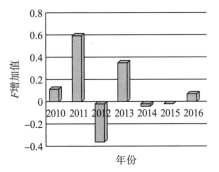

图 7-8　2010～2016 年内蒙古制造业技术创新
能力综合因子得分增加值

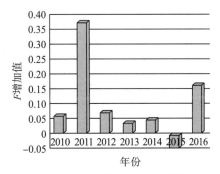

图 7-9　2010～2016 年广西制造业技术创新
能力综合因子得分增加值

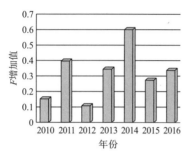

图 7-10　2010～2016 年重庆制造业技术创新能力
综合因子得分增加值

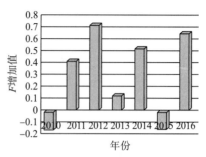

图 7-11　2010～2016 年四川制造业技术创新能力
综合因子得分增加值

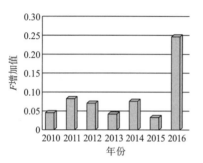

图 7-12　2010～2016 年贵州制造业技术
创新能力综合因子得分增加

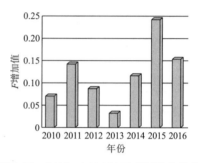

图 7-13　2010～2016 年云南制造业技术
创新能力综合因子得分增加

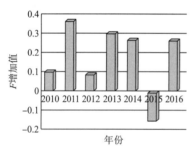

图 7-14　2010～2016 年陕西制造业技术
创新能力综合因子得分增加值

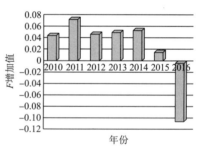

图 7-15　2010～2016 年甘肃制造业技术
创新能力综合因子得分增加值

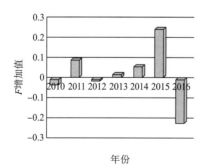

图 7-16　2010～2016 年宁夏制造业技术创新
能力综合因子得分增加值

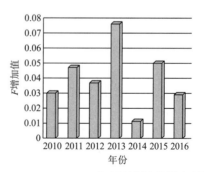

图 7-17　2010～2016 年新疆制造业技术创新
能力综合因子得分增加值

此外，由于 2017 年西部各省(区、市)制造业技术创新能力的四个指标：R&D 经费内部支出(万元)、开展科技活动的企业数(个)、引进技术经费支出(万元)、消化吸收经费支出(万元)数据暂未公布，故采用 Excel 软件对其进行回归预测，从而对 2017 年西部各省(区、市)技术创新能力予以简单评价。从表 7-23 可知，反映制造业技术创新能力的 8 个指标中，四川、重庆、陕西三省(区、市)排位相对靠前，甘肃、宁夏、新疆三省(区、市)排位相对靠后。

表 7-23　2017 年西部 10 省(区、市)制造业技术创新相关指标数据及排名

省(区、市)	R&D 人员折合全时当量/人年		R&D 经费内部支出※/万元		R&D 项目数/项		开展科技活动的企业数※/个		引进技术经费支出※/万元		消化吸收经费支出※/万元		新产品销售收入/万元		有效发明专利数/件	
	数值	排名	数值	排名	数值	排名	数值	排名	数值	排名	数值	排名	数值	排名	数值	排名
内蒙古	23243	4	1082640	4	2353	7	429.50	8	134608.93	2	23150.32	2	11244704	5	3837	7
广西	16163	7	935996	5	2795	5	602.00	6	6924.00	7	2689.64	9	22492207	3	6557	5
重庆	56416	2	2799986	2	10624	2	1468.89	2	415485.14	1	25802.00	1	53227016	1	12472	3
四川	71968	1	3010846	1	12359	1	1858.21	1	27161.46	4	10650.43	5	36830600	2	32598	1
贵州	18786	6	648576	7	2758	6	510.14	7	4632.50	8	4205.89	7	6055568	7	6805	4
云南	21393	5	885588	6	4122	4	914.89	4	449.25	10	13447.43	4	8086166	6	6510	6
陕西	44672	3	1963697	3	5125	3	1144.93	3	18872.86	5	17946.86	3	17148934	4	14806	2
甘肃	10096	8	466912	8	1650	8	536.68	5	2323.89	9	9391.46	6	3461052	9	2796	8
宁夏	6392	9	291101	10	1404	9	220.86	10	90857.25	3	(2335.79)	10	3352269	10	1633	10
新疆	6191	10	400468	9	1161	10	307.54	9	10501.57	6	3888.00	8	3938875	8	2565	9

备注：带"※"的指标代表年鉴上缺少相关数据，对应列数值采用 Excel 软件对其进行回归预测计算得出。未带"※"的指标数据均从《中国统计年鉴 2018》整理获得，采用地区规模以上工业企业相关数据。

2. 以"互联网+"为代表的信息化发展与变革评价

1)数据处理与检验

本书在遵循目的性原则、科学性原则、系统性原则、可操作性原则的基础上，以 2014～2018 年《中国统计年鉴》为数据来源，对西部 12 个省份的以"互联网+"为代表的信息化发展与变革予以评价。由于 11 个指标中(表 7-16)，互联网上网人数(万人)、互联网普及率(%)、开通互联网宽带业务的行政村比重(%)三个指标在 2017 年无统计数据，因此在 Excel 中采用线性回归方式对其预测后再进行分析。

为了避免由于指标的单位及数量级方面的差异而对研究结果造成影响，并保证变量转换前后重要程度的一致性，本书首先通过 SPSS 20.0 软件的 Z-score 方法对所有样本数据进行标准化处理(被标准化变量的均值为 0、方差为 1)，再对标准化后的数据进行因子分析。根据吴明隆(2010)的研究，当 KMO 值大于 0.60 时，勉强可进行因子分析，因子分析适切性普遍；当 KMO 值小于 0.50 时，不适合进行因子分析，因子分析适切性欠佳。表 7-24 即为 KMO 和 Bartlett 检验情况。结果表明，KMO 的值为 0.621(大于 0.60)，因此本书所选取的 11 个指标之间的相关关系确立，证明该样本适合因子分析；同时 Bartlett 检验值的显著性为 0.000，表明所选指标的相关系数矩阵与单位矩阵之间存在显著性差异，

再次证实该样本适合因子分析。

表 7-24 KMO 与 Bartlett 检验（"互联网+"）

Kaiser-Meyer-Olkin 抽样充分性测度		0.621
球形检验	Approx. Chi-Square	536.529
	df	55
	Sig.	0.000

2）数据分析

以相关系数矩阵所计算出的特征值方差贡献率与累积贡献率为基础，择定公共因子。表 7-25 显示了所选指标的初始特征值、方差贡献率，以及提取四个公共因子后的特征值、方差贡献率与旋转后的四个公共因子后的特征值和方差贡献率。第一成分的初始特征值为 4.319（>1），方差贡献率为 39.264%；第二成分的初始特征值为 2.564（>1），方差贡献率为 23.313%；第三成分的初始特征值为 1.259（>1），方差贡献率为 11.448%；第四成分的初始特征值为 1.110（>1），方差贡献率为 10.092%。从第五成分开始，其初始特征值均小于 1。择定四个公因子便可以累计解释 84.117% 的总方差，因此确保了大部分信息得到保留，即这四个主因子能够较为全面地反映模型所涉及的所有信息。因此，本书择定四个公共因子评价以"互联网+"为代表的信息化发展与变革程度。

表 7-25 解释总变异量（"互联网+"）

成分	初始特征值			平方和负荷量萃取			转轴平方和负荷量		
	总和	方差贡献率/%	累积贡献率/%	总和	方差贡献率/%	累积贡献率/%	总和	方差贡献率/%	累积贡献率/%
1	4.319	39.264	39.264	4.319	39.264	39.264	4.208	38.256	38.256
2	2.564	23.313	62.577	2.564	23.313	62.577	1.936	17.596	55.852
3	1.259	11.448	74.025	1.259	11.448	74.025	1.790	16.271	72.123
4	1.110	10.092	84.117	1.110	10.092	84.117	1.319	11.994	84.117
5	0.548	4.984	89.101						
6	0.453	4.115	93.216						
7	0.278	2.527	95.743						
8	0.224	2.032	97.775						
9	0.153	1.391	99.166						
10	0.071	0.649	99.815						
11	0.020	0.185	100.000						

萃取法：主成分分析。

但是，由于 SPSS 抽取默认值为保留特征值大于或等于 1 的共同因子，此种方法虽然很容易得出共同因子，但在实际应用上有其限制，缺乏严谨性，使用者还需参考陡坡图等综合判断共同因素是否该被保留（吴明隆，2010）。图 7-18 即为陡坡图检验的结果，其中，从第五个因子开始，坡度的斜率逐渐平缓，表明没有特殊因子可以抽取。综合两种评价方式，表明提取 4 个公因子较为适宜。

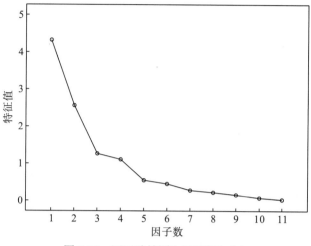

图 7-18　因子陡坡图（"互联网+"）

因为在因子负荷矩阵中存在许多指标的因子负荷数都比较高的问题，所以很难合理解释每个因子。因此本书采用最大变异法（varimax）进行直交转轴，使因子负荷量向两个极端分化，从而突出主导变量的作用。表 7-26 反映了旋转后的因子负荷矩阵。结果表明，第一个因子主要包括域名数、网站数、电子商务采购额、互联网上网人数、电子商务销售额五个指标，将该因子命名为 F_1；第二个因子主要包括电子商务交易活动的企业占比、每百人使用计算机数、开通互联网宽带业务的行政村比重三个指标，将该因子命名为 F_2；第三个因子主要包括移动电话普及率、互联网普及率两个指标，将该因子命名为 F_3；第四个因子主要包括每百家企业拥有网站数，将该因子命名为 F_4。

表 7-26　旋转后的因子负荷矩阵和因子得分系数矩阵（"互联网+"）

指标	旋转后的因子负荷矩阵				因子得分系数矩阵			
	F_1	F_2	F_3	F_4	F_1	F_2	F_3	F_4
Zscore（In_{11}）：每百人使用计算机数	-0.209	0.739	0.351	0.317	-0.084	0.379	0.026	0.179
Zscore（In_{12}）：每百家企业拥有网站数	-0.008	0.136	0.070	0.918	0.025	0.017	-0.033	0.702
Zscore（In_{13}）：有电子商务交易活动的企业占比	0.283	0.842	0.035	0.213	0.008	0.482	-0.173	0.127
Zscore（In_{14}）：电子商务销售额	0.817	0.070	0.028	-0.039	0.200	-0.032	0.052	-0.004
Zscore（In_{15}）：电子商务采购额	0.919	0.041	0.105	-0.029	0.234	-0.078	0.116	0.005
Zscore（In_{21}）：互联网上网人数	0.916	0.016	-0.091	-0.187	0.217	-0.037	0.000	-0.107
Zscore（In_{22}）：域名数	0.925	0.157	-0.090	0.002	0.215	0.039	-0.042	0.032
Zscore（In_{23}）：网站数	0.920	0.046	-0.085	0.139	0.228	-0.039	-0.020	0.144
Zscore（In_{31}）：互联网普及率	-0.049	0.329	0.864	-0.164	0.004	0.012	0.497	-0.191
Zscore（In_{32}）：移动电话普及率	-0.005	0.013	0.929	0.203	0.060	-0.226	0.600	0.110
Zscore（In_{33}）：开通互联网宽带业务的行政村比重	0.172	0.722	0.124	-0.453	-0.030	0.433	-0.058	-0.392

本书回归法测算因子得分系数的方式，综合评价并分析了我国西部各省份制造体系 2013～2017 年的以"互联网+"为代表的信息化发展与变革情况。表 7-26 反映了因子得分系数矩阵，可以得到因子得分函数 F_1、F_2、F_3、F_4。在 F_1、F_2、F_3、F_4 中，In_{11}、In_{12}、In_{13}、In_{14}、In_{15}、In_{21}、In_{22}、In_{23}、In_{31}、In_{32}、In_{33} 均代表标准化后的数据。

$F_1=-0.084In_{11}+0.025In_{12}+0.008In_{13}+0.200In_{14}+0.234In_{15}+0.217In_{21}+0.215In_{22}+0.228In_{23}+0.004In_{31}+0.060In_{32}-0.030In_{33}$

$F_2=0.379In_{11}+0.017In_{12}+0.482In_{13}-0.032In_{14}-0.078In_{15}-0.037In_{21}+0.039In_{22}-0.039In_{23}+0.012In_{31}-0.226In_{32}+0.433In_{33}$

$F_3=0.026In_{11}-0.033In_{12}-0.173In_{13}+0.052In_{14}+0.116In_{15}+0.000In_{21}-0.042In_{22}-0.020In_{23}+0.497In_{31}+0.600In_{32}-0.058In_{33}$

$F_4=0.179In_{11}+0.702In_{12}+0.127In_{13}-0.004In_{14}+0.005In_{15}-0.107In_{21}+0.032In_{22}+0.144In_{23}-0.191In_{31}+0.110In_{32}-0.392In_{33}$

基于上述因子得分函数，把 4 个因子的累积贡献率 84.117%定为 1，则第 1 因子、第 2 因子、第 3 因子、第 4 因子的权重分别是 0.4668、0.2771、0.1361、0.1200，构造以"互联网+"为代表的信息化发展与变革评估函数：

$$F=0.4668F_1+0.2771F_2+0.1361F_3+0.1200F_4$$

3）结果评价

根据上述因子得分函数及我国西部 12 个省（区、市）的以"互联网+"为代表的信息化发展与变革评估函数，可以得出 2013～2017 年西部 12 个省（区、市）因子得分、综合得分与年度排名（表 7-27）。

表 7-27　2013～2017 年我国西部各省（区、市）以"互联网+"为代表的信息化发展与变革因子得分、综合得分与年度排名

年份	省（区、市）	因子得分				综合得分 F	年度排名
		F_1	F_2	F_3	F_4		
2017	内蒙古	0.5291	-0.9662	2.4126	0.7267	0.3948	5
	广西	0.7876	0.1900	0.1794	-2.5546	0.1382	8
	重庆	1.5705	0.0006	1.6613	-0.3629	0.9158	3
	四川	4.0802	0.2277	0.3067	0.8535	2.1119	1
	贵州	0.2216	0.7985	0.3290	-0.5490	0.3036	6
	云南	0.4010	1.2892	-0.4008	-0.0908	0.4790	4
	西藏	-1.3345	2.7451	-0.3043	1.0701	0.2247	7
	陕西	0.8609	0.9828	1.7097	0.3555	0.9496	2
	甘肃	-0.0418	-0.1152	0.3541	-0.1007	-0.0153	11
	青海	-0.9396	1.0351	1.4191	0.3144	0.0791	10
	宁夏	-0.8074	0.7092	1.9358	0.2084	0.1081	9
	新疆	-0.4087	0.3039	1.1487	-2.0128	-0.1918	12

续表

年份	省(区、市)	因子得分				综合得分 F	年度排名
		F_1	F_2	F_3	F_4		
2016	内蒙古	0.3219	-0.6954	1.2694	0.5190	0.1926	7
	广西	0.4292	0.7958	-0.7358	-2.7710	-0.0118	10
	重庆	1.3623	0.3316	0.7476	-0.3622	0.7861	2
	四川	2.9344	0.8732	-0.5409	1.1506	1.6762	1
	贵州	0.1718	1.0913	-0.4395	-0.3237	0.2839	5
	云南	0.1013	1.5750	-1.0549	-0.0181	0.3380	4
	西藏	-1.1268	2.1793	-0.7953	1.9618	0.2051	6
	陕西	0.5794	0.8934	0.8531	0.4900	0.6929	3
	甘肃	-0.4168	0.4725	-0.7720	0.2030	-0.1443	11
	青海	-0.6936	1.0776	0.5467	0.4632	0.1048	8
	宁夏	-0.8927	1.0964	0.9930	0.3175	0.0604	9
	新疆	-0.5543	0.3003	0.6751	-1.5516	-0.2698	12
2015	内蒙古	0.2105	-1.3658	1.0100	0.4551	-0.0881	6
	广西	0.2592	0.2917	-1.0150	-2.8142	-0.2740	11
	重庆	0.7410	-0.0139	0.3041	-0.6333	0.3074	3
	四川	2.1497	0.0791	-0.9256	1.1682	1.0396	1
	贵州	-0.2192	0.3934	-0.9159	-0.4633	-0.1736	8
	云南	0.2649	0.3684	-1.1590	0.4761	0.1251	4
	西藏	-1.1666	1.4115	-0.8333	1.6192	-0.0726	5
	陕西	0.2840	0.3407	0.4584	0.4683	0.3456	2
	甘肃	-0.2684	-0.8692	-0.9386	0.9394	-0.3812	12
	青海	-0.8817	0.6982	0.4166	0.2710	-0.1289	7
	宁夏	-0.9174	0.3788	0.3911	0.7916	-0.1751	9
	新疆	-0.3246	0.1606	0.5997	-1.5403	-0.2102	10
2014	内蒙古	-0.3530	-2.0156	1.1141	0.7147	-0.4859	11
	广西	-0.0634	0.0723	-1.3183	-1.0735	-0.3178	6
	重庆	0.3513	-0.3238	-0.0790	-0.6405	-0.0134	3
	四川	1.6885	-0.6979	-0.9331	0.9330	0.5798	1
	贵州	-0.3447	-0.1987	-1.0814	-0.1522	-0.3814	8
	云南	0.0893	-0.3066	-1.1198	0.3538	-0.1532	4
	西藏	-1.0688	0.1236	-0.4552	1.1420	-0.3896	9
	陕西	0.1334	-0.5448	0.4548	0.7223	0.0599	2
	甘肃	-0.4221	-1.5022	-1.0555	0.7917	-0.6619	12
	青海	-0.9946	-0.1997	0.5474	0.1281	-0.4297	10
	宁夏	-0.8537	0.0039	0.6185	0.2425	-0.2841	5
	新疆	-0.5075	-0.2358	0.5130	-1.2336	-0.3805	7

年份	省（区、市）	因子得分				综合得分 F	年度排名
		F_1	F_2	F_3	F_4		
2013	内蒙古	-0.4501	-2.2475	1.1093	0.1652	-0.6621	9
	广西	-0.3452	-0.2724	-2.0514	-0.9875	-0.6343	8
	重庆	-0.2063	-0.5310	-0.6019	-0.9135	-0.4350	3
	四川	0.9742	-1.1490	-1.2739	0.5761	0.0321	1
	贵州	-0.4865	-0.8334	-1.4827	-0.4088	-0.7089	10
	云南	-0.1775	-0.6415	-1.6282	-0.0455	-0.4877	4
	西藏	-1.0180	-1.7407	-0.6051	0.8453	-0.9385	12
	陕西	-0.0800	-1.1346	0.3120	0.2547	-0.2787	2
	甘肃	-0.6339	-1.8460	-1.3400	0.4428	-0.9367	11
	青海	-1.0026	-0.6840	0.5200	-0.1027	-0.5991	5
	宁夏	-0.8589	-1.1486	0.2680	0.5679	-0.6146	7
	新疆	-0.6361	-1.0114	0.6782	-0.9966	-0.6045	6

为了更直观地反映西部 12 个省（区、市）以"互联网+"为代表的信息化发展与变革情况，特单独列出综合因子年度排名情况，具体见表 7-28。可以看出，四川、重庆、陕西在"互联网+"产业方面位居西部前列，新疆、甘肃等地排名相对靠后。

表 7-28　2013～2017 年我国西部各省（区、市）以"互联网+"为代表的信息化发展与变革综合因子年度排名

省（区、市）	2017 年	2016 年	2015 年	2014 年	2013 年
内蒙古	5	7	6	11	9
广西	8	10	11	6	8
重庆	3	2	3	3	3
四川	1	1	1	1	1
贵州	6	5	8	8	10
云南	4	4	4	4	4
西藏	7	6	5	9	12
陕西	2	3	2	2	2
甘肃	11	11	12	12	11
青海	10	8	7	10	5
宁夏	9	9	9	5	7
新疆	12	12	10	7	6

为了更直观地反映西部各省份以"互联网+"为代表的信息化发展与变革近年来的变动情况，特画出每个省份该维度综合因子得分增加值条形图，具体如图 7-19～图 7-30 所示。

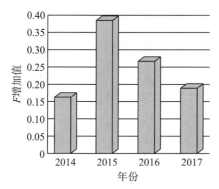

图 7-19　2014～2017 年内蒙古"互联网+"
综合因子得分增加值

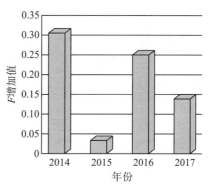

图 7-20　2014～2017 年广西"互联网+"
综合因子得分增加值

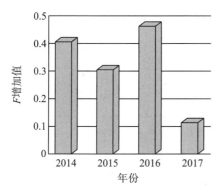

图 7-21　2014～2017 年重庆"互联网+"
综合因子得分增加值

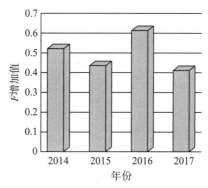

图 7-22　2014～2017 年四川"互联网+"
综合因子得分增加值

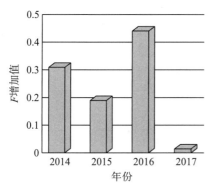

图 7-23　2014～2017 年贵州"互联网+"
综合因子得分增加值

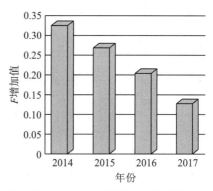

图 7-24　2014～2017 年云南"互联网+"
综合因子得分增加值

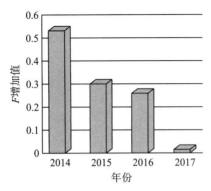

图 7-25   2014～2017 年西藏"互联网+"
综合因子得分增加值

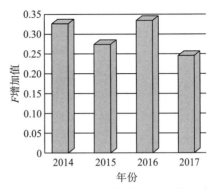

图 7-26   2014～2017 年陕西"互联网+"
综合因子得分增加值

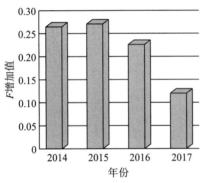

图 7-27   2014～2017 年甘肃"互联网+"
综合因子得分增加值

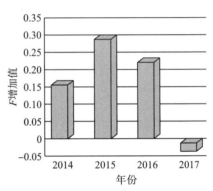

图 7-28   2014～2017 年青海"互联网+"
综合因子得分增加值

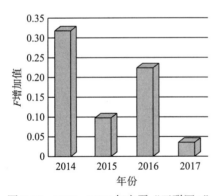

图 7-29   2014～2017 年宁夏"互联网+"
综合因子得分增加值

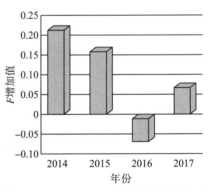

图 7-30   2014～2017 年新疆"互联网+"
综合因子得分增加值

3. 制度与结构改革

1）数据处理与检验

本书在遵循目的性原则、科学性原则、系统性原则、可操作性原则的基础上，以 2010～
2016 年《工业企业科技活动统计年鉴》《中国统计年鉴》为数据来源，对我国西部各省份的制度与结构改革维度进行评价①。

为了避免由于指标的单位及数量级方面的差异而对研究结果造成影响，并保证变量转换前后重要程度的一致性，本书首先通过 SPSS 20.0 软件的 Z-score 方法对所有样本数据进行标准化处理（被标准化变量的均值为 0、方差为 1），再对标准化后的数据进行因子分析。根据吴明隆（2010）的研究，当 KMO 值大于 0.70 时，尚可进行因子分析，因子分析适切性适中。表 7-29 即为 KMO 和 Bartlett 检验情况。结果表明，KMO 的值为 0.743（大于0.70），因此本书所选取的 5 个指标（表 7-17）之间的相关关系确立，证明该样本适合因子分析；同时 Bartlett 检验值的显著性为 0.000，表明所选指标的相关系数矩阵与单位矩阵之间存在显著性差异，再次证实该样本适合因子分析。

表 7- 29 KMO 与 Bartlett 检验（制度与结构改革）

Kaiser-Meyer-Olkin 抽样充分性测度		0.743
球形检验	Approx. Chi-Square	242.848
	df	10
	Sig.	0.000

2）数据分析

以相关系数矩阵所计算出的特征值方差贡献率与累积贡献率为基础，择定公共因子。表 7-30 显示了所选指标的初始特征值、方差贡献率，以及提取 1 个公共因子后的特征值、方差贡献率与旋转 1 个公共因子后的特征值和方差贡献率。第一成分的初始特征值为3.413（>1），方差贡献率为 68.255%。从第二成分开始，其初始特征值均小于 1。Hair 等（1998）的研究结果表明，社会科学领域的数据精确度低于自然科学领域，只要所提取的公因子累积解释变异量能达到 60% 以上就在可接受范围之内。因此，选择一个公共因子可以得到 68.255% 的累计贡献率，结果可以被接受，该因子能够较为全面地反映模型中的所有信息，通过这一共同因子对我国西部制造体系制度与结构改革进行系统评价是合理的。

表 7-30 解释总变异量（制度与结构改革）

成分	初始特征值			平方和负荷量萃取		
	总和	方差贡献率/%	累积贡献率/%	总和	方差贡献率/%	累积贡献率/%
1	3.413	68.255	68.255	3.413	68.255	68.255
2	0.677	13.546	81.801			
3	0.530	10.596	92.396			
4	0.268	5.368	97.765			
5	0.112	2.235	100.000			

萃取法：主成分分析。

---

① 说明：由于制度与结构改革的 5 项指标中，有 3 项指标来源于《工业企业科技活动统计年鉴》，该年鉴截至 2019 年 1 月 2 日仅更新至《2016 工业企业科技活动统计年鉴》，故此部分数据最新为 2015 年。

　　但是，SPSS 抽取默认值为保留特征值大于或等于 1 的共同因子，此种方法虽然很容易得出共同因子，但在实际应用上有其限制，缺乏严谨性，使用者还需参考陡坡图等综合判断共同因素是否该被保留（吴明隆，2010）。图 7-31 即为陡坡图检验的结果，其中，从第二个因子开始，坡度的斜率逐渐平缓，表明没有特殊因子可以抽取。综合两种评价方式，表明提取一个公因子较为适宜。

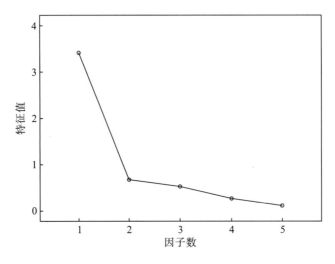

图 7-31　因子陡坡图（制度与结构改革）

　　表 7-31 反映了因子负荷矩阵。结果表明，共同因子主要包含使用来自政府部门的研发资金、研究开发费用加计扣除减免税、高新技术企业减免税、节能环保支出、资源勘探信息等支出五个指标，将该因子命名为 F。

表 7-31　因子负荷矩阵和因子得分系数矩阵（制度与结构改革）

指标	因子负荷矩阵	因子得分系数矩阵
$Zscore(SR_{11})$：使用来自政府部门的研发资金	0.806	0.236
$Zscore(SR_{12})$：研究开发费用加计扣除减免税	0.907	0.266
$Zscore(SR_{13})$：高新技术企业减免税	0.682	0.200
$Zscore(SR_{21})$：节能环保支出	0.836	0.245
$Zscore(SR_{22})$：资源勘探信息等支出	0.882	0.258

　　本书通过回归法测算因子得分系数的方式，综合评价并分析了 2009～2015 年西部各省份制造体系制度与结构改革情况。表 7-31 反映了因子得分系数矩阵，可以得到因子得分函数 F。在 F 中，SR_{11}、SR_{12}、SR_{13}、SR_{21}、SR_{22} 均代表标准化后的数据。

$$F=0.236SR_{11}+0.266SR_{12}+0.200SR_{13}+0.245SR_{21}+0.258SR_{22}$$

　　由于只提取出一个共同因子，故上述 F 函数即为制度与结构改革评估函数。

3）结果评价

根据上述因子得分函数及我国西部各省（区、市）的制度与结构改革评估函数，可以得出 2009～2015 年西部各省（区、市）制度与结构改革综合得分（因子得分）与年度排名，具体见表 7-32。

表 7-32　2009～2015 年我国西部各省（区、市）制度与结构改革综合得分与年度排名

年份	省(区、市)	综合得分 F	排名	年份	省(区、市)	综合得分 F	排名
2015	内蒙古	0.447188	5	2014	内蒙古	0.321067	4
	广西	0.479199	4		广西	0.256581	5
	重庆	1.447828	3		重庆	0.60833	3
	四川	3.418713	1		四川	2.559484	1
	贵州	-0.05989	7		贵州	-0.21326	7
	云南	0.333511	6		云南	-0.01906	6
	陕西	2.102518	2		陕西	1.477894	2
	甘肃	-0.44186	9		甘肃	-0.60382	9
	青海	-0.63484	10		青海	-0.79759	10
	宁夏	-0.97516	11		宁夏	-1.02529	11
	新疆	-0.30993	8		新疆	-0.35927	8
2013	内蒙古	0.261379	4	2012	内蒙古	0.075202	4
	广西	0.020711	5		广西	-0.03602	5
	重庆	0.488	3		重庆	0.617127	3
	四川	2.492002	1		四川	2.198374	1
	贵州	-0.30733	7		贵州	-0.46366	7
	云南	-0.13584	6		云南	-0.13427	6
	陕西	1.899252	2		陕西	1.166301	2
	甘肃	-0.64148	9		甘肃	-0.65987	9
	青海	-0.8077	10		青海	-0.93947	10
	宁夏	-1.04512	11		宁夏	-0.95394	11
	新疆	-0.38972	8		新疆	-0.56891	8
2011	内蒙古	1.224221	2	2010	内蒙古	-0.17965	4
	广西	-0.29818	5		广西	-0.42635	5
	重庆	0.713562	4		重庆	-0.10422	3
	四川	1.607317	1		四川	1.023431	1
	贵州	-0.57508	8		贵州	-0.75264	7
	云南	-0.31708	6		云南	-0.47876	6
	陕西	0.723819	3		陕西	0.479695	2
	甘肃	-0.65835	9		甘肃	-0.82626	8
	青海	-1.08798	11		青海	-1.06151	10

续表

年份	省（区、市）	综合得分 F	排名	年份	省（区、市）	综合得分 F	排名
2011	宁夏	-1.03141	10	2010	宁夏	-1.12169	11
	新疆	-0.44854	7		新疆	-0.89586	9
2009	内蒙古	-0.32281	3				
	广西	-0.58744	6				
	重庆	-0.44756	4				
	四川	0.816485	1				
	贵州	-0.79986	7				
	云南	-0.5831	5				
	陕西	0.634223	2				
	甘肃	-0.95921	8				
	青海	-1.23933	11				
	宁夏	-1.15726	10				
	新疆	-1.00997	9				

　　为了更直观地反映西部各省（区、市）的制度与结构改革情况，特单独列出综合因子年度排名情况，具体见表 7-33。可以看出，四川、陕西、重庆在制度与结构改革方面位居西部前列，甘肃、青海、宁夏等地排名靠后。

表 7-33　2009～2015 年我国西部各省（区、市）制度与结构改革综合因子年度排名

省（区、市）	2015 年	2014 年	2013 年	2012 年	2011 年	2010 年	2009 年
内蒙古	5	4	4	4	2	4	3
广西	4	5	5	5	5	5	6
重庆	3	3	3	3	4	3	4
四川	1	1	1	1	1	1	1
贵州	7	7	7	7	8	7	7
云南	6	6	6	6	6	6	5
陕西	2	2	2	2	3	2	2
甘肃	9	9	9	9	9	8	8
青海	10	10	10	10	11	10	11
宁夏	11	11	11	11	10	11	10
新疆	8	8	8	8	7	9	9

　　为了更直观地反映西部各省份制度与结构改革近年来的变动情况，特画出每个省份该维度综合因子得分增加值条形图，具体如图 7-32～图 7-42 所示。

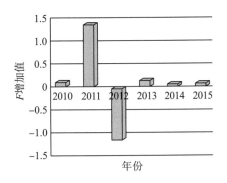

图 7-32　2010～2015 年内蒙古制度与结构改革
综合因子得分增加值

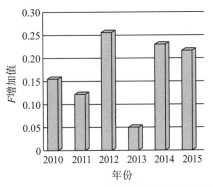

图 7-33　2010～2015 年广西制度与结构改革
综合因子得分增加值

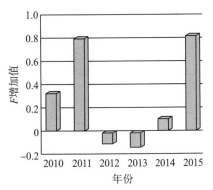

图 7-34　2010～2015 年重庆制度与结构改革
综合因子得分增加值

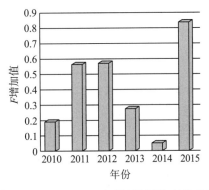

图 7-35　2010～2015 年四川制度与结构改革
综合因子得分增加值

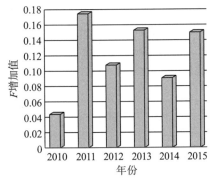

图 7-36　2010～2015 年贵州制度与结构改革
综合因子得分增加值

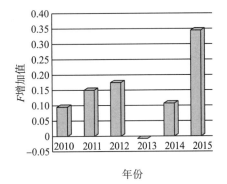

图 7-37　2010～2015 年云南制度与结构改革
综合因子得分增加值

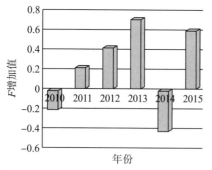

图 7-38　2010～2015 年陕西制度与结构改革
综合因子得分增加值

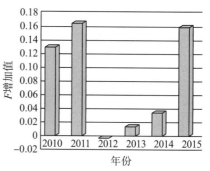

图 7-39　2010～2015 年甘肃制度与结构改革
综合因子得分增加值

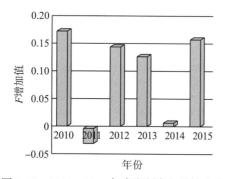

图 7-40　2010～2015 年青海制度与结构改革
综合因子得分增加值

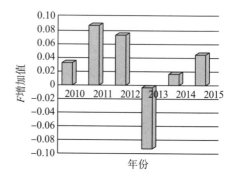

图 7-41　2010～2015 年宁夏制度与结构改革
综合因子得分增加值

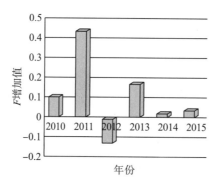

图 7-42　2010～2015 年新疆制度与结构改革综合因子得分增加值

此外，由于 2016～2017 年西部各省份制造业制度与结构改革的三项指标——使用来自政府部门的研发资金、研究开发费用加计扣除减免税和高新技术企业减免税的数据暂未公布，故采用 Excel 软件对其进行回归预测，从而对 2016～2017 年西部各省份制造业制度与结构改革予以简单评价。从表 7-34 可知，反映制造业制度与结构改革的五个指标中，关于使用来自政府部门的研发资金和研究开发费用加计扣除减免税两个指标，四川、重庆、陕西排名靠前，宁夏、青海、西藏排名靠后；关于"高新技术企业减免税"指标，四川、广西、陕西排名靠前，宁夏、青海、西藏排名靠后；关于节能环保支出，四川、云南、重庆排名相对靠前，宁夏、新疆、西藏排名靠后；关于资源勘探信息等支出，四川、新疆、贵州等地排名相对靠前，宁夏、青海、西藏等地排名相对靠后。

表 7-34 2016～2017 年西部各省(区、市)制造业制度与结构改革相关指标数据

省(区、市)	使用来自政府部门的研发资金※/万元				研究开发费用加计扣除减免税※/万元				高新技术企业减免税※/万元				节能环保支出/亿元				资源勘探信息等支出/亿元			
	2016 年		2017 年		2016 年		2017 年		2016 年		2017 年		2016 年		2017 年		2016 年		2017 年	
	数值	排名	数值	排名	数值	排名	数值	排名	数值	排名	数值	排名	数值	排名	数值	排名	数值	排名	数值	排名
内蒙古	52887.43	7	57451.11	7	24432.29	6	25171.86	6	17224.29	8	12294.11	8	159.36	2	143.67	5	94.92	6	94.24	4
广西	63273.29	6	67353.11	6	35885.29	4	38746.32	4	49417.71	2	55210.57	2	90.7	8	85.11	8	113.55	4	82.82	7
重庆	95787.57	3	102473.11	3	56680.71	3	60245.39	3	34736.86	4	38325.61	4	136.2	4	154.95	4	143.64	2	92.25	6
四川	331469.86	2	359357.43	2	133032.71	1	143910.07	1	101468.29	1	112469.96	1	166.35	1	197.75	1	263.8	1	300.43	1
贵州	76207.71	5	81023.29	5	5766.00	9	5523.04	9	26552.29	5	29784.25	5	127.09	5	125.39	6	123.76	3	97.96	3
云南	85614.14	4	94731.04	4	15310.71	7	16160.82	7	20648.57	6	21873.50	6	150.13	3	179.48	2	87.16	8	62.47	8
西藏	676.00	12	682.68	12	347.17	12	373.40	12	67.00	12	61.67	12	33.05	12	46.64	12	45.63	11	62.07	9
陕西	524166.43	1	572762.29	1	91702.00	2	96216.93	2	37370.71	3	38774.54	3	126.79	6	162.52	3	107.44	5	93.46	5
甘肃	33769.57	9	35423.39	9	12325.43	8	13113.61	8	10717.71	9	12134.00	9	95.25	7	102.2	7	69.98	9	49.09	10
青海	12835.57	11	13648.11	11	1994.71	11	1658.61	11	173.00	11	173.61	11	73.41	9	60.93	9	49.58	10	36.35	12
宁夏	22123.71	10	22840.07	10	5453.57	10	5397.39	10	3615.43	10	3027.07	10	36.69	11	57.61	10	33.96	12	45.17	11
新疆	37266.29	8	40677.50	8	25493.57	5	28719.39	5	19999.00	7	20771.43	7	65.07	10	54.66	11	94.46	7	236.52	2

备注：带"※"的指标代表缺少相关数据，对应列数值采用 Excel 软件对其进行回归预测计算得出。未带"※"的指标数据均从《中国统计年鉴 2018》《中国统计年鉴 2017》整理获得。

7.3 小   结

本章构建了西部绿色制造体系发展水平及新动能能效释放强度的评估指标体系，并对西部各省份进行了实证分析，发现西部 11 省份在 2011～2017 年绿色制造体系发展指数整体呈现上升趋势。其中，贵州、重庆和陕西的绿色制造体系发展指数逐年上升，发展速度较快；内蒙古、广西、青海和甘肃的绿色制造体系发展指数虽然近年来有小幅上涨，但在近两年出现下降趋势，其他省份绿色制造体系发展指数变化趋势并不突出。三大新动能所释放的能效逐年上升，但是各省份三大动能能效释放水平各年度变化不大，四川、重庆、陕西稳居前三，青海、宁夏、新疆一直处于相对落后的地位。

第8章 区域特征与路径探索：新导向下西部地区绿色制造体系的路径优化

根据绿色制造体系的发展水平与新动能的能效水平，本章对绿色制造体系的构建路径进行优化，以解决西部地区内部的不均衡性。虽然经济发展与环境保护之间存在固有的矛盾，但在不同地区之间依然存在差异。数据显示，西部地区内部依然存在发展不均衡的问题，不同地区的绿色发展水平和新动能成长情况存在显著差异。所以，基于区域特征的路径优化是构建绿色制造体系的必然选择。

8.1 路径优化的背景

全球产业重新布局，国际贸易规则重新构建，日渐紧迫的外部环境致使我国制造业发展面临重大的考验。一方面，高端制造领域出现向发达国家"逆转移"的态势。全球各国争先抢占制造业这一制高点，以获取未来商业竞争中的优势，同时为本国制造业制定相应的再工业化战略，美国提出先进制造业伙伴计划、国家制造业创新网络计划，德国提出"工业 4.0"，日本发布 2014 年度《制造业白皮书》，英国发布《英国工业 2050 战略》等。另一方面，中低端制造业出现向东南亚国家转移的趋势。东南亚国家在资源、劳动力等方面存在比较优势，可以依靠低成本发展劳动密集型制造业。总而言之，我国制造业正面临着发达国家"高端回流"和发展中国家"中低端分流"的双向挑战。

我国经济发展进入新常态，制造业所依赖的资源能源、生态环境、要素成本等都在不断发生变化。我国资源相对不足、环境承载能力较弱；水体污染较为突出，土壤污染日益严重，重大环境事件时有发生；我国制造业逐步失去原有的人口红利和要素成本等比较优势，多种要素约束的趋紧使其传统的竞争优势逐渐消失，制造业粗放式的发展方式逐渐失效。经济发展新常态下，我国制造业原有的比较优势被削弱，必须通过加速制造业转型升级进程形成新的竞争优势。

科技与产业正在进行新一轮的革命，美国、德国、日本、英国等发达国家均制定了产业创新战略，旨在重振制造。全球范围内，科技创新活动所存在的地域、组织和技术的限制被打破，约束越来越小，相应的技术发展及科技成果转化速度逐渐加快，推动产业革命加速进行。外部环境为新一轮科技革命和产业革命，内部环境为我国加快转变经济发展方式，内外环境双重压力使我国制造业创新发展面临的形势更加严峻。我国已经是全球制造业大国，但相对于工业发达国家，存在的问题依旧突出。我国制造业仍因整体素质偏低、自主创新能力薄弱、核心技术缺乏、科技成果对产业支撑不足等因素落后于工业发达国家。《中国制造 2025》是我国制定的实施制造强国的战略，围绕实现制造强国的战略目标，以创新驱动为重要方针，以提高制造业创新能力为首要任务，抓住时代机遇，加快传统"要素驱动"的粗放式发展方式向"创新驱动"的发展方式转变，改变传统的比较优势，加快向现代竞争优势转变，抓住新一轮科技革命和产业变革的重要时机，重建我国制造业的竞争优势，实现由制造业大国向制造业强国的跨越。目前，我国制造业经过多年发展，体系独立完整，产品和技术基础较强，产业体系创新初见成效，并积累了一定的创新能力。一是坚持企业在创新中的主体地位，不断深化产学研协同创新。在制造业重点领域，如 3D 打印、纳米材料、生物医学工程等，通过搭建"产-学-研"创新战略联盟，对未来重大战略问题进行研究，促进产业转移及对接。二是取得了核心领域关键性技术的突破，有效提升了科技成果产业化程度。我国目前已在载人航天、探月工程、载人深潜、新支线飞机、大型液化天然气船、高速轨道交通等领域，进入世界先进行列。值得一提的是，特高压输变电设备、百万吨乙烯成套装备等部分领域装备产品技术水平已跃居世界前列。三是完善了知识产权保护体系，技术标准作用日益凸显。党的十八届三中全会明确提出"加强知识产权的运用和保护"，如建立更为完善的知识产权保护体系，通过加强知识产权运用能力提升我国经济和产业国际竞争的主导权。

不过，我国制造业迄今为止仍存在一些亟待解决的创新发展问题。一是技术创新能力不强以及创新基础不牢固。据相关数据统计，在主要发达国家大中型制造业企业中，研发费用支出占主营业务收入的 2.5%以上，而在我国，这一数据不到 1%。此外，我国制造业企业缺少核心技术与装备，往往依靠进口满足需求。二是创新资源利用分散，无法形成合力，各载体与资金设备缺乏能够进行整合的运行机制，导致创新资源的严重浪费，导致产生创新"孤岛现象"。三是科技创新难以支撑产业发展，产学研用不能同时发力，产业协同创新能力不强，科技成果转化率较低。四是创新竞争工具的正面作用还未得到充分发挥，如知识产权和技术标准等，企业还无法充分利用这些创新竞争工具参与市场竞争。五是东西部发展差距较大，但西部地区资源丰富、劳动力充裕、投资成本较低，有极大的发展潜力。西部制造体系作为我国制造体系中的重要组成部分，多以资源型、粗加工为主，其技术创新能力薄弱、产业集中度较低、规模经济不足，亟须加快发展西部新型制造业、构建绿色制造体系。要实现我国制造业由大变强，必须以"创新驱动"为核心，不断增强产业创新能力，加速形成新的竞争优势。

在环境经济学中，对经济发展和自然环境的关系有两种不同的论断（袁鹏和程施，2011）。一种是"增长极限论"，认为由于资源的有限性，经济增长最终会陷入停滞。另一种是"环境库兹涅茨曲线"，认为环境质量在经济增长的初期会逐渐下降，但随着经济增长至高级阶段，技术进步、环保政策等措施会改善环境质量。根据绿色制造体系发展分级所划分的四类地区，结合环境经济学中的两种论断，可以推断出两条不同的发展轨迹：一是绿色发展轨迹，在经济发展到拐点后，经济发展会改善环境质量，逐渐进入绿色发展期；二是生命周期轨迹，在经济发展到拐点后，环境质量的下降会阻碍经济发展，逐渐进入衰落期。具体如图 8-1 所示。

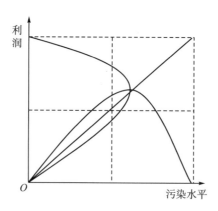

图 8-1　发展轨迹图

　　在区域经济研究中，西部地区长期以来都作为一个独立的经济单元，被贴上了"粗放""生态脆弱""落后"等标签。西部经济发展水平落后于东部地区，一直扮演着模仿者、追赶者的角色。西部地区发挥后发优势，承接东部的产业转移，沿袭东部的发展模式，将发展目标锁定在追赶东部。由于东西部地区的发展历史、资源禀赋、战略地位存在巨大差异，单纯的"模仿战略"无法使西部地区获得可持续发展。传统 "先污染，后治理"的惯性模式加剧了西部地区经济发展与环境保护之间的矛盾。经过多年发展，西部地区内部已形成显著的不均衡性，其发展水平不能以"落后"来一概而论。经济与环境的矛盾在发展水平不同的西部城市有着不同的强度。合理解决该矛盾是实现绿色发展的前提。

　　以前，西部地区沿袭东部地区的发展路径，优先发展资源密集型的高污染、高能耗、低附加值的产业，旨在短期内实现经济的跨越式增长。但由此产生的环境问题制约了西部地区的进一步发展。随着我国经济进入增速放缓、结构调整、提质增效、转型升级的新常态，中央提出"创新、协调、绿色、开放、共享"新发展理念，正在实施"供给侧结构改革""中国制造2025""一带一路"等，逐步打造绿色制造体系。西部各省份积极响应，对传统产业进行了改造提升。由于各地在人才资源、科技水平、政策执行效率等方面存在差异，传统产业改造提升的效果不尽相同，这进一步加剧了西部地区内部的不均衡性。

　　初期的"追赶模仿"和后期的"改造提升"将西部地区内部的不均衡性逐渐放大，造成了西部企业在经济利润与污染水平上的差异。传统的"整体思维"忽视了西部地区内部的差异性，从而无法解决绿色发展的结构性问题。

　　从图8-2可以看出，西部各地经济利润与污染水平的变化具有差异性，经济发展与环境保护的矛盾在不同地区有不同的强度。总体而言，重庆、四川改造提升效果较好，经济与环境的矛盾较小。内蒙古、陕西仍处于以牺牲环境为代价、追求经济快速增长的阶段。广西、贵州、云南等7个省（区、市）的环境问题已制约了其经济发展。西藏的经济水平和污染水平均比较低，仍有待进一步开发，应避免走"先污染，后治理"的传统模式。西部地区内部结构性问题制约着绿色制造体系的发展。但经济利润和污染水平是一种存量，只能描述地区发展的状态，而不能得出地区发展的潜力。与此同时，构建绿色制造体系不仅是了解决污染问题，还是为了高效、低碳、清洁和循环发展。绿色作为发展目标也无法用经济利润来直接衡量。从增量的角度看，新动能反映了经济发展的方向和潜力。从经济与环境的矛盾上看，绿色制造体系为区域发展提供了新的战略思维。

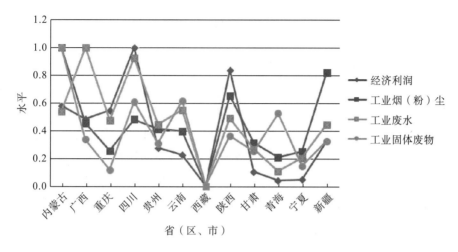

图 8-2　西部地区经济利润与污染水平的不均衡性

资料来源：根据 2015 年《中国统计年鉴》《中国环境统计年鉴》整理；图中数据进行了无量纲化处理。

8.2　路径优化的准则

　　绿色制造体系的路径优化是基于西部地区内部发展不均衡性提出的，但如何实施路径优化还需从绿色制造体系发展水平与新动能能效水平出发。经济发展与环境保护之间的矛盾在不同地区存在差异性，缺乏一致的衡量标准。经济利润不足以代表一个地区的经济发展趋势，污染水平也无法概括环境发展水平。绿色理念既包含经济因素，又以环境发展为目标，为解决经济发展与环境保护之间的矛盾提供了新的理念。我国制造业在面对内需改善、外需走弱和资源约束的挑战下，其体系内涵正在发生变化，这种变化不只来自外部环境的压力，更多源于制造业的内生压力。制造业内涵已向绿色发展转变，作为绿色发展重要组成部分的绿色制造，是制造问题、环境影响问题、资源优化问题三部分内容的交叉和集成。因此，绿色制造体系发展水平成为路径优化的准则之一。新动能包括技术创新、以"互联网+"为代表的信息化发展与变革、制度与结构改革，是实现绿色制造体系的动力来源。以劳动人口、资金、自然资源为基础的传统动能无法实现绿色发展。推动我国绿色制造体系构建的要素有传统动能与新动能，但并不是依托单要素，而是由各个动能要素相互促进、辩证统一引发连锁反应形成新动能系统进行推动，多维要素及要素之间的相互作用关系使新动能系统具有复杂性。因此，新动能成长成为路径优化的准则之二。我国制造体系多以资源型、粗加工为主，技术创新能力薄弱、资源利用率不高，技术创新、以"互联网+"为代表的信息化发展与变革、制度与结构改革等新动能成长具有不稳定性，且各区域之间新动能系统对于绿色制造体系构建的作用机制存在差异，绿色制造体系与新动能在各地区之间同样存在差异，二者之间的匹配成为路径优化的准则之三。路径优化首先需要对西部各地区的绿色制造体系发展水平和新动能能效水平进行评估、分类；其次是明确二者之间的匹配关系，如贵州地区的绿色水平高，但新动能能效相对较低。

8.2.1　绿色制造体系发展水平的地理分布

根据前述研究，2017 年西部 12 个省（区、市）的绿色制造体系发展水平可分成四类（表 8-1）。其中陕西、贵州、重庆发展水平最高，属于第Ⅳ类；宁夏、云南、四川发展水平较高，属于第Ⅲ类；新疆和广西发展水平较低，属于第Ⅱ类；青海、甘肃、内蒙古发展水平最低，属于第Ⅰ类。西藏地区虽然缺失数据，但其制造业基础较为薄弱，自然环境具有特殊性，环境承载力较低，所以西藏的绿色制造体系发展水平属于第Ⅰ类。

表 8-1　2017 年绿色制造体系发展水平分类表

省（区、市）	绿色制造体系发展指数	分类
陕西	0.737	Ⅳ
贵州	0.732	Ⅳ
重庆	0.731	Ⅳ
宁夏	0.590	Ⅲ
云南	0.574	Ⅲ
四川	0.561	Ⅲ
新疆	0.516	Ⅱ
广西	0.476	Ⅱ
青海	0.358	Ⅰ
甘肃	0.265	Ⅰ
内蒙古	0.255	Ⅰ

总体而言，西部地区的绿色制造体系发展水平由东向西递减，一方面是由于环境承载力的差异，另一方面是由于经济发展水平的不同。由此可以推断，绿色制造体系发展水平与经济利润和自然环境基础有着密切联系，发展绿色制造体系是一个系统性工程。

8.2.2　新动能能效水平的地理分布

新动能由技术创新、以"互联网+"为代表的信息化发展与变革、制度与结构改革三个维度构成，维度之间具有明显的区分，无法聚合，因此对每个维度进行评估与分类。分类的标准为"分位数"，与绿色制造体系发展水平分类一致，采取四级分类。

1. 技术创新

绿色技术资源是进行绿色技术创新活动和绿色生产活动所能动用的绿色技术储备。在制造强国战略的指引下，高等院校和科研机构对绿色技术进行了广泛深入的研究，积累了重要的绿色资源，极大地推动了绿色技术的创新和发展，是绿色技术资源的重要提供者。企业面对更加严厉的环境保护法律法规和政策措施，积极创新绿色生产技术，优化生产过程，生产绿色产品，降低环境破坏与污染，提供了大量绿色技术资源。根据前文对 2015 年技术创新能力的评价结果，采用四分位数对各地区进行排名与分类，得到表 8-2。重庆、四川技术创新能力强，属于第 IV 类；陕西、内蒙古、广西技术创新能力较强，属于第 III 类；云南、甘肃技术创新能力较弱，属于第 II 类；贵州、宁夏、新疆技术创新能力最弱，属于第 I 类。

表 8-2　2015 年技术创新能力分类表

省(区、市)	得分	分类
重庆	2.31420	IV
四川	2.28650	IV
陕西	1.00697	III
内蒙古	0.16622	III
广西	0.10804	III
云南	0.09927	II
甘肃	-0.22570	II
贵州	-0.31056	I
宁夏	-0.42407	I
新疆	-0.54313	I

由表 8-2 可以看出，川渝地区的技术创新能力在西部地区最为突出。加大对制造技术创新的投入，以绿色技术攻关为研发重点，以节能环保技术、清洁生产工艺、不可再生资源和短缺资源的替代技术为重点领域，提升绿色生产水平，增加绿色生产活动，减少资源配置重复浪费，提高资源利用效率。推进技术创新体系的建设，促进产学研用紧密结合，将资源整合化，进一步强化企业创新主体地位，在云计算、物联网、移动互联网、大数据、智能终端等重点领域，不断突破关键性核心技术；创新评价机制，创新成果由市场评价，加速互联网创新成果向制造业领域转化，提升创新成果转化程度；建设开放共享的科技基础条件平台，在重点行业领域建设工程数据中心、科学研究中心和智能设计应用中心；完善制造业创新网络体系，构建制造业创新中心，支持多种创新方式的多元发展；汇聚实力企业、行业协会、科研院校等行业优质资源，加强标准建设，共建互联网应用发展联盟。此外，保护知识产权，促进绿色技术产业化。

2. 以"互联网+"为代表的信息化发展与变革

根据前文对 2017 年以"互联网+"为代表的信息化发展与变革能力的评价结果，采用四分位数对各地区进行排名与分类，得到表 8-3。四川、陕西、重庆以"互联网+"为代表的信息化发展与变革能力强，属于第 IV 类；云南、内蒙古、贵州以"互联网+"为代表的信息化发展与变革能力较强，属于第 III 类；西藏、广西、宁夏以"互联网+"为代表的信息化发展与变革能力较弱，属于第Ⅱ类；青海、甘肃、新疆以"互联网+"为代表的信息化发展与变革能力最弱，属于第Ⅰ类。

表 8-3　2017 年以"互联网+"为代表的信息化发展与变革能力分类表

省(区、市)	得分	分类
四川	2.1119	Ⅳ
陕西	0.9495	Ⅳ
重庆	0.9158	Ⅳ
云南	0.4790	Ⅲ
内蒙古	0.3948	Ⅲ
贵州	0.3036	Ⅲ
西藏	0.2247	Ⅱ
广西	0.1382	Ⅱ
宁夏	0.1081	Ⅱ
青海	0.0791	Ⅰ
甘肃	-0.0153	Ⅰ
新疆	-0.1918	Ⅰ

由表 8-3 可以看出，在四川、陕西和重庆以"互联网+"为代表的信息化发展与变革能力最为突出。地域联动创新可以使产业不同的价值链之间通过"互联网+"进行产业集聚、产业集群和产业联盟，达成横向联动、纵向联动和混合联动，并在此基础上实现不同产业链在时间结构、空间结构和功能结构上管理协同效应和运营协同效应的提升，从而实现制造业创新发展。各区域资源的类型和分布各具特色，相互之间存在较强的互补性，在此基础上进行地域联动创新，发挥其综合功能并形成主体经济效益，才能够最大限度地发挥产业集群的资源潜力。"互联网+"与制造业的地域联动创新意味着制造业可以在更大地域范围内配置资源，从单一企业生产到形成区域性的产业集群，进一步拓展形成更广的生产网络体系。

借助互联网、大数据等信息管理工具，制造业的生产方式日益由集中生产向网络化异地联动生产转变，网络化异地联动生产表现为在邻近地区形成产业集群以及跨越国界形成国际分工体系，继而向着集群化和国际化方向发展。

由于各个区域具有不同的产业集群，决定了各个产业集群联动创新的方式具有差异性，应立足于产业集群的特点、规律、现实基础、经济发展水平选择与之相适应的联动创新方式。具体表现如下：在基础条件好、需求迫切的重点地区、行业和企业中，分类实施流程制造、离散制造、智能装备和产品、新业态新模式、智能化管理、智能化服务等试点示范、应用推广及制定实施路线图；重点领域、重点行业开展智能制造试点示范，便于集中优势资源、重点突破、积累经验；在小范围进行试点，能够灵活调整、降低风险；通过示范，能够起到榜样和引领的作用。

3. 制度与结构改革

根据前文对 2015 年制度与结构改革能力的评价结果，采用四分位数对各地区进行排名与分类，得到表 8-4。四川、陕西制度与结构改革的能力强，属于第Ⅳ类；重庆、广西、内蒙古制度与结构改革的能力较强，属于第Ⅲ类；云南、贵州、新疆制度与结构改革的能力较弱，属于第Ⅱ类；甘肃、青海、宁夏制度与结构改革的能力最弱，属于第Ⅰ类。

表 8-4　2015 年制度与结构改革能力分类表

省（区、市）	得分	分类
四川	3.418713	Ⅳ
陕西	2.102518	Ⅳ
重庆	1.447828	Ⅲ
广西	0.479199	Ⅲ
内蒙古	0.447188	Ⅲ
云南	0.333511	Ⅱ
贵州	−0.05989	Ⅱ
新疆	−0.30993	Ⅱ
甘肃	−0.44186	Ⅰ
青海	−0.63484	Ⅰ
宁夏	−0.97516	Ⅰ

8.2.3　绿色制造体系与新动能的匹配程度

不同区域的绿色制造体系发展水平与新动能能效水平匹配程度不同，存在四种情况：高动能高绿色、高动能低绿色、低动能高绿色、低动能低绿色。高动能高绿色、低动能低绿色属于正常匹配，高动能低绿色、低动能高绿色属于非正常匹配。在不同的动能之间也存在匹配程度的差异。例如，青海绿色制造体系发展水平属于第Ⅰ类，"互联网+"的能效水平也属于第Ⅰ类，但技术创新的能效水平属于第Ⅲ类，明显高于相同绿色制造体系发展水平的其他地区，与其他动能发展状况也不符合。为了可以清晰地看出各地区的匹配程度，根据各地区的绿色制造体系发展水平与新动能能效水平进行分类，形成表 8-5。

表 8-5　绿色制造体系发展水平与新动能能效水平的匹配程度

省（区、市）	（绿色水平，技术创新）	（绿色水平，"互联网+"）	（绿色水平，制度改革）
陕西	（Ⅳ,Ⅲ）	（Ⅳ,Ⅳ）	（Ⅳ,Ⅳ）
贵州	（Ⅳ,Ⅰ）	（Ⅳ,Ⅲ）	（Ⅳ,Ⅱ）
重庆	（Ⅳ,Ⅳ）	（Ⅳ,Ⅳ）	（Ⅳ,Ⅲ）
宁夏	（Ⅲ,Ⅰ）	（Ⅲ,Ⅱ）	（Ⅲ,Ⅰ）
云南	（Ⅲ,Ⅱ）	（Ⅲ,Ⅲ）	（Ⅲ,Ⅱ）

续表

省(区、市)	(绿色水平，技术创新)	(绿色水平，"互联网+")	(绿色水平，制度改革)
四川	(III,IV)	(III, IV)	(III, IV)
新疆	(II,I)	(II,I)	(II,II)
广西	(II,III)	(II,II)	(II,III)
青海	(I,III)	(I,I)	(I,I)
甘肃	(I,II)	(I,I)	(I,I)
内蒙古	(I,III)	(I,III)	(I,III)
西藏	(I,I)	(I,II)	(I,I)

促进新动能释放能效，构建绿色制造体系必须以经济发展与环境质量的关系为基础。从表 8-5 中可以看出，不同地区的经济与环境基础决定了路径的选择。根据不同地区的匹配程度，重点对高动能高绿色、高动能低绿色、低动能高绿色、低动能低绿色四类区域进行路径优化，释放新动能，构建绿色制造体系，推动生命周期轨迹向绿色发展转变。

8.3　路径优化的具体措施

绿色经济区域产业发展的基础是动能要素的流动，企业成长依赖于人力资源、科学技术和资金，动态要素的流动能够为企业提供这方面的支持，同时能够将资源优化进行重新配置。资源按照形态可以分为有形资源和无形资源，动能要素流动包括有形资源流动和无形资源流动。有形资源流动是指可见性和可量化资源的流动，如人才、资金。无形资源流动是指非物质性资源的流动，如知识、技术、信息、理念等。人才流动有利于合理使用人才，调动人的积极性，实现人尽其才，人才在不同地区和企业流动，也有利于活跃思想，传播知识；技术流动有利于加强技术交流，促进技术创新，深化技术应用；信息流动有利于形成有价值的信息资源，信息的有效沟通和传递为创新提供可靠的前提保障。耗散结构理论指出，一个非平衡的开放系统通过与外界交换物质和能量，可以形成新的稳定的有序结构。由此可知，基于绿色经济的区域创新生态可以通过物质、能量和信息等动态要素的流动形成稳定有序的结构，提升创新能力。

8.3.1　匹配地区

匹配地区包括两类：高动能高绿色地区与低动能低绿色地区。对于高动能高绿色地区，动能在绿色制造体系过程中发挥了相应的作用。这一类地区是构建西部绿色制造体系的引领者。对于低动能低绿色地区，应该明确自身跟随者的角色，在吸收引领者的产业转移的同时，要更加注意环境问题。

高动能高绿色地区包括四川、重庆、陕西、广西四个区域。从发展历程看，川渝地区起步较早，并且很多产业之间存在高度关联性，如食品制造及烟草加工业、非金属矿物制品业、金属冶炼及压延加工业、交通设备制造业等(韩斌等，2008)。因此，川渝经济区在西部地区率先突破省域限制，实现资源跨地区优化配置(黄森和蒲勇健，2012)。在川渝经济区形成之后，陕西制造业加大产学研合作(刘民婷和孙卫，2011)，产业体系得到了较好的发展，经济水平也稳定上升。以西安为中心的关中平原城市群，加入成渝经济区，逐渐形成西三角经济区(张建清和张燕华，2014)。广西本身是"南贵昆"经济区的重要组成部分，随着湾区的战略地位提升，位于北部湾地区的广西得到了快速发展(柯丽菲，2013)。

　　四川、重庆、陕西、广西四个区域具备很强的地域优势。对于引领型的地区来说最主要的路径是研发新的绿色技术，同时对落后地区进行技术、产业等的转移，升级自身绿色制造体系。在技术创新方面，该类地区应该加大对探索式创新的研发投入，积极推进绿色技术向其他落后地区转移。绿色技术是指那些在生产实践中所积累的符合资源环境保护与可持续发展原则的知识和技能，包括生态化改造传统原材料、减物质化革新生产过程、清洁生产加工过程、加强污染防治管理、回收和资源再利用、绿色处理废弃物。清洁生产的宗旨是通过在生产过程中持续性地综合运用多种环境策略的方式，来降低生产对人类的危害和对环境的破坏，如尽可能避免使用污染环境的原材料、节约能源、排放物再处理和循环利用等。因此，绿色技术支撑的清洁生产是生产过程生态化的基础。在"互联网+"方面，该类地区应作为产业融合的枢纽，促进跨地区、跨行业的合作。就经济发展新工业区而言，循环经济发展的实现依赖于生态工业园的建设。已经建设完成的工业区，通过发展配套行业以配合主导产业的方式进一步完善工业区，使经济发展的良性循环更加稳定，实现工业园区向生态工业园区的转型发展。其他地区可以借鉴广西贵港生态工业示范区，将贵糖产业区、西江产业区和热点循环经济产业区进行整合，建设为贵港国家生态工业(制糖)示范园区。在制度与结构改革方面，该类地区应进行制度创新，试行新的管理思想和制度，在防治污染、保护环境方面，我国制定了较为完备的环境和资源管理法律法规、行政法规和标准，环境资源保护的法律体系框架已基本形成。改革开放以来，我国共制定实施了60余部生态环保法律法规，生态环境质量由局部恶化转向总体持续改善。但是，目前的环境法律在立法观念上还存在一定的问题，思维模式局限在"污染治理"上，忽视资源的回收和再利用，执行力不足。由此，应该提高认识，制定可实施性和合理性更强的具体性法规，加强法律法规的执行力，将法律法规的作用发挥出来，并落到实处。

　　低动能低绿色地区包括西藏、青海、甘肃、云南与宁夏五个区域。绿色制造体系包括高效、低碳、清洁、循环，并不仅仅指环境污染问题。在以上五个地区，经济因素、宗教因素、民族因素、边疆因素等都决定了制造体系的复杂性。由于这些地区的环境具有不可逆性，在承接发达地区的产业转移时，应该将环境保护放在首位。对于产业布局来说，这些地区应该增强政府在产业集群中的服务作用。政府通过产业配套能力、公共基础设施和市场环境的建设，为制造业企业提供良好的商业生态系统。对于产业融合来说，制造业企业需明确自身优势，构建核心竞争力，积极进行同业合作与跨界联盟，形成生态型产业链。比如，文化创意型制造业利用本地的文化、旅游等无形资源来开发高附加值低能耗的产品。以西藏地区为例，其低绿色主要是由于环境承载力弱和制造业较为落后，无法实现高效生产。且制造业发展尚处于初期阶段，其脆弱的生态环境决定了路径的特殊性。从产业结构上看，西藏地区第一、三产业比重较高，第二产业比重较低，主要以采冶业和原料及其初加工业为主，高技术企业和制造业企业数量少，且产值低(彭泽军，2014)。从环境承载力来看，由于地理位置的特殊性，西藏地区不仅自身生态系统脆弱，修复能力较低，还对全国的气候、水资源、生物基因等有重要影响(阎欣等，2011)。从制度和政策上看，为了平和东西部之间的差距，我国在21世纪初实施了西部大开发政策。西藏作为西部地区的落后城市，成为西部大开发的重点，并获得了大量的政府资助，基础设施得到了改善。但西藏地区的工业缺乏内生动力，对政府援助产生了依赖和副作用(李国政，2013)。

(1)加大对绿色新技术、新工艺的研发力度。绿色新技术、新工艺的特点在于有效地节约能源、减少排放、降低消耗、提升产品质量和延长产品寿命。制造企业之间应加强对绿色科学技术的学习和交流，深化联系，实现协同发展；引入先进的绿色科学技术，突破关键性核心技术的研究障碍，提升高效性、环保性、安全性、可靠性新能源开发创新的能力。制造企业应增强自主创新能力，加快绿色技术创新，发展低碳技术、研发低碳产品。低碳技术有着至关重要的作用，一方面能推动企业的绿色技术创新，另一方面能提升企业的绿色竞争力。中小微企业应加强学习国际先进低碳技术，展开深入交流和合作，加快技术升级进程，制定合理性、适用性、实用性强的低碳技术标准，推行低碳标识、推广低碳技术。市场竞争愈演愈烈，率先研发出前沿绿色技术并投入生产使用的企业更易于掌握市场主动权。

(2)要加快高能耗产业的绿色化改造技术开发，尤其是钢铁、有色金属、化工和建材等产业。例如，有色金属工业要加快洁净生产系统技术、能源高效转换技术、能源中心及优化调控技术、废物处理及资源化技术等的研发和推广应用，以实现产业内的绿色生产。钢铁工业要着重研发和推广生态恢复技术以及清洁生产技术等。

(3)提升核心技术能力，推进绿色产业发展。国际绿色产业联合会(International Green Industry Union, IGIU)将绿色产业定义为：在生产过程中，出于环保考虑，借助科技力量，通过推行绿色生产机制，力求在资源使用上节约以及实现节能减排的产业。狭义的绿色制造产业包括持续进行清洁生产改善的产业、再生资源原料化产业、绿色再制造产业、绿色科技产业、再生能源生产和利用产业等。我国《工业绿色发展规划(2016-2020年)》指出，要面向节能环保、新能源装备、新能源汽车等绿色制造产业的技术需求，加强关键核心技术研发，构建支持绿色制造产业发展的技术体系。我国制造企业应着力提升绿色制造核心技术的创新能力，加大低碳技术的研发力度，增加研发投入，鼓励生产低碳产品。

(4)推动绿色技术工艺、绿色产品生产的产业化发展。企业实施绿色制造，一方面能促进绿色相关产业的发展，如生产绿色产品的制造业、处理废弃物的设备制造业等；另一方面有助于形成绿色制造的软件产业，实施绿色制造的企业需要大规模地使用计算机绿色产品设计系统、产品生产周期评估系统和工艺规划系统等工具和软件产品，这将有利于形成和发展新兴绿色软件产业。制造企业应将构建完善的绿色营销体系放在重要位置，投入人力、物力和财力进行低碳营销研究，将低碳营销策略纳入公司战略制定的过程中。未来"低碳消费"市场将是一个大规模、前景好的市场，一方面，制造企业要侧重"低碳消费"市场研究，正确理性地认识低碳市场，深化供应商、生产商、消费商三者的合作，构建科学绿色的供应链，将低碳化元素渗透到传统供应链中，降低产品在生产、销售和消费过程中对环境的影响，提高资源的利用效率。另一方面，制造企业应合理化定价低碳产品，增加绿色促销的强度，提升促销效果，扩大绿色品牌效应，提高消费者对绿色产品、低碳产品的认可度和消费意愿。制造企业结合运用多种措施，才能在激烈的市场竞争中占据一席之地。

(5)以"互联网+产业"模式为主导，打造共享平台。目前全球互联网正处于从消费领域向生产环节拓展的关键时期，探索"互联网+"促进制造业创新驱动发展及其政策研究，是推动我国制造业要素有序流动、资源高效配置、市场深度融合，实现制造业向智能化、绿色化、服务化转型升级的重要举措。"互联网+"通过现代信息技术，如移动互联网、云计算、大数据等，为产业的发展提供新产品、新技术、新业态。"互联网+产业"是一种生产要素优化配置的模式，可提高制造体系的创新力和生产力，其动能可以通过共享平台转化为动力，着力点是构建绿色供应链。"互联网+产业"模式的能效主要表现为效率提高、跨界合作、供需匹配。共享平台将能效转化为动力，具体表现如下：资源平台减少重复投资，提升资源使用效率；技术平台构建了技术创新协同网络，提升了技术研发水平；管理平台培育企业生态圈，促进同一生态圈不同行业之间的企业战略联盟发展；信息平台使得制造企业可以便捷地获取消费者需求信息，增强对市场需求的反应能力。随着共享平台范围的扩大、联系的加深，多个平台进行有机组合后形成了供应链。共享平台促进供应链企业之间的合作，加强对污染的监控，在采购、生产、营销、回收、物流等各个环节实现资源节约、环境友好，是绿色供应链的重要组成部分。

(6)推动区域规划发展生态工业园区。生态工业园区是由若干企业、居民区、地方社区以及自然环境构成的，根据循环经济理论和工业生态学原理共同合作、相互协调，进行物质和能量交换的一种区域性系统。生态工业园区是实现产业结构生态化的重要途径，其通过物质流、能量流和信息流连接起生产过程，达到资源有效共享及废弃物的循环利用。对于工业区而言，循环经济发展的实现依赖于生态工业园的建设。对于已经建设完成的工业区，通过发展配套行业以配合主导产业的方式进一步完善工业区，使经济发展的良性循环更加稳定，实现工业园区向生态工业园区的转型发展。其他地区可以借鉴广西贵港生态工业示范区，将贵糖产业区、西江产业区和热点循环经济产业区进行整合，建设为贵港国家生态工业(制糖)示范园区。另外，还可以参考广东南海生态工业区、浙江沈家生态工业区、天津经济技术开发区生态工业园、烟台开发区生态工业园等的建设经验。

8.3.2　非匹配地区

非匹配地区指低动能高绿色地区和高动能低绿色地区。低动能高绿色地区包括新疆与贵州，此类地区以第一、三产业为主，第二产业中的制造业占比较低。虽然绿色制造体系发展水平较高，但污染水平也较高(图 8-2)，说明制造业由于占比较低，对环境的影响较小，但其他产业（如畜牧业、采矿业、旅游业等）对环境的负面影响依然较大。从长期来看，这些产业与制造业具有很强的关联性，环境压力会转移到制造业。所以，该类地区的绿色制造体系发展水平不具有持续性，仍需提高动能能效水平。高动能低绿色地区为内蒙古。内蒙古的经济发展存在一定程度上的"资源诅咒"现象，即当地丰富的自然资源对经济增长产生了限制作用，资源丰富经济体的增长速度一般慢于资源相对贫乏的经济体(徐盈之和胡永舜，2010）。动能在该地区没有发挥应有的作用，主要是结构性的资源错配。非匹配地区不符合动能与绿色制造体系之间的关系，属于异常现象。本书重点关注路径优化问题，对其原因的探讨超出了本书的研究范围，还有待其他学者进一步深入研究。

(1)提升生产效益，加大主动型绿色投资，解决内部结构性问题。西部地区 12 个省份之间的绿色发展水平不同，高绿色度的地区应发挥示范作用，带动低绿色度的地区发展，完成西部地区自身的结构性调整。生产效益与治污投资是绿色发展水平的决定性因素，生产效益反映了资源能源利用效率，是对污染来源的控制；治污投资反映了企业对环境管理的主动意识，是对已有污染的处理。绿色发展首先需解决经济发展与环境保护的矛盾。统计数据表明，不同地区有着不同强度的环境问题。这种差异性体现了西部地区绿色发展的结构性问题。进一步分析发现，环境问题的差异性源于生产效益水平和治污投资水平的不同。因此，解决绿色发展的结构性问题应从提升生产效益水平、增加主动型绿色投资等方面入手。

(2)发扬"工匠精神"，塑造绿色品牌，建立绿色企业。非匹配地区的制造业以中小企业为主，既缺乏资金等硬实力，又缺乏人才、知识等软实力，导致其核心竞争能力不足，无法塑造绿色品牌。因此，制造业中小企业应该转向学习创新(innovation)的对立面——挖掘(excavation)，也可称为"减法创新"，一是指对过去的活动进行深入思考，去除糟粕和思维定式，为新的思想提供成长空间；二是指反向推理，利用原有经验来推理未知的世界，进行周而复始的探索。而"工匠精神"是"挖掘"的战略思维在制造业领域的体现，指企业在以往熟悉的领域，通过精益生产的方式，不断提升产品品质，最终实现追求卓越的目标。绿色品牌有助于消除绿色产品的市场障碍，用品牌溢价来弥补额外的绿色成本。品牌的核心是"品质"。"工匠精神"有助于制造业中小企业改变以往"低品质"的形象，提升产品的绿色价值，建立自身的绿色品牌。因此，西部地区制造业中小企业在软硬实力均缺失的情况下，必须通过"挖掘"思维下的"工匠精神"来塑造品牌形象，提升品牌价值。

(3)建立自我监管、社会评价与政府引导相结合的绿色制造评价机制，提高评价指标体系的科学性。构建指标体系要体现三个方面：一要重点考核发展代价；二要反映强制性要求、底线目标、考核标准等生态文明建设的刚性要求；三要结合经济、社会和生态的目标。自我监管是在建立自我评价内在机制的基础上建立超过国家标准的企业标准，积极推进绿色技术和绿色工业的开发创新，提升企业形象，提高绿色竞争力，突破绿色贸易壁垒。社会评价是群众、大众媒体、社会集体、第三方机构等社会各方对绿色发展的评价，监督企业、政府绿色发展责任的履行情况，使企业在绿色化发展的过程中感知外在压力，引导企业走绿色发展的道路，推动企业发展绿色生产。政府引导必须具备"资源环境生态意识"(高红贵和陈峥，2016)，政府要颁布资源开发指导方针，制定环境保护的法律，引导企业正确进行资源开发，划定环境保护红线，完善奖惩制度标准，推动市场主体绿色发展。

(4)大力推行绿色生产，供给绿色产品。就产品设计而言，引入前瞻性的新设计理念，以生命周期理念为指导，使用绿色原材料，开展绿色设计，进行绿色生产和包装，提倡绿色使用、绿色回收和处理，应用科学技术开展低耗设计，形成"制造—使用—回收处理—

再利用"的良性循环，实现全过程节能降耗减排。就绿色生产而言，多种手段加成，如绿色原材料的使用、绿色工艺的运用、绿色生产设备的投入以及绿色技术的应用，以最大限度地提高资源的利用率。制定对自然资源使用和影响的环境评价标准，加强对水、土、气等自然资源的评价，加强对废物排放的检测，减少有毒有害排放物对人体的伤害和对环境的破坏。就绿色包装和使用而言，全过程中遵循"绿色"原则，在产品设计方面，优化产品设计和降低包装的复杂度，而在生产阶段减少包装耗材，避免浪费；在包装阶段，使用绿色包装材料，包装材料应该具有对应性、实用性、经济性和科学性的特点，使包装做到"3R1D"［减量化（reduce）、再使用（reuse）、再循环（recycle）、可降解（degradable）］；在回收和处理环节，将绿色回收和处理的问题纳入产品设计阶段，在产品使用后，注重时效性，提高产品回收处理的效率。

(5)建设企业绿色供应链。绿色供应链是以绿色制造理论和供应链管理技术为基础，由供应商、生产商和消费者多方面构成的复杂系统，以使产品在整个生产过程中对环境的负面影响最小，资源效率最高。企业要传递绿色营销价值理念，推崇绿色生活、消费方式；践行各市场主体的环境保护责任，以绿色供应链标准和生产者责任延伸制度为基础，构建以资源节约、环境友好为导向的绿色供应链；建立企业绿色采购信息中心，获取有效绿色采购信息，实现产品原料绿色化、可追溯化。在采购过程中，战略制定时要将绿色采购放在突出位置，实现"设计—购买—生产—包装—物流—消费—回收处理"全流程、整个供应链绿色化的目标。

(6)鼓励制造业绿色化发展企业和非营利组织联盟，促进制造业绿色创新产学研合作。通过绿色组织联盟和产学研合作，企业和组织间可以优势互补，共享资源，突破关键性核心技术的障碍，加快绿色创新成果转化的速度。此外，绿色化发展离不开人才的支持。基于此，《工业绿色发展规划(2016-2020 年)》中提出，提升绿色制造项目甄别、技术鉴定、成果推广、信息交流等服务能力，建立企业、中介机构与金融机构之间的互动机制，利用市场机制和信息化手段，提供知识培训、问题诊断、技术方案、融资支持、效果评估一体化服务。实施绿色制造培训行动计划，完善绿色制造人才培训、咨询、信息等绿色促进服务体系，针对中小企业开展网上培训免费义诊等。

8.4 小 结

由于西部地区内部依然存在发展的不均衡性，不同地区的绿色发展水平和新动能成长情况存在显著差异。因此，本章基于地域之间的绿色制造体系发展水平与动能能效水平的匹配情况进行分析；在明确绿色制造体系发展水平的地理分布、新动能能效释放水平的地理分布以及绿色制造体系与新动能匹配程度的基础上，将西部地区划分为低动能低绿色地区、高动能高绿色地区、低动能高绿色地区、高动能低绿色地区四类地区。其中，高动能高绿色地区和低动能低绿色地区属于匹配地区，高动能低绿色地区和低动能高绿色地区属于非匹配地区。对于不同类别的地区，本章从不同的动力来源出发，探索了其路径优化的具体措施。

第9章 主要结论

本书系统查阅和梳理了国内外制造业绿色发展、绿色制造体系构建、动能与动力的研究成果，结合企业深度访谈和实地调研所获取的第一手资料以及相关统计年鉴、统计局网站等的二手资料，深入剖析了西部地区制造业与制造体系的发展现状，探索了制造业与制造体系产业范式变迁；以可持续发展理论、循环经济理论、产品生命周期理论和自然资源基础理论为基础阐释了绿色制造体系的内涵、特征与内容，明晰了绿色制造产业化与制造业绿色化的发展方向；从经济学和管理学的角度出发，解构了推动西部绿色制造体系发展的动能系统，在此基础上探索了新动能系统的形成过程，并分析了各新动能与西部绿色制造体系构建的契合点和作用机理；以生态承载力、产业生态学、产业协同、产业融合与产业关联为理论依据，对西部绿色制造体系模型进行设计，以此构建形成西部绿色制造体系的路径；按投入生产要素的类型选取典型行业、按区域空间的分布选取典型城市群、按城镇化发展的区位优势选取典型城镇，分别研究和构建西部绿色制造体系发展路径；最后构建西部绿色制造体系发展水平评估体系及新动能能效释放强度评估体系，根据绿色制造体系发展水平、新动能能效水平及绿色制造体系与新动能的匹配度提出综合性的集成优化路径，为西部地区绿色制造体系构建及制造业绿色化战略性转变提供坚实的理论依据和方案支撑，具有较强的理论前瞻性和现实针对性。

9.1 主要研究观点和结论

(1)运用熵值法和层次分析法构建绿色制造体系发展指数(GMSDI)评价模型，并评估了西部各省份绿色制造体系发展水平。我国制造业在自然资源、经济资源和社会资源等多重约束下，亟须进行转型升级和提质增效。绿色制造是综合考虑环境影响和资源效率的科学制造，也是现代制造业的可持续发展模式。在明确绿色制造体系的内涵与特征，抓住绿色制造体系核心内容的基础上，本书从高效发展、低碳发展、清洁生产和循环发展四个层面，运用熵值法和层次分析法构建四维一体的绿色制造体系发展指数(GMSDI)评价模型。本书实证发现2011～2017年西部11省份的绿色制造体系发展指数整体呈现上升趋势。其中，重庆、四川、贵州的绿色制造体系发展指数逐年上升，发展速度较快；内蒙古、新疆和甘肃的绿色制造体系发展指数虽然有小幅上升，但在近两年出现下降趋势，其他省份绿色制造体系发展指数变化趋势并不突出，表明西部地区正逐渐与绿色发展的大趋势接轨。

(2)解构推动我国西部绿色制造体系构建的新动能系统，并测算了各动能释放的能效。制造体系的构建与发展离不开动能系统的推动，由于传统动能不断减弱，西部绿色制造体系的构建需更多依赖于新动能成长释放的巨大能效。本书在科学界定了"动能""动力""动能系统"等相关概念内涵的基础上,从劳动人口、资源、资金三个维度剖析了传统动能的内涵与特征,从技术创新、以"互联网+"为代表的信息化发展与变革、制度与结构改革三个维度剖析了新动能的内涵与特征;从新动能成长与传统动能改造提升两大方面,深入探索了新动能系统的形成过程,多维度构建了新动能评价指标体系。本书实证研究发现西部各省份技术创新、以"互联网+"为代表的信息化发展与变革、制度与结构变革三大新动能所释放的能效逐年上升,但是各省份三大动能能效释放水平各年度变化不大,四川、重庆、陕西稳居前三,青海、宁夏、新疆一直处于相对落后的地位。推动西部地区制造体系构建的动能其能效释放强度虽然在各省份分布不均匀,但都在逐年上升,为西部绿色制造体系的构建提供了坚实基础。

　　(3)论证新动能系统能效释放水平与绿色制造体系发展水平的耦合关系,并对西部绿色制造体系构建进行路径优化。西部地区地域宽广,由于各省份的经济发展水平、资源禀赋以及产业结构不同,其绿色制造体系发展水平及新动能所释放的能效并不一致。根据新动能释放的能效水平以及绿色发展水平的匹配度,将西部各省份划分为匹配地区与非匹配地区,匹配地区包含高动能高绿色地区与低动能低绿色地区两类;非匹配地区包含低动能高绿色地区与高动能低绿色地区两类。高能效释放出现在高绿色发展的地区,能够相互促进,有效推动绿色制造体系的构建,且进一步激发动能能效释放水平;低能效释放出现在低绿色发展的地区,趋于相对稳定的状态,能够在缓慢激发能效释放的基础上推动绿色制造体系的构建。低能效释放出现在高绿色发展地区或者高能效释放出现在低绿色发展地区,双方则会相互掣肘,不仅无法有效推动绿色制造体系的构建,还会限制动能能效释放水平。因此,本书根据西部各省份的能效水平与绿色制造体系发展水平的匹配程度,从技术创新、以"互联网+"为代表的信息化发展与变革和制度与结构改革三大动能的角度出发,针对性地对西部各省份的绿色制造体系构建路径进行集成优化,更加具有实践应用价值。

9.2　主要创新点与特色

1. 主要创新点

　　(1)全面系统地提出并论证了我国绿色制造体系的全新概念。在系统评估我国西部地区制造体系现状的基础上,结合西部制造体系所面临的重大挑战以及对工业文明的反思,提出西部地区经济与制造业的持续发展亟须构建绿色制造体系。本书从目标、特征、内容、本质属性等维度,将绿色制造体系界定为实现可持续发展而设计的多个子系统的有机组合,其以实现经济、社会和环境效益协调发展为目标,考虑区域与产业均衡发展,通过资源、人力、技术、管理等子系统之间相互作用、相互影响、相互制约而达到资源低熵化的开放系统,是高效、清洁、低碳、循环的新型制造体系。

　　(2)论证了推动我国西部绿色制造体系构建的新动能系统并剖析了其运行机制。制造业的发展离不开动能系统的推动。随着我国人口红利降低、结构性产能过剩、资源环境承载压力不断增大,传统动能的效用明显减弱,新动能释放的能效尚不稳定。新动能系统不是简单在传统动能与新动能之间择其一，而是通过重塑产业链、供应链、价值链对传统动能进行改造提升，以及通过稳定能效、补齐短板的培育方式，加快新动能成长，由改造提升的传统动能与加快培育的新动能相互作用、有机集合而成。并在此基础上，探索了新动能系统与我国绿色制造体系构建的耦合关系。

(3)运用熵值法和层次分析法构建绿色制造体系发展指数(GMSDI)评价模型。考虑到目前资源环境因素的行业发展研究基本上是从省际区域的角度展开，很少有研究从经济区的角度对制造业发展效率进行度量。或者大多集中于我国东部地区，如珠三角城市群、山东半岛城市群等地，对西部地区制造业的研究较少，对其绿色制造体系评价的研究则更少。本书根据绿色制造体系的内涵及体系构建应满足的条件，从高效发展、低碳发展、清洁生产和循环发展四个层面，运用熵值法和层次分析法构建四维一体的绿色制造体系发展指数(GMSDI)评价模型，衡量西部地区绿色制造体系的发展程度。

2. 研究特色

(1)多学科理论协同攻关的研究范式。本书针对绿色制造体系的内涵与结构、推动绿色制造体系构建的新动能系统以及绿色制造体系的实现路径，采用管理学、应用经济、理论经济等多维视角的结合，以产业结构优化理论、循环经济理论、产品生命周期理论等为基础，明晰新动能系统与我国绿色制造体系构建的耦合关系，且着重以新动能成长剖析构建我国绿色制造体系的新思路和新方法。

(2)研究问题的选择重视靶向瞄准。绿色制造体系构建是战略性的问题，本书以此为基点，在绿色制造体系构建的战略框架引领下，对具体问题的研究特别注重靶向瞄准：针对我国制造业与制造体系现状与存在的问题进行系统评估；针对我国绿色制造体系构建的推动力探索新动能系统的形成与运行机制；针对我国绿色制造体系构建的路径注重空间布局的绿色化与城镇化、产业化及区域经济发展同步。

(3)研究导向注重应用性。本书按照"实践—理论—应用"的研究框架，特别注重研究成果的实用性与可操作性。提出的评估我国制造体系的指标体系可以系统、全面地评估我国制造体系的现状；围绕资源能源利用效率和清洁生产水平提升，打造绿色技术、塑造绿色品牌，为制造企业构建绿色运营体系提供了指导；通过确定区域绿色制造业的发展重点与开发强度，为各主体功能区结合其资源承载力、环境容量、产业结构特征，实施绿色化布局提供了可行思路；设计绿色制造体系构建的路径，为地区政府及相关部门分区域、分类型、因地制宜地构建绿色制造体系提供了政策参考。

9.3   主要研究价值

1. 学术价值

(1)丰富了我国西部绿色制造体系的理论内涵。绿色化发展已经成为我国制造体系的内在要求与必然趋势。本书以西部制造体系为对象，以系统理论为指导，充分考虑资源利用效率、生态系统承载能力、产业空间结构、产业内部结构等因素，对我国西部绿色制造体系的构建过程进行研究，阐释了绿色制造体系的内涵、特征与核心内容，从而对我国西部绿色制造体系进行了较全面的理论诠释。

(2) 完善了推动西部绿色制造体系构建的动能系统的理论内涵与维度。西部绿色制造体系的构建是一个复杂、系统的过程，需要依托动能的推动。鉴于此，本书在分析传统动能能效减弱的基础上，提出新动能系统是绿色制造体系的动力源。从管理学的角度论证了新动能系统的理论内涵，并结合制造体系的特征将新动能系统解构为技术创新、以"互联网+"为代表的信息化发展与变革、制度与结构变革三大维度。

(3) 拓展了绿色制造体系的学科研究领域。就目前研究来看，制造行业属于工学范畴，制造产业属于经济学研究领域，但是制造业的转型升级却涉及工业、经济、社会、环境的协调统一。因此，本书引入管理学理论，从系统的角度对制造业进行研究，提出并剖析了绿色制造体系及其动能系统，促进管理学与经济学融合。通过学科融合，拓展跨学科的制造业研究新领域。

2. 应用价值

(1) 有利于提升我国西部制造企业的绿色竞争力。绿色消费理念的普及与绿色技术的提升，使得绿色产品的需求不断增加，企业生产绿色产品的积极性增强，如何提升绿色竞争力成为制造企业的发展重点。绿色竞争力的提升需要绿色技术、绿色品牌与绿色生产作为基础。本书利用新动能系统，有效地推动了绿色制造体系的构建，其中，技术创新促使绿色技术的提升，"互联网+产业"的模式有利于绿色品牌的建立，绿色生产是绿色产品的保障。因此，绿色制造体系的构建有益于提升制造企业的绿色竞争力，获取竞争优势，创造更好的经济效益。

(2) 有利于为有关部门制定促进绿色制造体系构建的政策提供参考和依据。西部绿色制造体系的构建，必须充分发挥政府和社会机构的推动与引导作用。本书在明晰西部绿色制造体系动力源及其作用机制的基础上，深入探索了西部制造体系的构建模型与路径，并在分产业、分区域选取典型案例进行实证分析的基础上，根据区域绿色匹配度的不同进行路径优化，这有助于为有关部门制定促进绿色制造体系构建的政策提供参考和依据。

(3) 有利于促进制造业的绿色化与转型升级。我国制造业长期依靠自然资源与廉价劳动力等传统要素，陷入高消耗、高污染、低附加值的困境。与此同时，我国制造业正面临着发达国家"高端回流"和发展中国家"中低端分流"的双向挤压，传统发展模式已经难以为继，迫切需要向智能化、绿色化、服务化转型升级。本书以新动能系统为动力源，探究了绿色制造体系的构建过程，实现了降低能耗、减少污染的绿色化目标。同时，绿色制造体系的构建包括技术水平与消费者地位的提升，有助于智能化、服务化的发展。因此，绿色制造体系的构建能大力推动制造业的转型升级。

3. 社会意义

(1) 促进产业与环境协调发展。西部制造业的发展主要依赖于自然资源、劳动人口、资本等传统要素，长期处于高投入、高消耗、高排放的粗放模式，导致环境污染日益严重。依托新动能系统构建的绿色制造体系，能减轻对传统要素的依赖，增加对技术创新、"互联网+"等要素的运用，强化制度与结构改革，降低高污染、高能耗产业比重，提高绿色产业比重，实现产业结构的优化升级。同时，绿色制造体系的构建提高了资源使用效率，减轻了环境污染，实现了对传统制造业的绿色化改造。因此，绿色制造体系的构建能实现产业与环境协调发展。

（2）实现产品的绿色制造与市场秩序的健康发展。我国现行的监管体系尚不完善，尚不能满足绿色制造体系的要求。通过建立多层次、全方位的绿色监管体系，制定产品的绿色标准，可以对企业进行有效的绿色审计，开展绿色评价，从而保证产品的绿色制造。绿色监管体系的构建，有利于建立公开、透明的市场机制，统一产品的检测标准和认证体系，突破绿色产品的市场瓶颈，减少恶性竞争，为促进市场健康发展提供有力保障。

（3）推动物质文明、生态文明与精神文明的协调发展。西部传统制造体系更多考虑国家战略布局与经济利益的最大化，忽视了物质文明、生态文明与精神文明的协调发展。而绿色制造体系通过使用绿色技术、生产绿色产品、倡导绿色消费、建立绿色企业来实现三种文明的协调发展。绿色技术缓解了资源环境压力，绿色产品与绿色消费改变了人们的生活方式，绿色企业构建了绿色的市场环境。本书剖析了绿色制造体系的内涵与特征，提出了构建路径，因此推动了物质文明、生态文明与精神文明的协调发展。

9.4　研　究　启　示

在我国经济高质量发展的背景下，制造体系绿色化是必然趋势。但是制造体系绿色化是一个复杂的系统工程，涉及绿色制造体系发展水平与新动能能效释放的有机耦合，需要政府、社会和企业多方主体协同合作。不管是对于绿色制造体系构建还是新动能培育与成长，政府的政策制定与实施都是一个长期且不易更改的过程，需要耗费大量的人力、物力和财力。本书的研究结果可以提炼出一些促进西部乃至我国绿色制造体系构建的实践启示，可为政府制定相关政策提供参考，也可为企业积极融入绿色制造体系之中的管理实践提供借鉴。

1. 在新理念下寻找新动能成长与绿色制造体系构建的有机契合点

我国经济发展进入新常态，在这一背景下，我国不断强调适度扩大需求总量的目标，着力推进供给侧结构性改革。新型制造体系建设也应适应宏观经济背景的重要变化，依据新的阶段性特征来推进。经济发展绝不能以牺牲环境为代价，相反，是要在发展中坚持减量化、再利用和合理配置资源的原则。因此，未来我国制造体系的发展应是构建绿色制造体系，以"绿色化"理念为指导思想，建设生态文明，实现绿色、循环和低碳发展。

绿色制造体系的构建与发展离不开动能系统的推动。动能系统是一种全要素系统，能产生更大的效能。但是随着我国人口红利降低、结构性产能过剩、资源环境承载压力不断增大，传统动能的动力明显减弱，需通过加快新动能成长，以形成与强化新的全要素动能系统来推动制造体系绿色化。推动我国绿色制造体系构建的新动能的运行机制是动能系统中各个新动能之间的内在联系与相互制衡的机理,即技术创新、以"互联网+"为代表的信息化发展与变革、制度与结构改革等要素相互联系、相互影响、相互作用等关系的总和。本书提出的基于新动能成长的绿色制造体系构建模式及保障对于政府制定政策和企业绿色发展具有一定的管理启示。

以技术创新为主导的绿色制造体系构建主要是以技术创新作为原动力,以产学研、同业合作作为支撑动力,以循环经济作为指导思想,旨在加快培育自主科技创新能力,推动制造业产业链改造升级,大力发展智能制造、绿色制造、服务制造,打造绿色制造体系的重要"引擎"。制造业与新技术、新能源、新材料交融,将促进制造业产生新模式、新业态,进而重新定义绿色制造体系;基于互联网、物联网、云计算、大数据等新一代信息技术的发展,依托智能化的网络平台,使各供应链环节之间产生联动效应;制造业企业可以通过新一代信息技术建立绿色供应链,使企业内部节能降耗,通过科技创新研发高新绿色技术,增强绿色精益制造能力,降低能耗、物耗水平,促进资源高效循环利用,实现清洁生产,最终构建西部绿色制造体系。

以"互联网+"为主导的绿色制造体系构建主要是以"互联网+"为原动力,构建出数字化、网络化、智能化的内部制造流程平台,提高制造过程的柔性,为更加智能化的设计与操作、更高质量的服务以及为管理者优化决策提供信息技术支持。同时,"互联网+"通过大数据、共享平台等手段,将终端消费者与前端生产者之间的联系变得更加扁平化,促使以客户为中心的经营管理模式替代传统以产定销的模式,在一定程度上去除多余库存、降低无效产能,减少资源浪费。另外,信息化的变革使各方信息、资源、资金与人才不受地理区域的限制,能在各个环节中快速流动,高效整合信息流、物流、资金流,全面创新制造资源配置方式,最终实现制造体系的绿色化转型、升级与整合。

以制度与结构改革为原动力的绿色制造体系模型的构建,利用环境保障、金融政策保障以及税收政策保障为支撑点,通过改革完善政产学研用协同创新与创新管理机制,激发制造业企业的创造潜力;通过改革完善技术转移与产业化体系,将科技和金融结合,促进科技成果资本化、产业化;通过推进碳排放权、排污权、水权交易等制度的改革,建立排污指标有偿使用和交易制度,推动环境保护费改革为环境保护税,促进节能减排、资源节约和环境保护,提高污染治理效率。最终,多策并举改革完善体制机制与结构调整,"加减乘除"同时进行,引导传统制造体系探寻新的生机,在淘汰落后产能的基础上,积极培育以智能、绿色、服务为主要特征的新增长点,进而构建出一个更有质量、更具发展前景的绿色制造体系。

2. 在新指标下测评绿色制造体系发展水平与新动能效能释放

我国地域广阔,由于各省份的经济发展水平、资源禀赋以及产业结构不同,其绿色制造体系发展水平并不一致,且基础设施、发展理念的差距也导致新动能所释放的能效不同。因此,为了更加科学、精准地对绿色制造体系构建路径进行优化,本书提出的新指标体系对各省份绿色制造体系发展水平以及新动能能效释放强度的评估具有一定的借鉴意义。

绿色制造体系涉及多学科的知识,内容较为复杂,因此评价绿色制造体系,需要对多个层面进行综合测量。根据绿色制造体系的内涵及体系构建应满足的条件，政府可以从高效发展、低碳发展、清洁生产和循环发展四个准则层衡量当地绿色制造体系的发展程度。其中，高效发展准则层包括资源效率、生产效率和运输效率指标；低碳发展准则层包括低碳排放和低碳能耗指标；清洁生产准则层包括废水污染强度、废气污染强度和固废污染强度指标；循环发展准则层包括污染治理水平和环保投资水平指标。

对于技术创新的能效释放水平评价可分为技术创新投入、技术创新开展、技术获取、技术创新产出四个维度，其中涉及 R&D 人员折合全时当量、R&D 经费内部支出、R&D 项目数、开展科技活动的企业数、引进技术经费支出、消化吸收经费支出、新产品销售收入、有效发明专利数等指标。

对于以"互联网+"为代表的信息化发展与变革的能效释放水平评价可分为企业信息化及电子商务情况、互联网主要指标发展情况、电信通信服务水平三个维度，涉及每百人使用计算机数、每百家企业拥有网站数、有电子商务交易活动的企业占比、电子商务销售额、电子商务采购额、互联网上网人数、域名数、网站数、开通互联网宽带业务的行政村比重、互联网普及率、移动电话普及率等指标。

对于制度与结构改革的能效释放水平评价体系涵盖工业企业政府相关政策落实情况以及地方一般公共预算支出两个层面，具体包括使用来自政府部门的研发资金、研究开发费用加计扣除减免税、高新技术企业减免税、节能环保支出、资源勘探信息等支出等指标。

3. 在新体系下探索绿色制造体系构建的路径优化

经济发展与环境保护之间存在固有的矛盾，在不同地区之间存在差异。我国依然存在各地区发展不均衡的问题，不同地区的绿色发展水平和新动能成长情况存在显著差异。所以，基于区域特征的路径优化是构建绿色制造体系的必然选择。不同区域的绿色制造体系发展水平与新动能能效水平匹配程度不同，存在四种情况：高动能高绿色、高动能低绿色、低动能高绿色、低动能低绿色。高绿色高动能、低绿色低动能属于正常匹配，高动能低绿色、低动能高绿色属于非正常匹配。本书提出的匹配区域和非匹配区域的路径优化思路为绿色制造企业的优化设计提供了一定的现实和理论支撑。

匹配区域的路径优化可以从以下几个方面进行：第一，绿色新技术、新工艺能够有效节约能源、减少排放、降低消耗、提升产品质量和延长产品寿命，政府和企业都应加大对绿色新技术、新工艺的研发力度，提升绿色新技术、新工艺的研发速度；第二，加快高能耗产业中的绿色化改造技术开发，尤其是钢铁、有色金属、化工和建材等产业；第三，加强学习国际先进低碳技术，展开深入交流和合作，加快技术升级进程，推进绿色产业发展；第四，制造企业要理性看待低碳市场，政府应着力深化供应商、生产商、经销商三者的合作，构建绿色供应链，推动绿色技术工艺、绿色产品生产的产业化发展；第五，以"互联网+产业"模式为主导，探索能够有效推动要素有序流动、资源高效配置、市场深度融合的政策，实现制造业向智能化、绿色化、服务化转型升级；第六，政府应推动区域规划发展生态工业园区，以便通过物质流、能量流和信息流连接起生产过程，达到资源有效共享、废弃物循环利用。

非匹配区域的路径优化可以从以下几个方面进行：第一，从提升生产效益水平、改善污染投资效率、增加主动型绿色投资方面入手，解决内部结构性问题；第二，在软硬实力均缺失的情况下，通过"挖掘"思维下的"工匠精神"来塑造品牌形象，提高品牌价值，建立绿色企业；第三，政府应颁布资源开发指导方针，制定环境保护的法律，引导企业正确地进行资源开发，划定环境保护红线，完善奖惩制度标准，推动市场主体绿色发展；第四，企业应引入前瞻性的设计理念，以生命周期理念为指导，使用绿色原材料，开展绿色设计，进行绿色生产和包装，提倡绿色使用、绿色回收和处理，应用科学技术开展低耗设计，形成产品"制造—使用—回收处理—再利用"的良性循环，实现全过程节能降耗减排；第五，企业要传递绿色营销价值理念，推崇绿色生活、消费方式，践行各市场主体的环境保护责任，以绿色供应链标准和生产者责任延伸制度为基础，构建以资源节约、环境友好为导向的绿色供应链；第六，政府应鼓励制造业绿色化发展企业和非营利组织联盟，促进制造业绿色创新产学研合作，帮助突破关键性核心技术的障碍，加快绿色创新成果转化的速度。

9.5　研　究　局　限

本书为 2016 年国家社科基金重点项目的研究成果，受制于数据的持续可获得性问题，本书中关于新动能以及绿色制造体系的测评仅截至 2017 年。诚挚希望对本书研究主题有兴趣的学者，可以进一步运用新的数据、新的方法验证本书的研究结论。

参 考 文 献

宝贡敏，杨志蓉，谢章澍，2006．中小企业技术创新战略的结构模型分析——以浙江省中小企业为例[J]．科研管理，27(1)：
　　62-69．

毕克新，王晓红，葛晶，2007．技术标准对我国中小企业技术创新的影响及对策研究[J]．管理世界(12)：164-165．

蔡昉，2015．全要素生产率是新常态经济增长动力[N]．北京日报：11-23(17版)．

蔡艺，张春霞，2010．基于产业融合视角的福建产业结构调整研究[J]．福建论坛(人文社会科学版)(9)：129-132．

曹进冬，2013．既要发展又要绿色《2013中国绿色发展指数报告——区域比较》发布[J]．青海科技(6)：37-38．

曹瑄玮，相里六续，刘鹏，2011．基于认知和行动观点的动态环境战略研究：前沿态势与未来展望[J]．管理学家(学术版)(6)：
　　18-30．

曹勇，苏凤娇，赵莉，2010．技术创新资源投入与产出绩效的关联性研究——基于电子与通讯设备制造行业的面板数据分析
　　[J]．科学学与科学技术管理，31(12)：29-35．

陈莞，陈国宏，谢富纪，2007．基于元胞自动机模型的产业集群规模演化初探[J]．中国管理科学(1)：130-135．

陈锦华，2012．论制造业[N]．人民日报：2-20(08版)．

陈林，2012．生态工业园建设的产业政策支持[J]．工业技术经济，31(4)：77-81．

陈林，方翠翠，2008．产业组织政策的生态工业园应用研究[J]．现代管理科学(8)：71-72．

陈柳钦，2007．产业融合的发展动因、演进方式及其效应分析[J]．西华大学学报(哲学社会科学版)，26(4)：69-73．

陈其泰，2019．把对中国历史的认识提升到更高水平[N]．人民日报：4-1日(09版)．

陈曦，席强敏，李国平，2015．城镇化水平与制造业空间分布——基于中国省级面板数据的实证研究[J]．地理科学(3)：259-267．

陈晓红，李喜华，曹裕，2008b．中小企业技术创新与成长性关系研究——基于我国中小企业板上市公司的实证分析[C]//第三
　　届(2008)中国管理学年会——金融分会场论文集：87-99．

陈晓红，彭子晟，韩文强，2008a．中小企业技术创新与成长性的关系研究——基于我国沪深中小上市公司的实证分析[J]．科
　　学学研究，26(5)：1098-1104．

陈媛媛，王海宁，2010．FDI、产业关联与工业排放强度[J]．财贸经济(12)：90-95．

程钦良，刘明，李哲，2017．产业承接、结构调整与西部地区制造业发展——从西部大开发到丝绸之路经济带建设的文献综
　　述[J]．兰州财经大学学报，33(3)：56-64．

池仁勇，2003．企业技术创新效率及其影响因素研究[J]．数量经济技术经济研究(6)：105-108．

崔凡，2008，沿海部分劳动密集型制造业企业的内迁问题研究[J]．国际贸易(6)：16-19．

崔峰，包娟，2010．浙江省旅游产业关联与产业波及效应分析[J]．旅游学刊，25(3)：13-20．

单元媛，罗威，2013．产业融合对产业结构优化升级效应的实证研究——以电子信息业与制造业技术融合为例[J]．企业经济，
　　32(8)：49-56．

但斌，刘飞，2000．绿色供应链及其体系结构研究[J]．中国机械工程(11)：4，40-42．

党晨鹭，2016．供给侧结构分类及其对经济动能的贡献率测定[J]．统计与决策，466(22)：39-42．

邓聚龙，1987．灰色预测模型GM(1,1)的三种性质——灰色预测控制的优化结构与优化信息量问题[J]．华中工学院学报，

15(5)：1-6.

邓真，何一民，2014．论高原环境、民族特性及宗教信仰对西藏城市建筑的影响[J]．四川大学学报(哲学社会科学版)(3)：
　　37-44.

丁宁，陈阿兴，周经，2014．制度改革流通创新与制造业效率提升[J]．经济问题(8)：83-88.

丁平，2013．"中国制造"的成本优势真的丧失了吗[J]．经济学家，5(5)：14-20.

杜宏宇，2013．中国制造业结构优化的政策效率研究[D]．南昌：江西财经大学．

杜兰英，张赞，2007．中国工业化发展态势分析：1981～2001[J]．数理统计与管理，25(4)：1-5.

杜鹏，2012．中国制造业产业升级研究——后发大国的视角[D]．武汉：武汉大学．

段婕，刘勇，2011．基于因子分析的我国装备制造业技术创新能力评价研究[J]．科技进步与对策(20)：122-126.

樊纲，2003.转轨经济理论与国有企业改革[J]．云南大学学报(社会科学版)，2(5)：64-70.

范静，2011．成渝经济区产业集群的发展现状、问题与政策[J]．特区经济(11)：208-210.

方志耕，2007．产业经济发展动能及其测度模型研究[R]．计量经济地理研讨会．

冯之浚，2006．循环经济的范式研究[J]．中国软科学，21(8)：9-21.

付强，马玉成，2011.基于价值链模型的我国高技术产业技术创新双环节效率研究[J].科学学与科学技术管理，32(8)：93-97.

付荣，文娟，2014．中国三大经济地带的产业关联分析——基于完全测度的投入产出方法[J]．税务与经济(5)：22-26.

傅家骥，1998．技术创新学[M]．北京：清华大学出版社．

傅元海，叶祥松，王展祥，2014．制造业结构优化的技术进步路径选择：基于动态面板的经验分析[J]．中国工业经济(9)：
　　78-90.

高红贵，陈峥，2016．两种发展观视域下的绿色经济[J]．生态经济，32(8)：204-208.

高吉喜，2002．新世纪生态环境管理的理论与方法[J]．环境保护，30(14)：9-14.

缑倩雯，蔡宁，2015．制度复杂性与企业环境战略选择：基于制度逻辑视角的解读[J]．经济社会体制比较(1)：125-138.

谷炜，杜秀亭，卫李蓉，2015．基于因子分析法的中国规模以上工业企业技术创新能力评价研究[J]．科学管理研究，33(1)：
　　84-87.

顾颖，陈馨，2012．中国产业结构升级的产业关联效应——基于投入产出的实证分析[J]．云南社会科学(3)：82-85.

关成华，李晓西，潘建成，等，2016．面向"十三五"：中国绿色发展测评——《2015中国绿色发展指数报告》摘编(下)[J].
　　经济研究参考(2)：3-4.

郭淑宁，2006．刍议绿色企业文化的内涵及价值[J]．商场现代化(23)：309-310.

郭永杰，米文宝，赵莹，2015．宁夏县域绿色发展水平空间分异及影响因素[J]．经济地理，35(3)：45-51，8.

韩斌，刘朝明，汪涛，2008．川渝地区产业关联与产业合作政策研究[J]．经济学家(6)：64-69.

郝汉舟，周校兵，2018．中国省际绿色发展指数空间计量分析[J]．统计与决策，34(12)：114-118.

何伟军，袁亮，罗丽萍，等，2013．博弈论视角下的企业绿色生产的外部性问题[J]．武汉理工大学学报(社会科学版)，26(6)：
　　898-903.

贺灿飞，谢秀珍，潘峰华，2008．中国制造业省区分布及其影响因素[J]．地理研究(3)：623-635.

贺贵才，于永达，2011．知识产权保护与技术创新关系的理论分析[J]．科研管理，32(11)：148-164.

贺正楚，2015．我国六大类制造产业的年度技术创新：2004—2012[J]．社会科学家(6)：15-20.

侯一明，2013．中国劳动密集型制造业集聚研究[D]．长春：吉林大学．

胡美琴，骆守俭，2008．企业绿色管理战略选择——基于制度压力与战略反应的视角[J]．工业技术经济，27(2)：11-14.

胡永刚，石崇，2016．中国经济增长：内生还是外生型[J]．学术月刊，48(1)：87-100.

黄丽馨, 2016. 生态性创新网络提升中小企业创新能力研究——以广西为例[J]. 学术论坛(7): 66-71, 117.

黄敏纯, 高诚辉, 林述温, 等, 2001. 绿色制造评价系统与评价方法的研究及应用[J]. 中国环境科学(1): 38-41.

黄群慧, 杨丹辉, 2015. 构建绿色制造体系的着力点[N]. 经济日报, 12-10(14 版).

黄森, 蒲勇健, 2012. 成渝经济区的空间经济机理研究——基于空间经济学模型[J]. 财经科学(2): 103-110.

黄倪丽, 王晓红, 2006. 技术性贸易壁垒对中小企业技术创新的影响研究[J]. 科技与管理(3): 76-78.

黄永春, 郑江淮, 杨以文, 等, 2012. 全球价值链视角下长三角出口导向型产业集群的升级路径研究[J]. 科技进步与对策, 29(17): 45-50.

简晓彬, 2014. 制造业价值链攀升机理研究[D]. 徐州: 中国矿业大学.

江飞涛, 武鹏, 李晓萍, 2014. 中国工业经济增长动力机制转换[J]. 中国工业经济(5): 5-17.

江曼琦, 席强敏, 2014. 生产性服务业与制造业的产业关联与协同集聚[J]. 南开学报(哲学社会科学版)(1): 153-160.

姜波, 2010. 科技型中小企业技术创新绩效与企业社会资本关联机制研究: 技术创新绩效信息披露的调节效应[J]. 科学管理研究, 28(6): 34-39.

揭筱纹, 罗莹, 2017. 推动我国制造业"新型化"的新动能运行机制分析[J]. 广西财经学院学报, 30(4): 44-49.

解振华, 2004. 关于循环经济理论与政策的几点思考[J]. 环境保护, 32(1): 3-8.

金碚, 2019. 探索推进经济学范式变革[N]. 人民日报, 4-8(009).

康志勇, 张杰, 2010. 制度对我国本土制造业企业自主创新的影响——来自中国微观企业的经验证据[J]. 研究与发展管理, 22(6): 103-110.

柯丽菲, 2013. 城市联盟与北部湾经济区产业协调发展[J]. 财经问题研究(4): 29-34.

孔令丞, 谢家平, 谢馥荟, 2010. 基于产业共生视角的循环经济区域合作模式[J]. 科技进步与对策, 27(5): 40-43.

赖磊, 2012. 全球价值链治理、 知识转移与代工企业升级——以珠三角地区为例[J]. 国际经贸探索, 28(4): 42-51.

黎建新, 刘洪深, 宋明菁, 2014. 绿色产品与广告诉求匹配效应的理论分析与实证检验[J]. 财经理论与实践, 35(1): 127-131.

李博洋, 顾成奎, 2015. 中国区域绿色制造评价体系研究[J]. 工业经济论坛(2): 23-30.

李春泉, 尚玉玲, 胡春杨, 2011. 云制造的体系结构及其关键技术研究[J]. 组合机床与自动化加工技术(7): 104-107, 112.

李富强, 董直庆, 王林辉, 2008. 制度主导、要素贡献和我国经济增长动力的分类检验[J]. 经济研究(4): 53-65.

李国璋, 刘津汝, 2011. 产权制度、金融发展和对外开放对全要素生产率增长贡献的经验研究[J]. 经济问题(2): 4-9.

李国政, 2013. 困顿与发展: 改革开放以来西藏现代工业的回顾与反思[J]. 生态经济(2): 94-98, 109.

李海滨, 2006. 努力构建绿色企业文化[J]. 中外企业文化(8): 26-27.

李慧明, 左晓利, 张菲菲, 2009. 破解我国循环经济发展的经济学难题[J]. 理论与现代化, 16(2): 19-23.

李金华, 2010. 中国现代制造业体系的构建[J]. 财经问题研究(4): 3-12.

李金华, 李苍舒, 2010. 国际新背景下的中国制造业: 悖论与解困之策[J]. 上海经济研究(4): 3-11.

李敏, 张圣忠, 2010. 陕西制造业与物流业的产业关联分析[J]. 统计与决策(21): 121-122.

李荣生, 2011. 低碳经济下我国制造业企业核心竞争力研究[D]. 哈尔滨: 哈尔滨工程大学.

李伟, 2018. 深度参与新工业革命 加快新旧动能转换[J]. 中国发展观察(19): 7-9.

李祥进, 杨东宁, 徐敏亚, 等, 2012. 中国劳动密集型制造业的生产力困境——企业社会责任的视角[J]. 南开管理评论, 15(3): 122-130.

李晓西, 潘建成, 2011. 中国绿色发展指数的编制——《2010 中国绿色发展指数年度报告--省际比较》内容简述[J]. 经济研究参考(2): 36-64.

李燕, 2018. 六大重点方向壮大新动能[J]. 新经济导刊, 268(9): 45-46.

梁敏，2016. 中国经济半年报讲述"新动能"成长故事[N]. 上海证券报：7-19(001 版).

梁双陆，张梅，2017. 我国东中西部地区产业创新、技术创新与组织创新协调性研究[J]. 科技进步与对策(10)：33-38.

梁涛，2013. 技术性贸易壁垒对中小企业技术创新影响的研究综述与展望[J]. 科技管理研究(19)：13-16.

林国建，王景云，2006. 略论企业绿色文化管理体系的构建[J]. 经济研究导刊(6)：27-29.

林火灿，2016. 使好提升传统动能"三板斧"[N]. 经济日报：3-11(011 版).

林毅夫，董先安，殷韦，2004. 技术选择、技术扩散与经济收敛[J]. 财经问题研究(6)：3-10.

林毅夫，刘明兴，2004. 经济发展战略与中国的工业化[J]. 经济研究(7)：48-58.

刘昌年，马志强，张银银，2015. 全球价值链下中小企业技术创新能力影响因素研究——基于文献分析视角[J]. 科技进步与对策，32(4)：57-61.

刘飞，2000. 21 世纪制造业的绿色变革与创新[J]. 机械工程学报(1)：7-10.

刘飞，曹华军，2000. 绿色制造的理论体系框架[J]. 中国机械工程，11(9)：961-964.

刘飞，张华，岳红辉，1998. 绿色制造——现代制造业的可持续发展模式[J]. 中国机械工程(6)：76-78，94.

刘飞，张华，陈晓慧，1999. 绿色制造的决策框架模型及其应用[J]. 机械工程学报(5)：11-15.

刘晶茹，Glen P.Peters，王如松，等，2007. 综合生命周期分析在可持续消费研究中的应用[J]. 生态学报(12)：5331-5336.

刘晶茹，石垚，周传斌，等，2011. "农-工复合型"虚拟生态产业园规划研究[J]. 中国人口·资源与环境，21(S1)：311-313.

刘民婷，孙卫，2011. 基于 DEA 方法的产学研合作效率评价研究——以陕西省制造业为例[J]. 科学学与科学技术管理，32(3)：11-15.

刘书瀚，张瑞，刘立霞，2010. 中国生产性服务业和制造业的产业关联分析[J]. 南开经济研究(6)：65-74.

刘小玄，2003. 中国转轨经济中的产权结构和市场结构[J].经济研究，48(1)：21-30.

刘旭红，2017. 区域工业绿色发展水平评价指标体系框架设计[J]. 广西财经学院学报，30(4)：50-56.

刘志峰，1996. 产品的可回收性设计[J]. 机械科学与技术，15(4)：531-534.

刘志峰，刘光复，1996. 绿色产品并行闭环设计方法[J]. 机电一体化(6)：12-14.

刘志峰，刘光复，1997. 绿色产品设计与可持续发展[J]. 机械设计(1)：1-3.

刘志荣，2006. 论发展区域循环经济与区域竞争力提升[J]. 现代经济探讨(11)：45-48.

柳旭波，2006. 产业融合对产业结构政策的影响[J]. 生产力研究(7)：204-205，214.

路甬祥，2010. 走向绿色和智能制造——中国制造发展之路[J]. 中国机械工程，21(4)：379-386，399.

罗亚波，2005. 网络化制造体系结构与技术架构选型研究[J]. 南昌工程学院学报，24(4)：48-50.

吕薇，李志军，马名杰，2013. 中国制造业创新与升级——路径、机制与政策[M]. 北京：中国发展出版社.

马传永，2013. 制造业企业成本控制有效性的研究[D]. 哈尔滨：哈尔滨商业大学.

马晓芸，何红光，2015.网络关系嵌入对中小企业技术创新绩效的影响考虑知识获取的中介作用[J]. 技术经济，34(7)：13-17.

马中东，陈莹，2010. 环境规制、企业环境战略与企业竞争力分析[J]. 科技管理研究，30(7)：99-101.

马铸，2014. 企业智能化制造体系构建与实施[J]. 工程机械与维修(4)：84-86.

毛涛，2017. 我国绿色制造体系构建面临的困境及破解思路[J]. 中国党政干部论坛，(5)：72-74.

孟赤兵，2008. 建立中国特色的循环经济[J]. 中国科技投资，7(17)：19-20.

明庆忠，陈英，2009. 旅游产业可持续发展行动：旅游循环经济与产业生态化[J]. 旅游研究，1(1)：32-38.

明庆忠，李庆雷，陈英，2008. 旅游产业生态学研究[J]. 社会科学研究(6)：123-128.

宁连举，李萌，2011. 基于因子分析法构建大中型工业企业技术创新能力评价模型[J]. 科研管理(3)：51-58.

潘华，孙林夫，刘述雅，2013. 面向制造业产业链的集成体系框架研究[J]. 计算机应用研究，30(2)：447-449.

潘经强，2006．绿色供应链绩效评价体系研究[D]．武汉：武汉理工大学．

潘文卿，刘庆，2012．中国制造业产业集聚与地区经济增长——基于中国工业企业数据的研究[J]．清华大学学报(哲学社会科学版)，27(1)：137-147，161．

彭皓玥，赵国浩，2010．技术创新、产业关联与资源可持续——基于山西省的实证研究[J]．科技管理研究，30(23)：30-33．

彭泽军，2014．西藏经济发展方式转变探索[J]．西南民族大学学报(人文社科版)(5)：108-112．

齐秀辉，武志勇，2015．创新驱动视角下大中型工业企业创新能力动态综合评价[J]．科技进步与对策(21)：114-119．

乔洪滨，马军，翁晓东，2003．浅谈发展绿色企业的意义与途径[J]．内蒙古工业大学学报(社会科学版)，12(1)：26-28．

乔朋华，鞠晓峰，2015．CEO权力对科技型中小企业技术创新效率的影响研究[J]．科技管理研究(3)：94-96．

邱璐，揭筱纹，李菁，2017．国内中小企业技术创新研究述评与趋势展望——基于1998—2016年1033篇文献的计量分析[J]．广西财经学院学报，30(3)：73-85．

邱鹏，2009．西部地区资源环境承载力评价研究[J]．软科学，23(6)：66-69．

邱晓华，郑京平，万东华，等，2006．中国经济增长动力及前景分析[J]．经济研究(5)：4-12．

人民日报评论员，2015．变中求进，积聚发展新动能——二论学习贯彻习近平总书记吉林调研重要讲话精神[EB/OL]．http://www.gov.cn/zhengce/2015-07/24/content_2901930.htm，2015-7-24．

上海市习近平新时代中国特色社会主义思想研究中心，2019．敏锐抓住信息化发展的历史机遇[N]．人民日报：4-12(9版)．

邵帅，杨莉莉，2010．自然资源丰裕、资源产业依赖与中国区域经济增长[J]．管理世界(9)：26-44．

沈德聪，阮平南，2006．绿色制造系统评价指标体系的研究[J]．机械制造，44(3)：8-11．

盛辉，2007．论企业技术创新过程中的知识产权保护[J]．科技管理研究(1)：145-147．

施卫东，朱俊彦，2010．我国知识密集型服务业产业关联、创新扩散研究[J]．统计与决策(12)：130-132．

宋文，2014．FDI、产业关联与我国温室气体排放强度——基于不同技术渠道的比较分析[J]．生态经济，30(6)：69-74．

宋之杰，高晓红，2002．一种多指标综合评价中确定指标权重的方法[J]．燕山大学学报，26(1)：20-22．

孙柏林，2015．试析绿色制造的仿真研究[J]．计算机仿真，32(1)：1-4，50．

孙萃萃，张志红，2008．钢铁行业传统制造与绿色制造的比较研究[J]．环境保护，35(4)：54-55．

孙江永，冼国明，2011．产业关联、技术差距与外商直接投资的技术溢出[J]．世界经济研究(4)：55-61，88-89．

孙明华，2006．企业高效制造体系研究[J]．商场现代化(18)：35-36．

孙伍琴，2004．论不同金融结构对技术创新的影响[J]．经济地理，24(2)：182-186．

孙兴全，陈宁，2017．制造业绿色化发展路径和政策：基于文献的研究[J]．财政监督(20)：107-115．

谭英双，2019．提供新动能、新模式、新路径 信息技术为产业转型升级添薪续力[N]．人民日报：4-2．

汤晓莉，尚文英，苗长虹，2010．河南省产业关联能力变动研究[J]．经济地理，30(12)：2037-2043，2049．

唐丽艳，张静，王国红，2009．基于二次孵化的孵化产业基地运行模式研究[J]．科学学与科学技术管理(11)：141-145．

唐昭霞，朱家德，2008．产业融合对产业结构演进的影响分析[J]．理论与改革(1)：83-86．

田翠香，沈君慧，2016．环境战略选择对企业经营绩效影响研究[J]．财会通讯(21)：88-89，128．

田泽，魏翔宇，丁绪辉，2018．中国区域产业绿色发展指数评价及影响因素分析[J]．生态经济，34(11)：103-108．

童有好，2015．论"互联网+"对制造业的影响[J]．现代经济探讨(9)：25-29．

涂颖清，2010．全球价值链下我国制造业升级研究[D]．上海：复旦大学．

涂正革，肖耿，2009．环境约束下的中国工业增长模式研究[J]．世界经济(11)：41-54．

万明，2010．基于绿色供应链的供应商绿色评价研究[J]．物流科技，27(11)：112-114．

汪应洛，王能民，孙林岩，2003．绿色供应链管理的基本原理[J]．中国工程科学(11)：82-87．

王晨，黄贤金，2006. 江苏省工业循环经济发展评价及障碍诊断[J]. 工业工程与管理(2)：112-118.

王海龙，连晓宇，林德明，2016. 绿色技术创新效率对区域绿色增长绩效的影响实证分析[J]. 科学学与科学技术管理，37(6)：80-87.

王金虎，2013. 山东烟台探索独具特色的城镇化道路——以工业园区带动城乡一体化[N]. 经济日报：7-15.

王婧，2014. 浅析绿色发展中的区域核心竞争力[J]. 改革与开放(12)：8.

王靖，张金锁，2001. 综合评价中确定权重向量的几种方法比较[J]. 河北工业大学学报，30(2)：52-57.

王静华，2012. 全球价值链视角下产业集群升级的路径探析[J]. 科技管理研究，32(1)：156-158.

王俊岭，2016. 中国经济拥有四大新动能[EB/OL]. http://www.xinhuanet.com/politics/2016-02/04/c_128700509.htm，2016-2-3.

王克岭，罗斌，吴东，等，2013. 全球价值链治理模式演进的影响因素研究[J]. 产业经济研究，10(4)：14-20.

王克信，2004. 谈绿色监管[J]. 中国工商管理研究，13(9)：21-22.

王茂军，杨雪春，2011. 四川省制造产业关联网络的结构特征分析[J]. 地理学报，66(2)：212-222.

王能民，孙林岩，杨彤，2005. 绿色制造战略的障碍性因素分析[J]. 中国机械工程，16(8)：693-711.

王霄琼，2014. 中国制造业结构变动和生产率增长的相关性分析[D]. 天津：南开大学.

王玉荣，杨震宁，2010. 我国制造业的创新环境及其动力：475个企业样本[J]. 改革(1)：45-54.

王震，王如松，2003. 生态产业园理论与规划设计原则探讨[C]//复合生态与循环经济——全国首届产业生态与循环经济学术讨论会论文集：304-309.

王征，2014. 产业融合：产业发展新范式[J]. 湖北第二师范学院学报，31(6)：43-45.

魏际刚，2018. 推进中国新工业革命的战略构想[N]. 中国经济时报，8-27(A05).

魏悦，董元树，2010. 对我国信息产业关联效应的实证研究[J]. 统计与决策(16)：122-123.

温晓明，2015. 区域经济发展与产业转型升级研究——以福建省龙岩市为例[J]. 山东工会论坛(5)：58-62.

翁孙哲，2014. 企业环境责任的经济分析[J]. 生态经济(5)：106-110.

吴迪冲，2003. 绿色生产企业创新[J]. 商业研究(14)：138-140.

吴福象，朱蕾，2010. 中国三大地带间的产业关联及其溢出和反馈效应——基于多区域投入-产出分析技术的实证研究[J]. 南开经济研究(5)：140-152.

吴福象，朱蕾，2011. 技术嵌入、产业融合与产业结构转换效应——基于北京与上海六大支柱产业数据的实证分析[J]. 上海经济研究(2)：38-44，104.

吴椒军，2005. 论公司的环境责任[D]. 青岛：中国海洋大学.

吴明隆，2010. 问卷统计分析实务——SPSS操作与应用[M]. 重庆：重庆大学出版社.

吴三忙，2012. 产业关联与产业波及效应研究——以中国旅游业为例[J]. 产业经济研究(1)：78-86.

吴岩，2013. 基于主成分分析法的科技型中小企业技术创新能力的影响因素研究[J]. 科技管理研究(14)：108-112.

吴义杰，2010. 产业融合理论与产业结构升级——以江苏信息产业转变发展方式为例[J]. 江苏社会科学(1)：248-251.

武春友，吴荻，2009. 产业集群生态化的发展模式研究——以山东新汶产业集群为例[J]. 管理学报，6(8)：1066-1071.

向东，张根保，汪永超，等，2000. 绿色产品的基本概念与评价方法[J]. 机械设计(3)：7-10，47.

肖静华，毛蕴诗，谢康，2016. 基于互联网及大数据的智能制造体系与中国制造企业转型升级[J]. 产业经济评论(2)：5-16.

熊宇，2011. 全球价值链治理新发展与我国制造业升级[J]. 科技进步与对策，28(22)：49-53.

徐滨士，2014. 面向生态文明建设的绿色再制造工程[J]. 资源再生，13(11)：17-19.

徐匡迪，2005. 中国制造业的现状与面临的挑战[J]. 中国发展观察(4)：13-15.

徐嵩龄，2004. 为循环经济定位[J]. 产业经济研究，3(6)：60-69.

徐盈之，胡永舜，2010. 内蒙古经济增长与资源优势的关系——基于"资源诅咒"假说的实证分析[J]. 资源科学，32(12)：2391-2399.

阎欣，甄峰，席广亮，2011. 高寒生态脆弱地区城市绿色工业选择与布局研究——以拉萨市为例[J]. 经济地理，31(7)：1139-1145.

杨建新，王如松，1998. 生命周期评价的回顾与展望[J]. 环境科学进展(2)：22-29.

杨汝岱，2015. 中国制造业企业全要素生产率研究[J]. 经济研究(2)：61-74.

杨叔子，吴波，李斌，2006. 再论先进制造技术及其发展趋势[J]. 机械工程学报(1)：1-5.

杨耀武，张仁开，2009. 长三角产业集群协同创新战略研究[J]. 中国软科学(S2)：136-139，144.

杨长福，幸小勤，2008. 库恩的范式理论与"李约瑟难题"[J]. 四川大学学报(哲学社会科学版)(2)：68-73.

叶敏弦，2013. 城市绿色转型的产业形成机理与对策思考[J]. 福建论坛(人文社会科学版)(9)：36-38.

衣凤鹏，徐二明，2014. 企业与上下游企业的连锁董事对环境战略的影响研究[J]. 商业经济与管理(5)：24-33.

游小珺，韦素琼，2012. 闽台经济发展动能测算比较[J]. 人文地理，127(5)：110-114.

喻学东，苗建军，2010. 技术融合推动产业结构升级的机理研究[J]. 科技与管理，12(2)：108-110，125.

袁鹏，程施，2011. 中国工业环境效率的库兹涅茨曲线检验[J]. 中国工业经济(2)：79-88.

袁小量，2012. 制造企业低碳竞争力演化研究[D]. 哈尔滨：哈尔滨工程大学.

袁业飞，2013. 雾霾之忧：考验城镇化顶层设计--绿色城镇化如何破局?[J]. 中华建设(4)：12-17.

袁增伟，毕军，2007. 生态产业共生网络形成机理及其系统解析框架[J]. 生态学报(8)：3182-3188.

约瑟夫·熊彼特，1990. 经济发展理论[M]. 何畏，易家详，张军扩，等译. 北京：商务印书馆.

张桂玲，2010. 闲话新型农业之--方兴未艾的休闲农业与乡村旅游[J]. 乡村科技(10)：4.

张宏娟，范如国，2014. 基于复杂网络演化博弈的传统产业集群低碳演化模型研究[J]. 中国管理科学，22(12)：41-47.

张建华，2013. 美国复兴制造业对中国贸易的影响[J]. 国际商务研究，34(1)：5-15.

张建清，张燕华，2014. 不同空间尺度下优势产业选择研究——以西三角经济区为例[J]. 科技进步与对策(10)：19-23.

张江雪，王溪薇，2013. 中国区域工业绿色增长指数及其影响因素研究[J]. 软科学，27(10)：92-96.

张杰，李勇，刘志彪，2009. 出口促进中国企业生产率提高吗?——来自中国本土制造业企业的经验证据：1999—2003[J]. 管理世界(12)：11-26.

张目，周宗放，2010. 我国高技术产业自主创新能力分行业动态评价研究[J]. 软科学(6)：1-4.

张平，2013. 全球价值链分工与中国制造业成长[D]. 沈阳：辽宁大学.

张淑芳，2007. 制造业企业产品创新模式与战略选择研究[D]. 哈尔滨：哈尔滨理工大学.

张勇，阮平南，2006. 绿色制造系统的动力学模型研究[J]. 机械制造，44(1)：52-55.

张优智，党兴华，2014. 研发投入与技术创新关联性的动态分析——基于协整检验和状态空间模型的研究[J]. 科技管理研究(8)：8-13.

张志元，李兆友，2015. 新常态下我国制造业转型升级的动力机制及战略趋向[J]. 经济问题探索(6)：144-149.

赵昌文，2018. 抓住新工业革命机遇 推进产业范式变迁[N]. 中国经济时报：12-18(T14 版).

赵昌文，2019. 新型工业化的三个新趋势[J]. 智慧中国(4)：38-39.

赵昌文，杨建龙，许召元，2016. 加速改造提升传统动能和培育壮大新动能[N]. 光明日报：7-30(02 版).

赵建军，2017. 绿色制造：中国制造业未来崛起之路[M]. 北京：经济科学出版社.

赵明亮，2015. 新常态下中国产业协调发展路径——基于产业关联视角的研究[J]. 东岳论丛，36(2)：123-129.

郑东晖，胡山鹰，李有润，等，2004. 生态工业园区的物质集成[J]. 计算机与应用化学(1)：6-10.

郑季良，邹平，2006. 面向循环经济的绿色制造系统及其集成[J]. 科技进步与对策，23(5)：119-121.

植草益，2001. 信息通讯业的产业融合[J]. 中国工业经济(2)：24-27.

仲平，蒋文举，刘燕，等，2003. 产业生态学浅述[J]. 中国环保产业(12)：17-18.

周杰韩，熊光楞，2002. 面向环境的产品全生命周期工程[J]. 制造业自动化 24(4)：30-33.

周世军，周勤，2012. 中国中西部地区"集聚式"承接东部产业转移了吗?——来自 20 个两位数制造业的经验证据[J]. 科学学与科学技术管理，33(10)：67-79.

周炤骏，2015. 制造企业绿色竞争力影响因素研究[D]. 大连：大连理工大学.

周振华，2003. 产业融合：产业发展及经济增长的新动力[J]. 中国工业经济(4)：46-52.

朱陈松，章仁俊，张晓花，等，2010. 中小企业技术创新与管理者信用——基于社会资本视角[J]. 科技进步与对策，27(20)：65-69.

朱庆华，耿勇，2004. 中国制造企业绿色供应链管理因素研究[J]. 中国管理科学(3)：82-86.

诸大建，2005. 循环经济与中国发展的 C 模式[J]. 环境保护，33(9)：28-31.

庄志彬，2014. 基于创新驱动的我国制造业转型发展研究[D]. 福州：福建师范大学.

邹昭晞，2006. 论企业资源与能力分析的三个纵向链条——价值链、供应链与产业链[J]. 首都经济贸易大学学报(5)：34-40.

Alting L，1991. Life-Cycle Design of Industrial Products：A New Opportunity[J]. Challenge for Manufacturing Enterprises(9)：8-17.

Aragón-Correa J A，Sharma S，2003. A contingent resource-based view of proactive corporate environmental strategy[J]. Academy of Management Review，28(1)：71-88.

Barone G，Cingano F，2011. Service regulation and growth:Evidence from OECD countries[J]. The Economic Journal，121 (555)：931-957.

Bas M，Causa O，2013. Trade and product market policies in upstream sectors and productivity in downstream sectors: Firm-level evidence from China[J]. Journal of Comparative Economics，41(3)：843-862.

Beamon B M，1999. Designing the Green Supply Chain[J]. Logistics Information Management，12(4)：332-342.

Biloslavo R，Trnavcevic A，2009. Web sites as tools of communication of a "green" company[J]. Management Decision，47(7)：1158-1173.

Brandt L，Biesebroeck J V，Zhang Y，2012. Creative Accounting or Creative Destruction? Firm-level Productivity Growth in Chinese Manufacturing[J]. Journal of Development Economics，97(2)：339-351.

Buysse K，Verbeke A，2003. Proactive Environmental Strategies: A Stakeholder Management Perspective[J]. Strategic Management Journal，24(5)：453-470.

Carroll A B，1979. A Three-Dimensional Conceptual Model of Corporate Performance[J]. Academy of Management Review，4(4)：497-505.

Carson R，1962. Slient Spring[M]. Boston：Houghton Mifflin.

Christensen C，Rosenbloom R，1997. Explains the auacker's advantage:technological paradigms,organizational dynamics,and the value network[J]. Research Policy(24)：223-257.

Christmann P，2000. Effects of "Best Practices" of Environmental Management on Cost Advantage: The Role of Complementary Assets[J]. Academy of Management Journal，43(4)：663-680.

Conway P，Nicoletti G，2006. Product Market Regulation in the Non-Manufacturing Sectors of OECD Countries: Measurement and Highlights[R]. OECD Economics Department Working Papers 530, OECD Publishing.

Denison D R，1990. Corporate Culture and Organizational Effectiveness[M]. New York：John Wiley & Sons.

Ehrenfeld J R，2000．Industrial EcologyParadigm Shift or Normal Science?[J]．American Behavioral Scientist，44（2）：229-244．

Ehrenfeld J R，Gertler N，1997．Industrial Ecology in Practice: The Evolution of Interdependence at Kalundborg[J]．Journal of Industrial Ecology，1（1）：67-79．

Eiadat Y，Kelly A，Roche F，et al.，2008．Green and competitive? An empirical test of the mediating role of environmental innovation strategy[J]．Journal of World Business，43（2）：131-145．

Fleiter T，Fehrenbach D，Worrell E，et al.，2012．Energy efficiency in the German pulp and paper industry-A model-based assessment of saving potentials[J]．Energy，40（1）：84-99．

Forrester J W，1970．Systems Analysis as a Tool for Urban Planning[J]．Spectrum IEEE，6（4）：258-265．

Francois J，Woerz J，2008．Producer Services, Manufacturing Linkages, and Trade[J]．Journal of Industry, Competition and Trade（8）：199-229．

Gallopoulos N E，2006．Industrial ecology: an overview[J]．Progress in Industrial Ecology，3（1-2）：10-27．

Graedel T E，Allenby B R，2000．Industrial Ecology[M]．Upper Saddle River：Prentice Hall．

Hair J F，Anderson R E，Tatham R L，et al.，1998．Multivariate Data Analysis, 5th Ed[M]．Englewood Cliffs, NJ：Prentice Hall．

Hall J，2000．Environmental Supply Chain Dynamics[J]．Journal of Cleaner Production，8（6）：455-471．

Henriques I，Sadorsky P，1999．The Relationship Between Environmental Commitment and Managerial Perceptions of Stakeholder Importance[J]．The Academy of Management Journal，41（1）：89-99．

Henriques I，Sadorsky P，2005．The relationship between environmental commitment and managerial perceptions of stakeholder importance[J]．Academy of Management Journal，42（1）：87-99．

Holling C S，Chambers A D，1973．Resource science：the nurture of an infant[J]．Bioscience，23（1）：13-20．

Honma S，Hu J L，2014．A panel data parametric frontier technique for measuring total-factor energy efficiency: An application to Japanese regions[J]．Energy，78：732-739．

Hsieh C T，Klenow P J，2009．Misallocation and Manufacturing TFP in China and India [J]．Quarterly Journal of Economics，124（4）：1403-1448．

Hunt C B，Auster E R，1990．Proactive environmental management: Avoiding the toxic trap[J]．Sloan Management Review，31（2）：7-18．

Hyatt D G，Berente N，2017．Substantive or Symbolic Environmental Strategies? Effects of External and Internal Normative Stakeholder Pressures[J]．Business Strategy & the Environment，26（8）：1212-1234．

Keller K L，1993．Conceptualizing, measuring, and managing customer-based brand equity [J]．Journal of Marketing，57（1）：1-22．

Kumar H，Saxena K N，1992．Resistance in certain maize cultivars to first and third-instar Chilopartellus larvae[J]．EntomologiaExperimentalis et Applicata（65）：75-80．

Lotfo V，Sarkis J，1998．Measuring supply chain performance[J]．International Journal of Operations & Production Management，19（3）：275-292．

Lucas R E，1988．On the mechanics of economic development[J]．Quantitative Macroeconomics Working Papers，22（1）：3-42．

Miles R E，Snow C C，Meyer A D，et al.，1978．Organizational Strategy, Structure, and Process[J]．Academy of Management Review，3（3）：546-562．

Murillo-Luna J L，Garces-Ayerbe C，Rivera-Torres P，2008．Why do patterns of environmental response differ? A stakeholders' pressure approach[J]．Strategic Management Journal，29（11）：1225-1240．

Nagesha N．2008．Role of energy efficiency in sustainable development of small-scale industry clusters: an empirical study[J]．Energy for Sustainable Development, 12(3): 34-39.

Oliver H, 1995. Firms, contracts, and financial structure[M]. Oxford: Clarendon Press.

Park R E, 1921. Principles of Human Geography[J]. American Journal of Sociology, 26(6): 785-786.

Ranasinghe A, 2011. Impact of policy distortions on firm-level innovation, productivity dynamics and TFP[J]. Journal of Economic Dynamics & Control, 46: 114-129.

Romer P M, 1986. Increasing Returns and Long-Run Growth[J]. Journal of Political Economy, 94(5): 1002-1037.

Roome N, 1992. Modeling business environmental strategy[J]. Business Strategy and the Environment, 1(1): 11-24.

Saaty T L, 1997. A scaling method for priorities in hierarchical structures[J]. Journal of Mathematical Psychology, 15(3): 234-281.

Seuring S, Müller M, 2008. From a literature review to a conceptual framework for sustainable supply chain management[J]. Journal of Cleaner Production, 16(15): 1699-1710.

Sharma S, Vredenburg H, 1998. Proactive corporate environmental strategy and the development of competitively valuable organizational capabilities[J]. Strategic Management Journal, 19(8): 729-753.

Solow R M, 1956. A contribution to the Theory of Economic Growth[J]. Quarterly Journal of Economics, 70(1): 65-94.

Tsai K H, Wang J C, 2009. External technology sourcing and innovation performance in LMT sectors: An analysis based on the Taiwanese Technological Innovation Survey[J]. Research Policy, 38(3): 518-526.

Vasauskaite J, Streimikiene D, 2016. Energy Efficiency Development in Lithuanian Furniture Industry[J]. Journal of Advanced Management Science, 4(1): 9-15.

Wackernagel M, 1992. Geometric Theory of Nonlinear Dynamical Networks[J]. Lecture Notes in Artificial Intelligence, 585(1): 52-65.

Wang C H, Lu I Y, Chen C B, 2008. Evaluating firm technological innovation capability under uncertainty[J]. Technovation, 28(6): 349-363.

Young A, 1995. The Tyranny of Numbers: Confronting the Statistical Realities of the East Asian Growth Experience[J]. Quarterly Journal of Economics, 110(3): 641-680.

Young A, 2000. The Razor's Edge: Distortions and Incremental Reform in the People's Republic of China[J]. Quarterly Journal of Economics, 115(4): 1091-1135.

Young A, 2003. Gold Into Base Metals: Productivity Growth in the People's Republic of China During the Reform Period[J]. Journal of Political Economy, 111(6): 1220-1261.

Zussman E, Kriwet A, Seliger G, 1994. Disassembly-oriented assessment methodology to support design for recycling[J]. CIRP Annals, 43(1): 9-14.

Züst R, Wagner R, Schumacher B, 1992. Approach to the Identification and Quantification of Environmental Effects during Product Life[J]. Cirp Annals-Manufacturing Technology, 41(1): 473-476.